변화하는 시대와 함께 하는

인성교육 길라잡이

변화하는 시대와 함께 하는

인성교육 길라잡이

초판1쇄 인쇄 | 2018년 12월 28일
초판1쇄 발행 | 2018년 12월 31일

지은이 | 계명대학교 계명인성교육원
펴낸이 | 신일희
펴낸곳 | 계명대학교출판부

등 록 | 1970. 9. 1. (신고번호 제347-1998-1호)
주 소 | 42601 대구광역시 달서구 달구벌대로 1095
전 화 | 053-580-6233
팩 스 | 053-580-6235

ISBN 979-11-89468-63-7 03370

값 14,000원

이 도서의 국립중앙도서관 출판예정도서목록(CIP)은 서지정보유통지원시스템 홈페이지(http://seoji.nl.go.kr)와 국가자료공동목록시스템(http://www.nl.go.kr/kolisnet)에서 이용하실 수 있습니다.(CIP제어번호: CIP2018042860)

계명인성교육총서 6

변화하는 시대와 함께 하는

인성교육 길라잡이

| 계명대학교 계명인성교육원 편 |

계명대학교 출판부

머리말

> 지식이 없는 선함은 약하고, 선함이 없는 지식은 위험하다. 이 두 가지가 합쳐서 고귀한 인품을 이룰 때 인류에 도움이 되는 토대가 될 수 있다.
>
> \- 존 필립스

인류는 항상 변화의 길목에 서 있다. 그 길목에서 어느 방향으로 가야 하는지를 결정하기 위해 각자 자기만의 나침반을 사용한다.

지금 우리는 4차 산업혁명 시대를 맞이하는 변화의 길목에 서 있다. 4차 산업혁명이 일어나면 대규모 실업이 발생할 것이다. 로봇이 인간의 기본적인 노동력을 대신하고 정보를 모아서 관리체계까지 주도해 버릴 것이라고 말한다. 그리고 그러한 변화를 위기라는 말로 표현한다. 이 위기의 시대에 대비해야 한다고. 그렇지 않으면 뒤처질 거라고 말하면서 4차 산업혁명이 가져올 미래를 전망한다. 그런데 그 전망이 일관성이 없다. 누구의 의견이 맞는지 정답을 찾아내기가 어렵다.

하지만 시대와 세대의 변화의 바람은 언제나 있었고, 특정한 아픔이 있다. 그리고 그 중심에는 인간이 서 있다. 인간에게는 과거가 있고 현재가 있고 미래가 있다. 과거를 기반으로 해서 현재가 존재하는 것이고 현재가 과거가 되어 또 미래를 준비하는 것이다.

우리들은 지금 변화의 길목에서 미래가 던지는 질문에 대한 답을 인성교육에서 찾고자 한다. 인성교육이라는 나침반을 가지고 걸어가는 방향을 정하고자 한다.

인성교육은 앎과 동시에 행함으로 연결되어야 한다. 그리고 행함의 장은 인간이 서 있고 호흡하고 있고 관계를 맺고 있는 모든 곳이다. 이러한 배경 하에서 이 책은 계명인성교육원 총서 시리즈로서 그 행함의 장을 계명대학교로 테두리를 정하였다.

책은 크게 4장 -1장 인성을 말하다, 2장 인성을 전하다, 3장 인성을 행하다, 4장 인성을 논하다- 으로 구성되어 있다. 1장과 4장은 인성과 인성교육에 관한 전반적인 이야기를 다루고 있고, 2장과 3장은 계명대학교 인성교육의 역사의 되새김질과 그 과정에 인성교육을 어떻게 녹여내고 있는지에 대한 이야기이다.

독자들은 이 책으로 인해 인생의 선배들이 걸어간 길, 지금 내가 걸어가고 있는 길, 그리고 다음 세대들이 걸어갈 길 위에서 그들과 대화를 하면서 삶의 방향을 정할 수 있기를 바란다. 찾기를 바란다. 알려 줄 수 있기를 바란다.

마지막으로 이 책의 출판을 위해서 집필을 맡아 주신 1장 곽호철 교수님, 2장 조명실 교수님, 3장 김춘이 교수님, 4장 권의섭 교수님 그리고 계명인성교육원의 원장님, 부원장님, 행정팀의 노력과 헌신에 감사드린다. 또한 출판의 과정까지 많은 수고를 해 주신 계명대학교 출판부 선생님들께도 감사드린다.

차례

1장 인성을 말하다

2장 인성을 전하다

3장
인성을 행하다

4장
인성을 논하다

변화하는 시대와 함께하는
인성교육 길라잡이

1장

인성을 말하다

1. 역사 속에 지속된 인성 이야기

> 지식이 없는 선함은 약하고, 선함이 없는 지식은 위험하다. 이 두 가지가 합쳐서 고귀한 인품을 이룰 때 인류에 도움이 되는 토대가 될 수 있다.
>
> 존 필립스

각 시대는 그 시기에 특정한 아픔이 있다. 그리고 그 아픔 주위에 붐비는 앎이 있다. 우리 시대의 붐비는 앎은 인성과 인성교육이다. 인성교육에 대한 이야기가 교육의 현장과 연구분야에서 넘쳐난다. 초등, 중등, 고등교육기관 모두 인성을 강조하고 있고, 인성에 대한 논문과 연구들도 급증해왔다. 국가에서 인성교육진흥법을 제정해서 인성교육을 제도화하기에 이르렀다. 그만큼 인성교육이 중요하다는 반증이고, 동시에 지금의 시기에 인성교육이 필요하다는 의미이기도 하다.

물론 인성교육에 대한 필요성은 비단 최근의 요청만은 아니다. 기원전 1700년경에 수메르의 점토판에는 "요즘 젊은 것들은 어른들을 공경할 줄 모르고, 버르장머리가 없다. 말세다."라고 적혀 있다. 기원전 1700년 전이면 지금으로부터 3700여 년 전이다. 아주 오래된 과거이기 때문에, 예절과 격식을 잘 갖추고 살았을 것으로 우리는 기대한다. 그러나 그 오래된 문명에서조차도 젊은 세대의 인성 부족에 대한 거침없는 비판이 담겨있고, 말세라고 단정 지을 정도로 심각한 문제로 간주되었다.

기원전 400년경의 소크라테스도 젊은이들의 인성을 질책한다. "요즘 아이들은 사치를 좋아한다. 버릇이 없고 권위를 조롱하며, 어른을 존경하지 않고, 일하고 행동하기보다 말하기를 좋아한다. 요새는 어른이 방에 들어와도 일어서지 않는다. 부모에게 말대꾸하고 수다스럽고 밥상에서 밥을 게걸스럽게 먹고 스승에게 대든다." 2400여 년 전에 기록된 이야기이지만, 사치, 예절 부족, 권위 불인정 등은 마치 우리 시대의 자화상을 보는 듯하다. 철학자인 소크라테스의 눈에도 당시 젊은이들의 인성 부족이 심각하게 각인되었던 것을 볼 수 있다.

서양뿐만 아니라, 동양에서도 젊은이들의 인성부족을 질타하는 것은 특정 시대에 국한되지 않는다. 기원전 200년경 저술된 한비자의 오두에도 인성부족을 꾸짖는 내용이 나온다. "요즘 버릇이 좋지 않은 자식들은 부모가 나무라도 행동을 고치려 하지 않고, 마을 어른이 꾸짖어도 움직이려 하지 않고, 스승이 가르쳐도 전혀 변함이 없다. 부모의 사랑, 마을 어른의 지도, 스승의 지혜라는 세 가지 도움이 더해져도 끝내 움직이지 않고, 털끝만큼도 고치지 않는다." 부모와 마을공동체, 스승까지 포함한 전방위적인 인성교육을 해도 인성이 바뀌지 않는 것에 대한 어려움과 한계를 토로하고 있다.

동방예의지국으로 불렸던 한민족의 역사에서도 젊은이들의 인성을 책망하는 것은 최근의 일이 아니다. 1582년 율곡 이이의 학교모범의 서문에 이런 글이 나온다. "하늘이 사람을 내었으니, 만물에는 만물의 존재원리가 있듯이 사람에게는 사람의 존재이유인 아름다운 도덕심이 부여되었다. 사람들은 모두 이 도덕심을 갖고 태어났지만 선생의 역할이 어긋나고 교육이 제대로 되지 못하여 도덕심을 유지하지 못하게 되었다. 그리하여 선비들의 삶이 각박해지고 양심이 마비되어, 다만 헛된 명예나 숭상하고 착실한 행동에 힘쓰지 않아서, 위로는 조정에 선비가 없어 일이 제대로 되지 않으며, 아래로는 풍속이 날로 어그러지고 윤리와 기강이 무너졌다." 선생들과 선비들, 그리고 일반 백성들에게 이르기까지 인성부족의 총체적 난국을 율곡 이이는 심각한 현실로 받아들이고 있다.

인성교육을 도의교육이라고 불렀던 대한민국의 초창기에도 인성의 문제가 심각하게 논의되었다. 연세대학교 조의설 교수가 1958년 3월 9일에 경향신문에 기고한 도의교육소고에는 이렇게 적혀있다.

> 최근 도의교육이 상당히 문젯거리가 되어 동위원회가 생기는가 하면 현재 도의교과서가 국정으로까지 되어 있다. 왜 도의가 문제가 되는가? 여기에는 적어도 두 가지의 뜻이 있다. 하나는 종래 지켜오던 도의가 문란하여졌으니 이것을 재생시키자는 것일 것이고 또 하나는 재래의 도의가 전연으로 글러먹었으니 새 도의를 건설하자는 것일 것이다. 이러나 저러나 도의교육이 절대로 필요하다는 것만은 사실이다. 요는 어디다가 기준을 두고 논할 것인가가 문제이다. 기준문제가 중요하다. "기준"이란 시대성을 지니고 있으므로 시대가 바뀔 때마다 윤리도 전환을 면치 못한다.

도덕의 와해를 언급하며 인성교육이 제대로 이뤄지기 위해서 새로운 시대에는 새로운 기준을 세워 인성 교육을 해야 함을 조의설 교수는 지적한다. 그의 지적은 인성교육이 시대를 불문하고 늘 부족해 보인다는 점과 새로운 술은 새로운 부대에 담듯이 시대의 변화에 따른 새로운 인성교육의 방법과 틀이 필요함을 강조한 것이다. 인류의 문명과 함께 시작된 인성에 대한 논의와 이전 세대의 다음 세대에 대한 비판은 앞으로 계속될 것이다. 그 비판의 적합성 여부를 분별하면서 변화되는 시대에 인간됨을 실현할 수 있는 적절한 인성교육을 제시하는 것은 중차대한 과제이다. 고등교육을 받는 사람 수는 늘어가고 있는 데 비해서 고등교육이 인성의 성숙, 즉 지식이 있는 선함과 선함이 있는 지식에 미치지 못하고 있는 것이 한국의 현실이다. 먼저 한국 사회의 현실을 분석하여 인성교육이 필요한 구체적인 이유를 살펴보려고 한다.

2. 인성교육 필요성의 근거들

> **따뜻한 가슴과 냉철한 이성이 서로 균형을 이룰 때 우리는 비로소 개인적으로 '사람'이 되고 사회적으로 '인간'이 됩니다.**
>
> **.......**
>
> **사랑이 없는 이성은 비정한 것이 되고 이성이 없는 사랑은 몽매와 탐닉이 됩니다.**
>
> **신영복**

멀리 수메르의 시기부터 서양과 동양, 그리고 우리의 역사를 지나 현재에 이르기까지 인성은 끊임없이 제기되어온 문제이다. 인성은 어느 특정한 시기만 문제가 되는 것이 아니라, 어느 시대를 막론하고 요청되고 있음을 문헌기록들이 확인해 준다. 그만큼 인류의 오래된 문명과 우리가 지금 구성해가고 있는 사회에서 인성교육은 중요한 부분을 차지한다.

그러나 다른 측면에서 보면 어느 시대이든 상관없이 늘 제기되는 문제였기 때문에 인성교육 자체에 대해 부정적인 견해를 제기하기도 한다. 버릇이 없다거나, 사치를 한다거나, 아니면 풍속이 어그러진다는 것은 인성의 문제를 지적하기도 하지만 이전 세대의 도덕적 관념을 다음 세대로 투영해서 평가하려는 한계성을 드러내기도 한다. 다음 세대는 이전 세대가 갖추어온 도덕적 관념에 비춰볼 때, 늘 부족한 평가를 받기 쉽기 때문이다. 시대는 변하며 그 변화에 연동되는 것이 문화와 도덕임을 생각할 때, 이전 세대의 도덕적 틀을 시대의 변화를 고려하지 않고 다음 세대에 끼워 맞추려는 위험성이 상존한다. 농경시대의 윤리를 도시화시대에 적용하는 것은 무리가 있고, 또한 도시화 시대의 것을 새로운 정보화시대에 주입하는 것도 부적절하다. 예전에는 30년을 한 세대로 보았지만, 지금은 많은 부분이 빠른 속도로 변하고 있기 때문에, 한 학년 차이에도 참을 수 없는 세대차를 언급하기도 한다. 변화하는 시대의 특성을 고려하지 않고 옛 도덕적 관성을 새로운 시대에 부과하려는 경향성 때문에 인성교육이 부정적으로 평가된다.

인성교육의 부정적인 측면이 분명하게 드러나는 경우는 국가가 국민들의 사상을 통제하려는 때이다. 조수경 교수는 인성교육이 최근의 역사에서 국민들의 사상을 통제하는 억압적 역할을 해 왔음을 지적한다. 1938년 일제가 조선총독부령을 개정하며 학생들의 '성정'을 수치화하며 황국신민에 적합한 이를 뽑을 수 있도록 입시에 반영했고, 유신시대에는 사상 통제 수단으로 사용되었고, 사회적 문제가 발생할 때는 젊은이들에 대한 비난의 근거가 되어 왔다. 이런 점에서 인성교육에 대해 비판적인 시각이 존재하는 것은 당연하다. 그리고 이러한 비판적 시각을 인성교육에 반영하지 않는다면, 철학이 종교의 시녀 역할을 했던 것처럼 인성교육이 국가주의를 위한 도구로 전락할 위험성이 있다.

더 구체적인 예를 들면, 1968년 12월 5일 반포된 국민교육헌장의 목표는 '국가와 민족의 발전에 공헌하는 일꾼'을 길러내는 것이었다. 그 강조점은 이렇게 제시된다. "첫째, 학교교육의 모든 영역에 걸쳐서 안보교육체제를 정비, 강화한다. 둘째, 모든 교직원과 학생은 일사불란한 학원질서를 확립한다. 셋째, 교육은 새로운 가치관의 확립을 위한 선도적 역할을 다한다." 인성교육은 정신교육의 차원으로 간주되었고, 냉전의 구도에 적합한 일꾼, 혹은 군사문화적인 전사 양성으로 한정되었다. 이런 점에서 인성교육은 권력의 수단으로 격하될 위험성을 내포하고 있다. 이러한 권력의 수단으로 오용될 위험성을 심각하게 고려하며 인성교육의 방향을 탐색해야 한다.

이러한 위험성에도 불구하고 인성교육은 그 자체로서 중요한 의미를 갖는다. 앞서 살펴본 대로 이미 인류 문명의 시작부터 인성에 대한 염려와 기대가 상존해왔고, 지금의 변화되는 시대에 그 필요성이 더욱 두드러지기 때문이다. 적어도 두 가지의 상황이 인성교육의 필요성을 더 부각시킨다. 하나는 한국 사회의 단면이고, 다른 하나는 앞으로 전개될 새로운 사회의 방향성이다.

가. 한국 사회에서 인성의 문제

현재 한국 사회의 단면을 보면 왜 인성이 강조될 수밖에 없는지 알 수 있다. 한국갤럽이 내놓은 '요즘 젊은이들 1992-2017'이란 조사에 따르면 요즘 젊은이들이 인내심도 부족하고, 예절이 바르지 못하며, 타인에게 관대하지 못하고, 절약 정신이 부족하고, 자립심이 약하고, 책임감이 없다고 한다. 또한 젊은이들이 이기적이며, 돈 계산을 지나치게 정확히 하고, 이성적이기보다는 감각적으로 사물을 판단하고, 자기 권리만을 주장한다고 30-60대 설문자들이 대답을 했다. 주목할 만한 점은 1992년 통계와 2017년 통계에서 전체적으로 젊은이들에 대한 부정적 평가 내용이 다르지 않다는 데 있다. 다시 말해서 최근에 인성교육을 많이 강조해 왔음에도 불구하고 두드러진 변화를 찾기는 어렵다는 것이다.

교육부에서 주관한 2012년 연구조사에 따르면 한국의 학생들이 핵심 인성 덕목에 있어서 평균에 미달하는 것으로 나타났다. 인성의 핵심적인 가치들로 언급되는 배려, 나눔, 소통, 정직, 용기, 공감에 있어서 다른 국가들과 비교해 볼 때 낮은 수준을 보였다. 다른 국가들과의 비교를 통해서 인성의 핵심적 가치가 낮게 나왔다는 것은 우리나라의 교육방향이 다른 국가들에 비해서 효율성과 생산성 중심으로 설정되었음을 반증한다.

정창우(2015, pp. 18-23)는 한국 교육의 자화상을 다섯 가지로 분류해서 평가하고 있다. 첫 번째는 자기 정체성을 제대로 확립하지 못하고 있고, 정직한 삶에 대해 필요성을 심각하게 느끼지 못한다는 것이고, 두 번째는 관계지향성과 사회적 협력 능력에서 문제점을 보이고 있다는 것이고, 세 번째는 다른 사람들을 배려하며 봉사하는 능력이 부족하다는 것이고, 네 번째는 한국 청소년들이 느끼는 삶의 만족도와 행복도가 매우 낮다는 것이고, 다섯 번째는 불의에 대한 태도에 있어서 방관자적인 모습을 많이 보인다는 점이다.

학교급별 인성지수(정창우 등, 2013)

	초등학교	중학교	고등학교
도덕성(관습)	3.57	3.45	3.50
사회성	3.33	3.17	3.27
도덕성(규칙)	3.31	3.19	3.22
정체성	3.15	2.97	2.99

정창우 등(2013)은 2013년에 정체성과 사회성, 그리고 도덕성에 대해서 연구를 했다. 이 지표연구에서 자신의 감정 및 자신에 대한 이해와 존중, 자기조절은 정체성으로, 타인에 대한 배려, 봉사, 공감 및 존중은 사회성으로 구분되었다. 도덕성은 규칙의 도덕과 관습의 도덕으로 분류하고, 규칙의 도덕은 준법, 책임, 정직을, 관습의 도덕은 효도 및 공경을 말한다. 조사결과에 따르면 학생들의 자기조절 능력, 감정 그리고 자신에 대한 이해와 존중 정도를 나타내는 자기정체성은 다른 지표들(도덕성과 사회성)보다 낮게 나타났다. <학교급별 인성지수>에서 볼 수 있듯이 한국의 학생들은 도덕성이나 사회성보다도 자기정체성을 구성하는 데 더 어려움을 겪고 있다. 이 지수 연구에서 관심을 기울여야 할 또 다른 사안은 정체성을 비롯한 모든 지표에서 고등학생이 초등학생보다 낮은 인성지수를 보여주고 있다는 점이다. 초등교육에서 중등교육으로 진행될수록 인성과는 무관한 교육이 이뤄지거나 혹은 인성을 더 악화시키는 교육이 이뤄지고 있다는 것을 연구 결과가 보여주기 때문이다. 『내가 정말 알아야 할 모든 것은 유치원에서 배웠다』는 책이 말해 주듯이 초등교육에서 갖춰진 인성이 중등교육과 고등교육을 통해 약화되는 현상이 확연하다.

자기정체성을 확립하는 데 어려움을 겪는다는 것은 자신의 감정을 이해하고, 자신을 존중하고, 자기 조절을 하는 데 문제가 있다는 것을 의미한다. 자신의 감정을 이해하고 표현하는 데 어려움을 겪는다면 자신을 이해하기가 어렵다. 자신을 이해하기 어렵기 때문에 자신을 존중하는 것은 더욱 힘든 작업이다. 자신의 감정을 이해하기 어렵고 자신을 존중하기 어려우면 또한 자기를 조절하는 데도 문제가 발생한다. 자기존중, 자기표현, 자기조절 능력은 자기정체성 형성에 핵심적인 부분이면서 인성교육이 강조하는 핵심 역량의 중추이기도 하다. 인성교육을 통해서 자기정체성을 확립하는 데 중점을 두어야 함을 보여준다.

도덕성(규칙)은 준법, 책임, 정직과 관련된 사안이다. 이 연구에서 법을 지키고, 책임을 지고, 정직한 삶에 대해서 학생들이 낮은 지표를 보였다. 이러한 현상은 사회 전반적인 문제와도 연관된다. 유전무죄, 무전유죄라는 표현이 공공연하게 사회에 회자되고 있는 현실에서 법을 지키며 살라는 요구는 공허한 메아리가 되기 쉽다. 인성에 대한 강조는 건강한 사회와 함께 가야한다. 자신이 아무리 도덕적이라고 해도 사회가 비도덕적인 것을 발견하면 도덕성을 지속시킬 이유를 찾기 어렵기 때문이다. 건강한 사회에 대한 청사진과 가능성을 전망할 수 없는 상태에서 강조되는 도덕성은 힘없는 국민에 대한 통제로 보이기 쉽다. 도덕성의 강조는 새로운 미래에 대한 희망과 함께 제시되어야 한다.

그 다음으로 학생들에게 부족한 가치들은 사회성에 관한 것으로 타인에 대한 배려, 봉사, 공감 및 존중에 관한 것들이다. 타인과 연관된 관계의 문제는 한국 사회에서 심각한 문제로 드러나고 있다. 학생들이 타인에 대한 배려와 존중을 하지 못하는 이유 중에 한국사회의 도덕적 해이를 들 수 있다. 땅콩 회항으로 유명세를 탄 사건이 있다. 권력을 가진 자가 자신의 목적을 위해서 불특정 다수가 피해를 입어도 아무런 죄책감을 느끼지 못하는 사회는 기본적인 교육이 얼마나 배려와 존중에 대해서 무감했는지를 보여준다.

최근에 사회적인 문제로 드러나는 이슈는 혐오이다. 혐오의 문제가 사회 전반적으로 큰 파장을 일으키고 있다. 안타깝지만 한국 사회가 혐오로 앓고 있다. 일베는 여성을 혐오한다. 일베는 여러종류의 'ㅇㅇ녀'를 양산하며 여성에 대한 혐오를 증폭시켰다. 이에 대한 반작용으로 워마드는 남성을 혐오한다. 워마드는 여성에 차별적이라는 이유로 가톨릭의 성체를 태워서 물의를 일으켰다. 사회적 약자들에 대한 폄하가 일상적으로 공유되고, 이슬람에 대한 근거 없는 비난이 SNS를 통해서 전파되고, 한국 사회는 벌레들의 천국이 되었다. 대화를 통해서 "충"이라는 말이 너무도 쉽게 사용되고 있기 때문이다. 어린아이는 급식충, 사회적 배려 대상 학생들은 사배충, 엄마들은 맘충, 한국 남자들은 한남충, 나이든 사람들은 틀딱충이라고 불린다. 사회에 만연한 혐오가 집약된 것이 바로 이 충이라는 유행어이고, 벌레 아닌 사람이 없는 한국사회는 혐오의 사회가 되어버렸다.

교실 속에서 이 혐오 표현이 공유되고 더 공격적으로 변하는 데 큰 문제가 있다. 교실 속에서 페미니스트를 페미나치라고 부르고, 파키스탄인을 파퀴벌레로, 성소수자를 똥꼬충으로, 특정 직업을 비하하며 경찰은 치안조무사로 교사는 교사조무사로, 진지한 이야기를 하는 사람을 진지충으로 부른다. 혐오감이 담겨있는 단어들을 내뱉고 들으며 학생들은 킥킥거리고 혐오를 '쿨'한 것으로 생각하며 또래문화로 만들고 있다.

혐오가 사회에 끼치는 악영향은 중대하다. 혐오는 타인에 대한 배제를 정당화한다. 함께 더불어 살아야 할 타인을 인간이 아닌 존재로 규정하며 거부하고 배척한다. 또한 인간 이하의 존재로 규정함으로써 그들에게 가하는 폭력을 정당화하기도 한다. 이러한 의미에서 한국 사회는 타인에 대한 배려 차원에서 심각한 문제를 안고 있다.

인간관계를 맺고 사회적인 협업에 있어서도 한국 사회는 문제를 드러낸다. OECD에서 발간한 2017년 삶의 질 보고서에서 한국 국민의 76%는 삶이 어려움에 처할 때 도움을 받을 사람이 있다고 응답했는데, OECD 평균은 89%로 조사대상 38개국 중 가장 낮았고, 이는 한국 사회의 약한 공동체 의식을 그대로 보여준다. 네 명 중 한 명은 삶의 위기 상황에서 도움을 받을 수 없는 형편이라는 것은 아홉 명 중 한명이라는 세계 평균과 비교해 볼 때 심각한 수준이다. 이웃의 어려움에 상관없이 자신만 잘 살면 된다고 고등학생 45%, 중학생 30%, 초등학생 19%가 설문조사에 답하기도 했다. 이웃은 더 이상 함께 더불어 살아가야 할 사람이 아니라 반려동물보다도 더 무의미한 취급을 당하는 수준이다. 약한 공동체 의식은 경제적 기회를 찾는 데도 어려움을 주고, 다른 사람과의 관계 맺을 기회를 축소시키고, 소외감을 줄 수 있기 때문에 더 문제가 된다.

2017년 흥사단 투명사회운동본부에서 초중고생 4,820명을 대상으로 한 설문조사에서 10억이 생기면 교도소에 들어가도 괜찮은가 하는 질문에 우리나라 청소년들은 심각한 반응을 보였다. 고등학생의 54.7%, 중학생 38.5%, 초등학생 20.4%가 괜찮다고 대답을 했다. 11,000명을 대상으로 한 2015년 조사에서는 고등학생 56.2%, 중학생 37%, 초등학생 16.8%가 괜찮다고 대답했고, 2013년에는 고등학생 46.6%, 중학생 33.4%, 초등학생 15.9%가 괜찮다고 답을 했다. 절반 가까운 고등학생이 정직이 크게 문제되지 않는다고 대답했다는 것이 충격적이다. 더 심각한 문제는 2015년에서 그 수치가 2013년에도 높았는데, 2017년에 고등학생의 경우는 좀 줄었지만, 해가 지날수록 정직에 대한 지수가 악화되고 있다는 점이다.

10억이 생긴다면 잘못을 하고 1년 정도 감옥에 들어간다 (흥사단 투명사회운동본부, 2015,2017)

	청소년전체	초등	중등	고등
2013	32.7%	15.9%	33.4%	46.6%
2015	36.4%	16.8%	37.0%	56.2%
2017	37.1%	20.4%	38.5%	54.7%

법률소비자연맹이 대학생을 상대로 조사한 설문(2018)에 따르면 조사자 3656명의 51.39%인 1879명이 10억을 위해 1년 교도소 생활을 할 수 있다고 대답했다. 고등교육기관에 속한 대학생들의 50% 이상이 정직의 가치를 폄하하고 있는 것이 현실이다. 나이가 들수록 인간적으로 더 성숙해야 하지만, 그 반대로 더 비도덕적으로 변해가고 있다.

자살률에서도 한국은 경제협력개발기구(OECD) 회원국 중에 가장 높은 수준을 보이고 있다. 2003년부터 2016년까지 자살률 1위를 기록해왔고, 모든 연령대에서 자살률이 높은 편이다. 10대, 20대, 30대의 청소년과 청년층 사망 원인 1위가 자살로 나온다. 자살의 원인으로는 경제적 불평등의 확대와 사회적 차별과 갈등을 해소하지 못하는 사회적 분위기가 많이 작용한다고 평가된다. 경찰청의 2016년 조사에 따르면 1991년부터 2016년까지의 추세를 분석할 때, 상대적 빈곤률이 높아질수록 자살률도 증가하는 것으로 나타났다. 높은 자살률은 사회적 안정망이 제대로 형성되지 못했다는 것을 의미한다. 경제적인 의미와 관계적인 의미 모두에서 안정된 삶을 누릴 수 없다는 것은 배려와 돌봄의 필요성을 강변한다.

한국사회는 인간과 사회에 대한 신뢰도도 낮은 지수를 보였다. 타인을 신뢰하는 지수도 OECD 평균 이하였고, 정부신뢰도 평균이하이며, 불안심리는 최저이다. 타인신뢰와 정부신뢰는 OECD 평균보다 최소 10점 이상 낮았다. 사회에 대한 불신은 장년층보다 청년층에서 더 낮은 점수를 보였다. 또 다른 통계인 국제교육성취도평가협회(The International Association for the Evaluation of Educational Achievement, IEA)가 발간하는 평가서인 국제시민교육연구(International Civic and Citizenship Education Study) 2016년 보고서에 따르면, 국가와 국회에 대해서 한국학생들은 가장 낮은 신뢰도를 보였다. 한국학생들의 국가기관에 대한 불신은 43점으로 2009년 국제시민교육연구보고서에서도 마찬가지로 제일 낮았다. 국제 투명성 기구에서 평가하는 부패인식지수에서도 우리나라는 OECD국가들 35개국 중에서 29위를 차지하며 정치와 경제 분야에서 부패, 권력남용 등이 여전히 뿌리 깊게 자리 잡고 있음을 보여준다.

학교 폭력의 경우 2012년부터 2017년 통계를 보면 피해를 당한 학생 수나 폭력발생율은 하향화되고 있는 실정이다. 다양한 유형의 폭력이 12년에 비추어보면 현격하게 줄어들었지만, 16년과 17년을 비교해 보면 집단 따돌림과 강제심부름을 제외하면 폭력 빈도수가 소폭 증가하거나 16년 수준을 유지하고 있다. 폭력의 감소를 위한 노력이 더 필요한 실정이다.

학생 천명 당 피해유형별 응답 건수 (교육부, 2017)

구분	'12년 2차	'13년 2차	'14년 2차	'15년 2차	'16년 2차	'17년 2차
언어폭력	36.9	12.6	8.2	6.1	5.3	5.6
집단따돌림	12.4	5.9	3.9	2.9	2.6	2.6
스토킹	7.7	3.2	2.3	1.9	1.6	1.7
신체폭행	10.5	4.1	2.7	2.1	1.8	1.7
사이버 괴롭힘	8.0	3.4	2.3	1.7	1.5	1.7
금품갈취	17.7	3.3	1.8	1.2	1.0	1.0
성추행 · 성폭행	3.5	1.2	0.9	0.7	0.7	0.8
강제심부름	12.3	1.9	1.0	0.7	0.6	0.6

폭력의 전반적 감소와는 달리 학교폭력에서 심각하게 고려해야 할 사항이 있다. 눈여겨봐야 할 점은 학교 폭력을 신고하지 않은 경우가 20.7%에 달한다는 점이다. 미신고의 이유 중 '더 괴롭힘을 당할 것 같아서'와 '해결이 안 될 것 같아서'와 '어디로 알려야 할지 몰라서'가 35% 이상을 차지한다. 도움을 청할 사람, 기관, 방법에 대해 모르기 때문에 문제가 발생하는 것이다. 폭력에 대해 함께 맞서 싸워줄 사람을 찾기 어려울 정도로 네트워크 형성이 안 되어 있고, 학교 폭력에 대해 방관자적인 입장을 학생들이 갖고 있다는 것을 의미하기도 한다.

피해 미신고 이유 비율(%) (교육부, 2017)

구분	별일이 아니라고 생각해서	더 괴롭힘을 당할 것 같아서	스스로 해결하려고	해결이 안 될 것 같아서	창피해서	어디에 알려야 할지 몰라서	기타
전체	29.1	15.1	16.6	15.8	6.3	4.8	12.3
초	31.0	16.5	16.1	13.3	6.4	5.1	11.6

구분	별일이 아니라고 생각해서	더 괴롭힘을 당할 것 같아서	스스로 해결 하려고	해결이 안 될 것 같아서	창피해서	어디에 알려야 할지 몰라서	기타
중	25.0	12.9	18.2	18.8	6.1	4.3	14.7
고	26.1	10.6	16.6	24.8	5.9	4.1	12.0

상술된 통계들과 자료들은 한국 사회의 많은 문제들이 일시적인 현상이 아니며, 사회 구조적인 차원에서 지속되어온 문제들임을 보여준다. 이 사회적 병리 현상들을 해결하기 위해서 사회구조적인 개혁이 선행되어야 한다고 주장할 수 있다. 물론 사회구조적인 개혁이 분명히 있어야 하지만, 그 사회구조를 구성하는 근간에는 구성원들이 존재한다. 사회 구성원들이 사회 구조를 만들어가고 사회 구조는 사회 구성원들을 형성해가기 때문에 양자가 함께 이 난관을 헤쳐 가도록 노력해야 한다. 사회 구조를 만들어가는 사회 구성원들의 측면에서 볼 때, 인성교육은 필수 불가결하다. 아무리 잘 짜여진 사회구조라고 하더라도 그 구성원들이 부패할 경우에는 곧 무너지기 마련이다. 역사학자 아놀드 토인비(Arnold J. Toynbee)는 문명이 대부분 내적인 부패에서 쇠퇴했다고 주장했다. 이 맥락에서 인성교육은 중요하며 필수적이다.

나. 앞으로 도래할 인공지능의 시대와 인성교육

인성교육을 생각할 때 현 시대의 문제들과 더불어 고민해야 하는 두 번째 문제가 앞으로 도래할 시대에 대한 것이다. 앞으로 도래할 시대는 인공지능의 시대이다. 인공지능이 동반할 새로운 사회에 대한 예측이 인성교육의 문제를 더 심각하게 고민하도록 만든다.

인공지능하면 떠오르게 되는 것은 2016년 이세돌에게 승리한 알파고이다. 알파고는 이세돌에게 1패를 당했지만 4승을 하면서 인공지능의 우수성을 드러냈다. 지난 2017년 5월에는 세계 바둑 랭킹 1위인 커제를 상대로 3전 전승을 거두었다. 바둑에서 더 이상 인간이 인공지능을 이기기 어렵다는 것을 확인했다. 인공지능이 바둑에서 인간을 이겼다는 것은 인간이 특정한 영역에서만 인공지능에게 뒤처진다는 것을 의미하지 않는다. 바둑의 영역에서처럼 다른 영역에서도 인간은 그 능력에 있어서 인공지능에게 뒤처질 가능성이 높고 많은 문제들이 야기될 것이라는 점에서 앞으로 다양한 사회적 이슈들을 양산할 것으로 보인다.

가장 큰 이슈는 앞으로의 문명에 인간이 어떤 위치를 차지할 것인가에 있다. 그동안 인류 문명의 핵심은 인간이었다. 인간은 자신의 노동과 타인의 협력을 통해서 문명을 발전시키고 확장시켜왔다. 그러나 그 핵심 역할을 하던 인간의 자리에 인공지능이 파고들고 있다. 지금도 인공지능은 인간의 자리를 대체하며 그 영향력을 확대하고 있는 실정이다. 인공지능의 영향력이 확대되면서 인간은 자기 스스로의 가치와 더불어 다른 인간을 어떻게 대해야 하는지에 대한 근원적인 질문을 갖게 되었다. 인간은 그 유용성에서 그동안 서로를 인정하고 존중해왔다. 자신이 선택하거나 주어진 어떤 역할을 맡아서 감당하고 그 대가로 급여를 받으며 보상을 받고 자신의 일에 만족감을 느끼며 살아왔나. 그러나 인공지능의 시대는 오래되고 익숙한 사회경제구조뿐만 아니라 지금까지의 자아정체성규정 방식에도 도전을 한다.

인공지능이 인간을 대체하는 예들은 전세계에서 찾아볼 수 있다. 스웨덴의 스웨드뱅크는 고객 상담을 인공지능시스템 '니나'에 맡기면서 고객센터 직원들이 할 일을 잃게 되고, 폭스콘의 애플 생산시설에서는 로봇으로 휴대폰을 조립하면서 50% 정도의 공장 노동자들이 해고당했다. 독일 아디다스는 스마트팩토리를 건설해서 590명의 직원들이 할 일을 인공지능이 담당하고, 골드만삭스에서는 주식거래 및 예측을 인공지능으로 하면서 직원들을 컴퓨터와 컴퓨터 기술자로 대체했다. 인공지능에 의해 이미 인간의 노동력은 대체가 많이 진행된 상태이다.

인공지능의 인간노동력 대체는 특정한 분야를 넘어서서 모든 분야에서 진행되고 있다. 변호사들이 담당하던 법률 문서 검색과 정리도 인공지능이 하고 있고, 기사작성도 인간 기자와 비슷하게 그리고 훨씬 더 많은 양을 인공지능이 하고 있다. 통역과 번역의 영역도 빠른 속도로 인공지능이 따라잡고 있고, 음악, 미술 영역도 인공지능이 잠식해 들어오고 있다. 의학과 약학 부분에서도 인간의사와 인간약사보다 인공지능이 높은 정확도의 예측과 일처리를 하고 있다.

앞으로의 인류 문명의 진행 방향을 생각하면 인간이 차지할 자리가 더 줄어든다. 모든 영역에서 데이터화가 진행되고 있다. 이 데이터는 전자자료로 전세계에 축적되고 있으며, 그 축적되는 양과 속도는 측정하기 어려울 정도이다. 인간이 그 데이터를 분석하고 사용하기에는 너무도 방대하다. 그 빅데이터의 분석, 적용, 활용,

피드백 등은 인공지능이 없이는 수행할 방법이 없다.

인공지능이 다양한 분야에서 인간이 하던 역할을 대신하면서 인간의 일자리는 감소할 수밖에 없을 것으로 보인다. 인간의 일자리가 줄어든다는 것은 인간이 그동안 담당해왔던 노동의 역할을 대체하는 것으로 노동을 통해서 인간의 역할을 규정해 왔던 인간의 자의식과 인간의 자기규정을 바꿔야할 상황에 이르게 되었다. 그동안은 노동하지 않는 인간을 따가운 시선으로 바라보았다. 안타깝게도 그들은 국가나 사회를 위해 덜 도움이 되는 존재로 여겨졌고, 그러한 시선은 그들에 대한 폭력적인 언사나 차별적인 정책을 정당화해왔다. 그러나 앞으로의 시대에는 인공지능의 확대와 더불어 노동하지 못할 인간들이 많이 생기게 될 것이다. 인간을 유용성이 아니라 존재 그 자체로 대하는 자세를 확립하지 않는다면 앞으로의 시대에 인간간의 갈등은 더 심화될 것이고, 지금 우리가 다루고 있는 사회문제와는 비교할 수 없을 정도의 심각한 문제에 직면하게 될 것이다.

일자리의 문제와 더불어 인공지능은 가족에 관한 개념에도 도전을 던진다. 지금까지 가족은 혈연공동체였고, 성과 사랑을 바탕으로 한 공동체였으며, 경제적으로 서로 협력하며 돌봐주는 공동체였다. 인공지능은 지금까지 견고하게 인류 문명의 버팀목으로 존재해오던 가족에 대한 개념을 바꾸어놓을 가능성이 높다. 영국에서 제작된 「휴먼」이라는 드라마에서 한 가정이 가정주부 로봇을 구매한다. 이 가정주부 로봇은 집안일도 잘하고, 아이 양육도 잘 한다. 그동안 가사를 담당했던 엄마는 로봇의 등장으로 자신의 존재 가치에 대한 도전을 받는다. 아이는 엄마가 읽어주는 책보다 인공지능이 읽어주는 책을 선호하고, 피곤해서 차려주지 못했던 아침식사도 인공지능 로봇은 만찬으로 제공한다. 다른 가정에서는 가사를 돕는 남성 로봇을 들여다 놓는다. 이 로봇은 주인인 가정주부에게 마사지를 해 주고, 음식 만드는 일도 도와주며 좋은 도우미의 역할을 한다. 부부관계에 서툰 남편은 아내가 별거를 요청하자, 이 모든 것들이 로봇의 등장 때문이라고 생각하고 분노하며 로봇에게 폭력을 행사한다. 로봇의 등장으로 전통적인 인간관계의 역할을 재고하도록 만든다. 지금까지는 가정에서 남편과 아내가 혹은 부모와 자녀가 서로 부족한 부분이 있어도 참고 인내하며 지내왔지만, 인공지능 로봇의 등장으로 불편한 관계에 있는 타자와 동거할 이유가 사라지게 된 것이다.

이미 실험을 통해서 드러났듯이, 챗봇이 데이트 상대에 대한 데이터만 충분하게 갖고 있다면 다른 인간 후보자들보다 더 매력적인 존재로 인식되고 있다. 인간이 다른 인간을 대할 때는 미숙한 점들이 많다. 오랜 시간동안 형성되고 중첩된 오해가 정확한 인식을 방해하고, 이미 깊이 내장되어 있는 편견이 관계에서 불필요한 갈등을 유발하게 만든다. 그러나 인공지능은 그런 갈등요인들을 배제할 수 있다. 인간과 달리 인공지능은 감정에 매몰되지 않으며 축적된 불편한 기억들이 관계를 맺는 데 영향을 주지 않도록 할 수 있기 때문이다. 인공지능은 한 인간과 관계를 맺는 데 있어서 주어진 데이터를 바탕으로 갈등요인을 피하고, 가장 적합한 방식으로 조언을 하며, 협력적인 관계를 유지해 갈 수 있다.

인공지능과 달리 인간은 감정을 초월해서 관계를 맺어가기 어렵다. 자신을 초월해서 타인과의 관계를 맺는 일은 인간인 이상 기대하기 어려운 일이다. 인간의 이 한계상황이 인공지능 시대에는 더 두드러질 것이다. 인성에 대한 교육이 중요해지는 이유는 바로 지금까지는 크게 염려하지 않아도 되었던 인간의 폭력성이 미시적인 차원에서 더 부각될 것이기 때문이다. 예를 들면, 미투 운동은 인류 역사의 수면 아래에서 끊임없이 자행되었던 폭력이다. 지금까지는 은폐되고 침묵의 카르텔을 통해서 공공연하게 비호되어 왔지만, 더 이상은 불가능하다. 약자인 여성에 대한 폭력이 미투 운동을 통해서 더 이상 용인할 수 없는 일이 된 것처럼 앞으로 인공지능의 시대에는 인간관계에서 그동안 쉬쉬하던 미시적 폭력들이 적나라하게 드러나게 될 것이고 심각한 문제로 부각될 것이다.

한국사회의 인성지표의 현황과 앞으로 인간의 존재 가치와 의미에 심각한 질문을 제기하는 인공지능의 사회로 돌입할 것을 고려한다면 인성교육은 선택사항이 아니라 필수사항이다. 한국사회에서 학생들은 자신의 정체성, 도덕성, 사회성 등에서 자신의 정체성을 발견하고, 도덕성을 습득하며, 사회성을 확장시킬 필요성이 있다. 또한 인공지능의 시대에 보다 포용적이고 비폭력적인 인간관계 방식의 교육이 절실하게 요청된다.

3. 인성교육의 개념

인성교육에 대한 정의는 한마디로 규정하기 어려울 정도로 다양한 분야에서 다양한 접근을 통해서 제시되고 있다. 인성은 인간의 본성이나 성격을 의미하기도 하고, 전인교육의 대체 용어로 사용되기도 한다. 인성교육과 인성에 대한 다양한 정의나 접근방법은 그만큼 인성에 대해 풍부한 자료가 있다는 뜻이 되기도 하고, 인성을 하나로 규정해서 접근하기가 어렵다는 뜻이 되기도 한다.

인성은 역사를 통해서 발전되어온 개념이다. 우선 인성은 인간이기 때문에 선천적으로 소유한 인간의 특성으로 이해된다. 그러나 그 인성은 계발이 필요하며 교육에 의해서 갖춰질 수 있다는 것이 오랜 철학과 종교 전통을 통해서 주장되어 왔다. 인성의 개념에 대해서는 다양한 견해들이 표명되고 있다. 인생관, 정서, 도덕성, 사회성, 성품, 마음, 개인적 품성 등 학자들마다 다양하게 개념을 규정하고 있다. 인성에 관한 다양한 개념규정에도 불구하고 모든 학자들이 강조하고 있는 점은 개인이 자신의 도덕적 혹은 윤리적 자아형성을 통해서 함께 공존하는 사람들과 바람직한 관계를 맺어갈 수 있는 능력이다.

학자	인성의 개념
황응연(1992)	환경에 대응함으로써 나타나게 되는 행동 및 태도, 동기, 경향성, 인생관과 정서들의 총합을 뜻하며, 사람들에게 있어 시간과 상황에 걸쳐 지속되는 독특한 구조
이근철(1996)	좁게는 도덕성, 사회성, 정서(감정) 등을 의미하고, 넓게는 지덕체 또는 지정의를 모두 골고루 갖춘 전인성을 의미함
이윤옥(1998)	다른 사람에게 주는 그 사람의 전체적 인상으로 성품, 기질, 개성, 인격 등 가치 개념의 의미를 내포함
한국교육학회(1998)	사람의 바탕이 어떠하며 사람된 모습이 어떠한지를 말하는 개념으로, 사람의 마음과 사람됨으로 구성
미국 교육부(2008)	존중, 공정성, 보살핌 등의 도덕적, 윤리적 가치와 책임감, 신뢰, 시민성 등을 망라하는 개념으로 개인 또는 집단의 정서적, 지적, 도덕적 자질은 물론 이러한 자질들이 친사회적 행동으로 발현되는 것을 포함함
조연순(2007)	자신의 내면적 요구와 사회 환경적 필요를 지혜롭게 잘 조화시킴으로써 세상에 유익함을 미치는 인간의 특성

박성미, 허승희 (2012)	인간이 개인적으로 갖추어야 할 바람직한 심성과 사회적으로 갖추어야 할 가치 있는 인격 및 행동 특성
교육과학기술부 (2012)	더불어 살아갈 수 있는 품성과 역량으로 도덕성, 사회성, 감사의 세 가지 차원이 존재함

이전까지 주장되어온 인성 개념을 넘어서서 현대사회에 특별히 필요한 역량이 중요하게 여겨지고 있다. 현대사회는 교통과 통신의 발달이 이뤄지기 전에 혈연중심적이고 지역중심적인 협소한 공동체를 넘어서서 다양한 문화와 인종, 기술의 발달로 인한 새로운 사회로 발전하고 있고, 그 변화된 상황에 적합한 역량들이 요청되기 때문이다. 예를 들면, 예전에는 다른 문화에 속한 사람들을 이해하고 수용하는 데 큰 관심도 없었고, 그럴 이유도 없었다. 다른 문화를 가진 사람들은 이주를 통해서 주류 문화로 귀속될 때, 자신의 정체성을 드러내지 않고 주류 문화에 동화되어야 했다. 그러나 현재 다양한 문화가 빠른 통신과 이동 수단을 통해서 변화나 수용의 유예 기간 없이 함께 모여들 때, 다양한 문화에 속한 각각의 구성원들을 인정하고 함께 공존할 방법을 찾아야 한다. 이 새로운 문화 현상에 적합한 역량이 필요하고, 그에 상응하는 인성교육이 요청된다.

4. 다양한 인성교육의 접근방법

> **君子和而不同 小人同而不和**
> **군자는 다양성을 인정하고 지배하려고 하지 않으며, 소인은 지배하려고 하며 공존하지 못한다.**
>
> **신영복 독법**

인성교육을 이야기할 때, 그동안 인류의 역사에서 인성을 다뤄온 다양한 철학전통과 종교전통을 고려할 필요가 있다. 오랜 인류의 종교와 철학에서 상수처럼 다뤄온 것이 인성인 만큼, 그 다양한 관점과 깊이를 이해할 때, 앞으로 전개해야 할 인성교육의 방향과 내용에 큰 도움을 얻을 수 있을 것이다.

다. 종교전통과 인성교육

인류의 역사에서 인성교육을 언급할 때는 종교를 도외시할 수 없다. 특별히 한국문화전통에서 유교와 불교와 도교는 우리민족의 정신세계를 구성하는 데 큰 영향을 끼쳐왔다. 한국의 근현대사에서는 기독교의 영향력을 무시할 수 없지만 오랜 시간 동안 한민족의 역사에 줄기를 구성해 온 유교, 불교, 도교의 정신세계 속에서 발견할 수 있는 인성과 인성교육은 인성교육의 방향을 설정하는 데 큰 도움을 줄 것이다. 전통철학과 현대의 철학도 그 틀 안에 인간에 대한 이해와 기대를 담고 있다. 이상적인 인간에 대한 논의, 사회에 인간과의 관계, 미래에 관한 비전 등은 인성교육의 이해를 돕고 방향설정에 지표를 제시해 줄 것이다.

1) 유교의 인성교육

유교의 인성교육을 논함에 있어서, 인간의 본성에 대한 입장에 따라 교육의 관점이 달라질 수 있다. 인간을 선하다고 보는지, 악하다고 보는지, 아니면 중립적으로 보는지에 따라 교육의 방향이 정해지기 때문이다. 큰 흐름 속에서 유교는 인간의 본성을 선한 것으로 여기며 주변의 영향에 따라서 바뀔 수 있는 것으로 간주한다. 유교에서는 인간의 가장 중요한 이치로 인의예지(仁義禮智)를 언급한다. 소학의 소학제사에 따르면, "인(仁)은 사랑하는 이치요, 의(義)는 마땅히 하는 이치요, 예(禮)는 공손히 하는 이치요, 지(智)는 분별하는 이치이니, 이 네 가지를 인성이라 이른다." 인의예지는 인성과 동일시되며, 인성을 갖췄다는 것은 인의예지를 체현한다는 뜻이다.

인(仁)은 인간관계에서 타인을 배려하는 원리로 측은지심을 통해서 갖출 수 있는 덕목이다. 측은지심(惻隱之心)에 따르면 불쌍히 여기는 마음이 없다면 사람이 아니지만, 측은한 마음을 가진다면 인의 출발점이 된다. 다른 사람을 나처럼 여기게 되면 자신을 대하듯 타인을 대할 수 있게 되어, 타인을 사랑할 수 있고, 다른 사람의 아픔에 공감하게 되고, 어려운 상황에 처한 약자를 돕게 된다. 의(義)는 사물이 마땅히 있어야 할 이치 혹은 가장 옳고 바른 이치로 수오지심(羞惡之心)을 통해서 형성된다. 수오지심에 의하면 부끄러워하는 마음이 없다면 사람이 아니며, 부끄러워하는 마음을 가질 때 의가 시작된다. 자신의 양심에 비춰볼 때 어떤 행동이 부끄럽다면 그 행동을 삼가야 하고, 다른 사람이 양심에 어긋나는 일을 할 때에는 그 행동을 미워해서 공분하고 바꾸어갈 수 있어야 한다. 부끄러움은 함께 살아가는 사람들을 동등한 존재로 여길 때, 그들을 자신의 목적이나 수단으로 여기지 않고, 존재 자체로 대할 때, 자신의 욕심이 참을 수 없는 불편한 감정으로 드러나게 한다. 이 불편한 감정이 다른 선택을 할 수 있도록 돕는다. 옳은 일은 손해를 감수하면서라도 추구해야 하고, 옳지 않은 방법으로 피해를 입는 사회적 약자들을 위해서 목소리를 높일 수 있게 한다. 예(禮)는 상대를 존중하며 그에 걸맞는 형식으로 대하는 덕으로 사양지심(辭讓之心)을 통해서 갖출 수 있다. 사양지심은 뜻을 겸손하게 해서 다른 사람에게 양보하는 마음을 의미하며, 사양하는 마음이 없다면 사람으로 인정할 수 없고, 사양하는 마음이 있을 때 예가 시작된다. 모든 것을 자기중심적으로 바라보고 이해하려는 마음을 넘어서서 상생하는 삶을 위해서 양보하며 사회의 관계를 만들어 가는 것이 예(禮)의 자세이다. 지(智)는 옳은 것과 그른 것을 판단하고 결정하는 능력으로 시비지심(是非之心)을 통해서 형성된다. 시비지심은 옳고 그름을 분별할 수 없다면 사람으로 간주할 수 없지만, 시비를 가리면서 지혜를 갖추게 된다. 옳고 그름을 분별해서 특정한 집단의 이기주의에 빠지지 않고 바르고 건강한 관계를 건설해 나갈 수 있는 지혜를 갖추는 것이 올바른 지(智)의 자세이다. 인성교육은 인의예지를 제대로 갖추도록 교육하는 것이며 인간의 본성을 회복하는 것이기도 하다.

유교의 인성교육에서 중요한 개념은 수기(修己)이다. 사람이면 누구나 수기를 해야 하며, 수기의 방법이 격물, 치지, 성의, 정심 등이며, 이 영역은 인성교육의 실천적 분야로 볼 수 있다. 격물은 사물의 이치를 잘 깨달아 아는 것을 의미한다. 치지는 지식과 지혜를 쌓는 것을 뜻한다. 성의는 뜻을 정성스럽게 한다는 것으로 스스로를 속이지 않는 것을 말한다. 정심은 마음을 바르게 하는 것을 의미한다. 격물치지를 통해서 객관적 이해에 바탕을 둔 지식과 지혜를 쌓고 성의정심을 통해 뜻을 정성스럽게 해서 마음을 바로잡는 것이 성인에 이르는 길이며, 수기의 길이다.

인의예지에 바탕을 두고 격물치지와 성의정심의 수기를 수련방법으로 삼는 유교적 인성교육은 앎과 실천이 분리되지 않고 하나의 전인적인 가르침이 되는 것을 보여준다. 유교에서의 앎이 사람을 알고, 사람을 사랑하는 것이라고 할 때, 지식은 구체적 실천으로서의 모습을 지닐 수밖에 없다. 지금 한국의 교육이 앎과 실천이 분리되어 인성교육이 필수 불가결한 현실이 된 상황에서 앎과 실천이 융합되고 잘 조화된 유교적 인성교육은 현재 한국사회에서 꼭 필요한 인성교육의 근원적 방향을 우리에게 환기시킨다.

2) 도교의 인성교육

> **성인은 무위(無爲)의 방식으로 일하고 무언(無言)으로 가르쳐야 한다. 만물은 (스스로) 자라나는 법이며 간섭할 필요가 없다. 생육했더라도 자기 것으로 소유해서는 안 되며 자기가 했더라도 뽐내지 않으며 공을 세웠더라도 그 공로를 차지하지 않아야 한다.**
>
> **노자 제2장에서**

유교와 함께 동양의 사상과 삶에 큰 영향을 끼친 종교로 도교가 있다. 도교의 경우 종교로서 체계를 갖춘 교단도교가 존재하고 있지만, 그 큰 줄기는 민중도교로 민중신앙적인 양상을 띠며 발전해왔다. 도교에서는 인위적이지 않은 자연적인 인간의 상태를 인간의 본래적 모습으로 본다. 유교가 인간중심적인 삶의 방식과 세계관을 추구한다면, 도교는 인간적인 것을 벗어서 자연으로 돌아가는 무위적인 방식을 추구한다. 무위자연의 삶, 즉 자연스러운 삶의 방식을 따르게 될 때, 인간은 관계에서의 갈등과 문제들을 넘어설 수 있게 된다.

도교의 역대 총서를 일컬어서 도장경이라고 한다. 도장경에서 인성과 관련된 부분은 도교의 윤리 부분으로 유교와 불교에서 강조하는 충과 효 등이 담겨있고, 권선징악의 규범들이 제시된다. 무위자연이나 초자연적인 삶을 추구하기 때문에 반도덕적으로 간주하기 쉽지만, 민간 신앙에서 구체화된 모습은 윤리적인 성격이 분명하게 강조되어 있다.

도교에서 강조하는 무위자연의 삶으로 이끄는 수련 방법은 심제(心齊), 좌망(坐忘), 행기(行氣), 공과격(功過格) 등이다. 심제는 다음과 같이 제시된다. "너는 잡념을 없애고 마음을 통일하라. 귀로 듣지 말고 마음으로 듣도록 하고 마음으로 듣지 말고 기(氣)로 듣도록 하라. 귀는 소리를 들을 뿐이고 마음은 밖에서 들어온 것에 부합되는 것만 깨달을 뿐이나 기란 공허하여 무엇이나 다 받아들인다. 참된 도는 오로지 허속에 모인다. 이 허가 곧 심제이다." (장자, 인간세) 다시 말해서, 심제는 모든 인위적인 것을 멀리하고 마음을 비워서 고요하고 맑은 상태를 유지하는 수련이다.

좌망은 생각을 없애고 도에 합일하는 것으로, 질서, 즐거움, 어짊, 의로움 등을 잊고 총명함을 제거하며, 모든 이미지와 지식을 제거하는 것을 의미한다. 이 수련은 반인성교육적인 방법으로 보이지만, 상대적인 인식지평을 초월해서 절대적인 도에 이르도록 요청하는 차원으로 본다면, 고차원적인 인성교육으로 볼 수 있다. 행기는 기를 통한 몸수련법으로, 호흡을 통해서 기를 축적하고 운행시키는 훈련이며 신체훈련이지만 정신수련으로 연결되어 깊은 수련의 단계에 이르도록 돕는다. 공과격(功過格)은 선을 닦는 도덕실천을 유도하기 위한 지도서이다. 도덕을 실천하는 데 있어서 도움을 주기 위해 선행과 악행의 기준과 점수를 제시하여 구체적으로 도덕적 행위를 하도록 지도하며 도덕적인 반성을 하도록 돕는 책이다.

도교의 자연주의적인 인성교육은 인간의 내면을 돌아보며 자연과의 조화로운 삶을 제시한다. 어린아이의 순수함을 회복하고 자연성의 회복을 강조한다. 자연성의 회복을 위해서 외적인 면에 치우친 교육을 거부하고 내적이고 내면적인 교육을 또한 강조한다. 명상을 통해서 자신을 수련하며 자연성을 회복하며 인간의 본질적 수준과 경지에 이를 것을 또한 강조한다. 명상을 통한 수련법은 지식 전달에 초점을 맞춘 교육보다 몸으로 체현되는 인성교육의 중요성을 일깨운다. 물질문명이 가져다주는 많은 혜택에도 불구하고 물질주의에 사로잡혀서 인간과 자연에 대한 도구적 사고에 집착하고 있는 현재의 시대에 자연과의 조화로운 삶을 강조하기 때문에 도교는 물질중심적인 교육과 행태를 반성하며 인성을 추구하도록 돕는다.

3) 불교의 인성교육

> **일체의 중생에 불성이 있다. 그 성이 각자의 몸에 있어, 중생들은 수많은 번뇌를 멸진시키고 붓다가 될 것이다.**
>
> **열반경에서**

불교의 관점에서는 인간과 모든 존재에 내재하는 불성을 자각하고 발현하는 것을 인성교육의 목표라고 할 수 있다. 불성은 모든 존재가 그 외적 형태와 무관하게 내적으로 존재하는 절대적 자유를 향유할 수 있는 능력이다. 문제는 인간은 그 존재의 한계성 때문에 자연상태로는 그 자유를 누릴 수 없다는 데 있다. 인간은 성장하면서 자신만의 관점을 갖게 된다. 불교에서 이것을 상(相)이라고 한다. 자신만의 관점을 갖는 일은 유한한 존재로서 피할 수 없는 일이고 자신의 생존을 위해서는 꼭 갖추어야만 하는 능력이다. 이 능력이 문제가 되는 것은 자신만의 상을 유일한 것으로 간주할 때 생긴다. 자신만의 상을 대화를 통해서 개선해나가며 확장해가면 좋지만, 그렇지 못할 경우에 갈등과 대립의 단초가 된다. 이것을 극복해서 자신의 불성을 발현하며 절대적인 자유를 향유하는 것이 불교에서 제시하는 인성교육의 한 목표라고 할 수 있을 것이다.

불교에서는 인간의 참 모습을 여래장이라고 부른다. 여래는 부처를 의미하며, 여래장은 모든 존재가 부처가 될 가능성을 갖고 있다는 뜻이다. 자신의 불성을 자각하고 발현하는 것이 삶의 목표라고 한다면 그 발현을 막는 일들을 찾아서 극복할 수 있도록 해야 한다. 그 걸림돌을 삼독이라고 한다. 삼독은 탐욕, 성냄, 어리석음이다. 삼독의 악순환에서 헤어 나올 수 없기 때문에 인간은 고통스러운 삶을 살게 된다. 탐욕, 성냄, 어리석음의 악순환을 끊어내기 위해서는 수행이 필요하다. 그 구체적인 방법은 자신의 불성을 볼 수 있게 돕는 훈습(薰習)의 방법과 본인에게 직접 호소하는 대기설법(對機說法)의 방식이 있다. 훈습과 대기설법 모두 계정혜(戒定慧)로 요약되는 삼학의 공부법을 따른다. 계(戒)는 계율을 의미하며 맑고 깨끗해서 오염된 마음이 없는 삶을 의미하고, 정(定)은 선정으로 언급되며 바깥의 일에 흔들리지 않게 고요한 마음을 지속하는 것을 의미하며, 혜((慧)는 지혜로 선과 악을 분별하면서도 집착하는 마음이 없는 것을 뜻한다. 삼학을 통해서 깨달음을 얻고 해탈에 이르도록 하는 것이 불교에서 강조하는 삶의 궁극적인 목적이다.

불교의 해탈과 성불은 개인주의적인 차원의 자기실현으로 오해될 수 있다. 해탈과 성불은 개인의 마음과 직접적으로 연결되어 있기 때문이다. 그러나 연기의 원리에 의하면 모든 존재들 사이에는 상의상관성이 개재된다. 다시 말해서 모든 존재들은 연기 법칙에 근거할 때 상호의존적이기 때문에, 개인적 자유 실현과 해탈은 개인의 차원에서만 머물 수 없고 상호의존적인 관계를 통해서 확장되고 전달될 수밖에 없다. 개인의 불성 실현은 사회에 긍정적 파급효과를 일으키며 사회의 개선으로 연결되게 된다.

불교의 중생교육의 방법은 팔정도와 육바라밀을 들 수 있다. 팔정도는 불교적인 자아실현의 구체적인 방법으로 정견, 정사, 정어, 정업, 정명, 정정진, 정념, 정정이다. 육바라밀은 보살이 이상적인 정토세계를 도달하는 실천의 방법으로 보시, 지계, 인욕, 정진, 선정, 지혜 등 여섯 가지 실천을 말한다. 이러한 구체적인 실천 방법 혹은 자아의 한계 극복 방법은 불교적 인성을 구현해내는 중요한 지표들로 제시될 수 있을 것이다.

불교의 인성교육을 불성의 실현 차원에서 본다면, 불교는 물아일체를 통해서 차별이 없고 모든 존재와 교통하는 삶을 목표로 한다. 인성교육과 관련해서 대상에 대한 집착을 벗고 자유를 누리며 자신, 타자, 그리고 세계가 하나임을 깨닫고 폭력적 행위를 지양하며 그 인식하에서 자기를 완성해가는 삶을 추구하는 교육으로 이해할 수 있다. 불교의 인성교육적 관점은 인간을 전체 존재와의 관계 속에서 인식하기 때문에 보다 폭넓은 전체적 소통과 관계를 맺는 데 도움을 줄 수 있다.

4) 기독교의 인성교육

> **"주님, 우리가 언제, 주님께서 주리신 것을 보고 잡수실 것을 드리고, 목마르신 것을 보고 마실 것을 드리고, 나그네 되신 것을 보고 영접하고, 헐벗으신 것을 보고 입을 것을 드리고, 언제 병드시거나 감옥에 갇히신 것을 보고 찾아갔습니까?" "너희가 여기 내 형제자매 가운데, 지극히 보잘 것 없는 사람 하나에게 한 것이 곧 내게 한 것이다."**
>
> **마태복음 25장에서**

기독교적 관점에서의 인성교육은 다양한 측면에서 논의될 수 있다. 인간의 존재 근거에 관해서 기독교는 신의 형상을 전제한다. 인간은 신의 형상을 닮은 존재로 창조되었기 때문에, 그 형상을 닮으려고 노력해야 하며 또한 거룩한 삶을 통해서 그 형상에 이르도록 힘써야 하는 존재이다. 신의 형상에 기초한 기독교의 인간이해는 두 가지 중요한 축에 기초한다. 하나는 성육신이라는 축이고 다른 하나는 삼위일체라는 축이다. 성육신은 영원하고 무한한 초월적인 존재가 유한하고 일시적인 내재적 존재가 되었다는 의미이다. 다시 말해서 기독교에서는 인간을 육체를 가진 존재이면서 동시에 영적인 존재로 이해하며 그 영성을 바탕으로 다른 존재와는 대체가 불가능한 유일한 존재임을 자각하고 개인을 자신과 더불어 타인도 소중한 존재로 인식하도록 한다. 현실 이후의 영원한 삶을 강조하지만 기독교는 현실 도피의 삶을 배제한다. 초월성을 강조하면서도 내재적이고 현실적인 부분을 강조하고 있기 때문에 현실에서의 삶이 중요하다. 초월적 세계에서 누릴 수 있는 평화와 조화로운 삶이 현실에서도 구현가능하며 특별히 다른 사람들과의 관계에서도 평화를 추구하도록 요청한다.

기독교 인간이해의 또 다른 중요한 축은 삼위일체로 삼위인 성부, 성자, 성령이 공동체를 형성하면서 하나의 신으로 존재한다는 것에 기초한다. 인간의 이성으로 이해하기 어려운 부분이긴 하지만, 이 고백은 인간이 공동체 속에서만 존재할 수 있다는 의미를 전해준다. 개체성이 공동체성과 분리가 불가능하게 연결되어 있다는 뜻이다. 개인주의적인 사고가 기독교적인 토양에서 생성된 것으로 알려져 있는데, 기독교에서는 신적인 차원에서부터 공동체성을 강조해왔다. 이 공동체성의 강조는 주변에 소외된 사람들에 대한 관심으로 분명하게 드러난다.

기독교는 그 시작부터 나그네, 과부, 고아를 돌보도록 강조해왔다. 나그네, 과부, 고아들은 특정한 공동체에서 소외되는 사람들이다. 다른 나라에서 이주해 온 사람들인 나그네, 남편을 잃고 경제적으로 어려움에 처한 여성들, 그리고 부모를 잃고 의지할 곳을 잃어서 노예의 상태에 빠지기 쉬운 고아들이 어려움을 겪지 않도록 배려할 것을 성서는 요청한다. 신약성서에서 예수는 당시에 버림받은 사람들을 찾아다니며 그들과 깊은 교제를 나눈다. 버림받은 사람들에 대한 예수의 관심은 삶의 목적과 방향을 개인의 이기적 성공에 둘 것이 아니라 사회 구석구석에 보이지 않는 존재로 살아가는 이들을 양지로 끌어내어 건강한 공동체를 이루는 것이었다. 다시 말해서 소외되는 사람들을 배제하거나 배척하지 말고 그들을 포용하며 한 공동체 안에서 구성원으로서 제대로 인정받을 수 있도록 대접하라는 것이다.

공동체의식의 중요성과 타자에 대한 포용성은 데스몬드 투투 주교가 언급한 우분투를 통해서 잘 드러난다. 투투 주교는 우분투를 다음과 같이 묘사한다.

> 누군가를 극찬할 때, '있잖아, 누구누구는 우분투를 갖고 있어.'라고 말한다. 그 사람은 관대하고, 후하게 대접하고, 친근하고, 잘 돌보며, 온정적이라는 뜻이다. 그는 자신이 가진 모든 것을 나눈다. 즉, '나의 전부는 당신 것과 분리될 수 없게 엮여 있다.' 우리는 삶의 한 묶음으로 연결되어 있다. '누군가가 사람으로 존재하는 것은 다른 사람을 통해서이다'라고 말한다. '나는 생각한다. 고로 존재한다.'가 아니다. 오히려, '나는 관계를 맺고 있기 때문에, 참여하기 때문에, 공유하기 때문에 존재한다.' 우분투를 갖고 있는 사람은 타자에게 자신을 열고 자신을 내어주며, 타자를 인정하고, 타자가 능력 있고 뛰어나다고 해서 위기의식을 느끼지 않는다. 그 이유는 그가 위대한 전체에 속해 있다는 것을 분명히 아는 자기 확신이 있기 때문이다. 그는 타자들이 무시당하거나 멸시당할 때, 고문을 당하거나 억압을 당할 때, 인간 이하의 취급을 받을 때, 함께 고통을 받는다.

우분투는 인종, 신분, 종교와 무관하게 타인에 대한 포용성과 배려를 강조하는 기독교적인 인성관과 인간관을 분명하게 보여준다. 기독교의 가르침에 근거한 인성은 타자를 혈연과 지연 등 편협한 이기주의를 넘어설 것을 요청하며, 건강한 공동체를 구성하는 인간이 되도록 요청한다. 현재 공동체가 해체되고 있는 현실과 개인의 가치가 약화되고 있는 상황에서 기독교의 가르침은 인성이 이 현실들을 극복하고 건강한 개인과 상생을 추구하는 공동체 형성에 도움을 줄 것이다.

라. 서양전통철학의 인성교육

종교만큼이나 서양전통철학도 인성에 관한 많은 논의를 해 왔다. 인간에 대한 논의를 피할 수 없는 철학의 주요 주제가 인성이다. 플라톤은 이데아에 기초한 이상적인 인간의 삶에 관해서, 아리스토텔레스는 니코마코스 윤리학을 통해서 가장 좋은 삶이 행복한 삶임을 주장하며 탁월성과 좋은 습관을 통해 성취할 수 있음을 이야기한다. 칸트는 정언명령을 통해서 보편법칙과 인간을 목적으로 대하는 삶, 자율성에 바탕을 두고 선한 삶의 추구를 논의한다.

1) 플라톤과 인성교육

> **인간은 교육에 의해서만 인간이 될 수 있다. 인간에서 교육의 성과를 제거하면 아무 것도 남는 것이 없다.**
>
> **플라톤**

플라톤의 대화편 프로타고라스에는 프로메테우스가 인간에게 줄 선물을 훔치려고 신들의 세계로 몰래 들어가는 이야기가 등장한다. 프로메테우스는 인간에게 불을 전해준 존재이다. 그러나 프로메테우스가 훔치려고 했던 것은 불만이 아니었다. 다른 하나가 더 있었는데, 그것은 '시민의 덕'이었다. 그는 대장간에서 불을 훔치는 데 성공을 했지만, 시민의 덕을 훔쳐오지는 못했다. 그 이유는 시민의 덕이 제우스의 방에 있어서 훔치기에 어려웠기 때문이다. 불은 인간의 기술을 상징하며 그래도 어렵지 않게 생존을 위해서 습득해왔다. 그러나 시민의 덕은 불처럼 쉽게 얻을 수 있는 품목이 아니다. 프로타고라스는 덕을 가르쳐야 한다고 말하고, 소크라테스는 덕이 배울 수 있는 것인지 묻는다.

구체적이고 실천적인 덕을 논의하기에 앞서서 플라톤(Plato)은 인간의 본질에 대해서 논의한다. 인간은 영혼으로 존재하며, 이데아가 하나의 원리로 현실을 바꾸어가는 근거로 작용한다. 감각의 세계는 믿을 수 없기 때문에 관조를 통해 도달할 수 있는 이데아만이 진리이며, 그 진리에 따라 인간은 세상과 자신을 구현해 가야 한다. 동굴의 비유를 통해서 알려진 것처럼, 세상은 이데아의 그림자에 불과하고 인간은 그 세상에 갇혀 있다. 인간은 자라면서 받아온 영향 때문에 세계에 속박되어 있으며, 그 속박에서 풀려나는 것이 영혼의 도야이고 교육이다. 인간은 이데아를 관조하면서 진리를 보고 진리를 자신 속에 드러낼 수 있게 된다. 이 진리에 도달하기 이전에도 인간은 자신의 욕망을 훈련하고 제어하는 습관과 의지력이 필요하다.

플라톤은 인간이 과도하게 욕망을 추구하면서, 다시 말해서 이성으로 욕망을 제어하지 못하면서 악덕을 행하게 된다고 본다. 그 악덕은 육욕, 물욕, 허영으로 말할 수 있다. 육욕은 성의 욕구를 제어하지 못해서 타인에게 악을 행하는 것이고, 물욕은 돈과 소유에 집착해서 정의롭지 못한 일을 벌이는 것이고, 허영은 다른 사람으로부터 인정을 받으려는 욕구가 지나쳐서 우정조차도 파괴할 수 있다. 플라톤은 물질적인 비도덕적인 가치보다 도덕적인 정신적 가치가 훨씬 중요하다고 보기 때문에 악덕을 피하고 정신적인 도덕성을 추구하기를 요청한다.

악덕을 피하려는 경향성은 플라톤의 헤시디오스나 호메로스 시 비판을 통해서도 드러난다. 플라톤은 시에 등장하는 신들이 다투고, 질투하고, 복수하는 권력 투쟁을 일삼아서 젊은이들이 이 이야기를 통해 긍정적인 배움을 갖지 못할 것으로 보았다. 플라톤에게 신은 모든 것의 원인이 아니라 좋은 것의 원인으로 좋은 삶의 궁극적 지표였다. 좋은 삶을 추구하기 위해서는 지혜, 절제, 용기, 정의라는 네 개의 주요한 덕이 필요하다. 정의는 지혜, 절제, 용기가 조화와 균형을 이룬 상태이다. 조화와 균형은 주요한 덕에서도 발현이 되어야 하지만 인간 영혼의 세 부분인 욕구, 기개, 이성 사이에서도 발현되어야 한다. 이 조화와 균형은 또한 덕성과 지성에도 적용된다. 이데아를 삶의 원형으로 생각한 플라톤에게 덕성만으로는 좋은 삶을 이룰 수 없으며 지성을 통해서만, 즉, 이데아를 지향하는 지적인 추구와 더불어 실천적 덕성은 인간을 좋은 삶으로 인도할 수 있다고 보았다.

2) 아리스토텔레스와 인성교육

아리스토텔레스에게 인간은 목적을 가지고 있는 존재이다. 그리고 그 목적은 선이다. “모든 기술과 탐구는 물론이고, 모든 행위와 선택이 추구하는 것은 어떤 좋

> **우리가 반복하는 것은 우리 자신이다. 그렇다면 탁월함은 일회적 행동이 아닌 지속된 습관이다.**
>
> **아리스토텔레스**

음인 것 같다. 따라서 좋음인 선이야말로 당연히 모든 것이 추구하는 목표라고 할 수 있다." 모든 목적은 다른 목적의 수단이 된다. 목적의 목적을 거슬러 올라가면 궁극적인 목적에 도달하게 되는데 그것이 최고선이다. 인간이 추구하는 최고선을 아리스토텔레스는 행복이라고 본다. 우리가 일을 열심히 하든지, 시원한 음료를 마시든지, 어려운 사람을 돕든지, 명예를 추구하든지, 그 궁극적인 목적은 행복이다. 인간의 궁극적 목적으로서의 행복을 이루기 위해서는 인간의 완전성을 구현할 수 있는 덕이 필요하다.

아리스토텔레스는 덕을 지적인 덕과 도덕적인 덕으로 나누었다. 지적인 덕은 이성적인 측면이 탁월성을 발휘할 때 성취되는 것이고, 도덕적인 덕은 욕구가 이성의 명령을 잘 따를 때 생기며, 습관의 결과물이다. 도덕적인 덕은 인간의 본성을 따라 습관을 만들어서 생겨난다. 다시 말해서 도덕적 덕은 인간 안에서 자동적으로 생성되는 것이 아니라 꾸준한 훈련으로 얻게 되는 것이다.

> 덕의 경우 먼저 실천함으로 비로소 덕을 얻게 된다. 여러 기술의 경우도 마찬가지이다. 우리가 먼저 함으로 비로소 배워 알게 되는 것이다. 예를 들면, 집을 지어봄으로써 건축가가 되고, 류트를 연주함으로써 류트 연주가가 되는 것이다. 이와 마찬가지로 우리는 옳은 행위를 함으로써 옳게 되고, 절제 있는 행위를 함으로써 절제 있게 되며, 용감한 행위를 함으로써 용감하게 된다.

도덕적 덕이 구현되는 방법은 실천뿐임을 아리스토텔레스는 강조한다. 도덕적 덕은 중용을 통해서 구현되며, 중용은 주어진 상황에서 실천적 지혜를 바탕으로 가장 적절한, 과도하지 않은 선택을 하는 것을 의미한다. 지적인 덕은 학문적 인식과 직관적 지성, 철학적 지혜, 기술지, 그리고 실천적 지혜로 이뤄진다. 지적인 덕도 도덕적 덕과 마찬가지로 성취하기 위해서는 시간과 경험이 필요하며, 교육이 중요한 역할을 한다.

아리스토텔레스(Aristotle)에게서 인간은 인식의 동물로서 좋음과 나쁨, 바름과 바르지 못함을 인식할 수 있는 존재이다. 고통과 쾌락의 표현뿐만 아니라, 선, 정의 등에 관심을 기울이고 있는 존재이며, 인간은 실천적인 지혜를 갖고 있기 때문에 노예와 다른 존재가 된다. 실천적 지혜를 실천할 때 인간은 인간에게 고유한 본질을 구현할 수 있다. 이 실천적 이해를 바탕으로 공통된 입장을 선이나 정의의 차원에서 표명하고 공동체를 구성하게 된다. 그리고 그 공동체를 구성하면서 인간은 사회적 존재로서 그 본질을 완전하게 활성화시킬 수 있게 된다. 아리스토텔레스에게 있어서 인간은 야만성 상태에 있는 존재로서의 인간이면서 자신의 본질을 실현할 수 있는 존재로서의 인간이었다. 이 인간들에게는 본질의 실현을 가능케 하는 것이 도덕규범과 덕이며, 습관을 통한 덕의 실천과 더불어 철학적인 사색은 인간의 완성을 위한 필수 불가결한 조건으로 제시된다.

3) 칸트와 인성교육

생각하면 할수록 놀라움과 경건함을 주는 두 가지가 있으니, 하나는 내 위에서 항상 반짝이는 별을 보여주는 하늘이며, 다른 하나는 나를 항상 지켜주는 마음속의 도덕률이다.

임마누엘 칸트

칸트(Immanuel Kant)는 인간에게서 이성을 강조한다. 감각과 감성을 넘어선 영역을 인간이 가지고 있으며 그것을 이성으로 파악한다. 감성에 의해서 살아가는 존재는 비인간적인 삶을 살 수밖에 없기 때문에, 이성을 통해서 인간은 그 한계를 극복하고 자유를 누리며 자신의 삶을 만들어 가야 한다. 이성적 능력을 활용해서 자신의 행위의 원칙이 모든 사람들에 의해서 받아들여질 보편적인 원칙이 될 행동을 하도록 요청한다. 이 칸트의 요청은 인간의 사회 구성 규모가 커짐에 따라서 이전까지의 지역적이고 특수한 원칙이나 도덕으로는 그 확장된 규모를 감당할 수 없기 때문에 제기된 것이다. 칸트는 보편성을 통해서 거대해진 인간 사회에서도 통용가능하고 이해가능한 도덕의 원칙들을 세우려고 시도했다. 칸트는 공정한 도덕 개념, 한 인간이 소속된 지역의 지역성을 넘어서는 도덕 개념을 제시하면서 거대 사회에서도 도덕적 인간을 형성할 수 있을 것으로 보았다. 칸트가 이성을 강조하면서 개인의 역할 혹은 인성과 덕에 소홀했던 것은 아니다. 인간이 이미 자기중심성을 갖고 태어나기 때문에 보편적인 윤리적 실천을 위해서는 자기중심성을 억제하고 극복하고 타인을 사랑해야 한다고 칸트는 강조한다.

칸트는 두 가지 중요한 정언명령을 제시한다. 정언명령은 어떤 조건이나 상황에 무관하게 언제나 변함없이 지켜야 할 명령이다. 첫 번째 정언명령은 "네 의지의 준칙이 항상 주관적인 동시에 보편적인 법칙 수립이라는 원리로서 타당하도록 행동하라."는 것이다. 이 보편성은 앞서 언급된 지역성과 특수성이 인간의 인식지평의 확대와 더불어 다른 문명과 문화와의 조우 때문에 갈등을 피하고 공존하며 조화를 이룰 수 있는 하나의 중요한 방법이다. 물론 보편성이라는 서구적 틀이 비서구적인 문화를 비판하는 도구로 사용될 위험성이 있지만, 공통분모를 찾기 어려운 문화와 문명 간에 최소한의 공통성을 확보하고 공존의 가능성을 높인다는 차원에서는 하나의 유용한 시도이다. 보편성의 예를 든다면, 살인 금지나 약자 보호를 언급할 수 있다. 공유할 문화적 특징이 거의 없는 두 문화에서도 살인 금지나 약자 보호의 경우는 보편타당한 삶의 원리로 받아들일 수 있다. 이런 보편타당한 원리가 확대된다면 상호존중의 원리를 실현해 갈 수 있을 것이다.

두 번째 정언명령은 "나 자신이나 다른 어떤 사람이든, 인간을 수단으로만 대하지 말고 언제나 목적 자체로서 대우하도록 행동하라."이다. 삶에서 관계를 맺다보면 친숙한 관계를 맺는 사람들도 생기고 낯설고 공유하는 부분이 적은 사람들도 생기기 마련이다. 이러한 상황에서 자신의 목적을 위해 다른 사람을 수단으로 대할 유혹에 빠지기 쉽다. 예를 들면, 어려운 경제 상황을 빌미로 기업의 사장이 직원의 임금을 체불하는 경우이다. 외국인 노동자들이 '사장님, 나빠요!'라는 팻말을 들고 시위하는 이유는 목적으로 대우받아야 할 사람들이 수단으로만 간주되기 때문이다. 다른 사람을 나의 목적과 목표를 위한 수단으로 삼게 될 경우, 그 사람은 인간 자체의 고유성이나 절대성을 인정받지 못하고 인간 이하의 대접을 받기 쉽다. 더군다나 인간에게는 인지와 감정적인 한계성이 있다. 사람들은 가까이 있는 사람들의 고통은 쉽게 공감하지만, 멀리 있는 사람의 고통은 고통으로 인지하지 못하거나 심각하게 느끼지 못한다고 한다. 물리적이고 심리적으로 가까운 사람들을 목적으로 대하기는 쉽지만 그렇지 않은 사람들은 수단으로 대하기 쉽다는 것이다. 이런 인간의 한계성을 고려할 때, 칸트가 주장하는 어떤 사람이든 수단으로만 대하지 말고 목적 자체로 대우하라고 하는 것은 우리가 인지하지 못하고 있는 지구 반대편의 사람들이 지금 우리의 행동에 영향을 받는다고 생각할 때, 우리 시대에 유념해야 할 가르침이기도 하다.

칸트는 이 두 가지 중요한 정언명령과 함께 자유를 강조한다. 인간의 자유 혹은 자율적인 의지는 자신에게 보편법칙을 부과하고 그 법칙에 따라 행동하는 것을 의미한다. 인간이 이런 자율성 혹은 자유의지를 가질 수 있다는 것은 이성적인 존재이기 때문이다. 이성적인 존재로서의 인간은 타율에 의해 선택을 하는 존재이기 전에 자율적으로 선택하는 존재이다. 이런 의미에서 인성교육은 인간이 본질적으로 자율성을 지닌 존재임을 깨닫게 하고 그 자율성을 가지고 다른 존재를 목적으로 대할 수 있게 가르치는 일이 될 것이다. 칸트의 정언명령에 바탕을 둔 인성교육은 한편으로는 문화적 다양성과 차이가 더 폭넓게 인정되고 있는 시대에 시대와 문화를 초월하는 보편성을 추구하기 어렵다는 단점이 있다. 그러나 지금까지 다른 문화를 인정하지 않고 변혁의 대상으로만 간주해온 보편성의 폭력적인 측면을 극복하고 다른 문화들 간에 중첩적인 공통분모를 모색한다면, 인간으로서 모든 문화를 관통하는 보편성 또한 인류가 함께 추구해야 하는 한 부분으로 인성교육의 중요한 축을 형성할 수 있다.

마. 현대철학에서의 인성교육

종교전통과 전통철학에서 인성을 강조한 것처럼, 현대의 철학들도 인성에 많은 관심을 두었다. 매킨타이어의 덕윤리학은 이성에 의해서 소홀히 되었던 덕에 대한 관심을 다시 불러일으키며 행위자로서의 인간이 갖추어야 할 덕목들을 논의했다. 페미니즘은 인류의 오랜 역사동안 공공연히 자행해왔던 여성들에 대한 억압과 폭력을 노출시키며 인간다운 삶을 위해서는 인류의 반에 해당하는 여성의 권리를 회복시켜야 하고 남성중심적인 구조를 바꾸어야 한다고 주장한다. 생태철학은 인간의 폭력성을 고발하며 지배와 억압의 사고를 바꾸어서 자연주의적인 사고를 회복하고 자연과의 유대감을 갖는 인식을 통해 사회문제와 생태계문제 해결을 꾀한다. 포스트모더니즘은 타자에 깊은 관심을 두며 타자를 보호하기 위해서 노력해야 할 점들을 논의한다.

1) 매킨타이어의 덕윤리학과 인성교육

서양의 현대 철학에서는 다양한 입장과 관점들을 통해서 인성교육을 설명한다. 그 다양한 입장 중에서 덕윤리학은 인간의 덕에 관해 집중적으로 논의하고 있기 때문에 인성교육과 밀접한 연관성을 갖는다. 이성중심의 윤리학에 반기를 들고 나

> **삶과 삶의 수단은 분리되지 않고 영혼이라는 하나의 원천에서 나온다. 삶과 삶의 수단은 모두 의미와 목표를 가지고 깊고 즐겁게 사는 일과 자신을 넘어서는 더 큰 공동체에 기여하고 있다는 느낌을 가지고 사는 일에 관련된 것이다.**
>
> **매튜 폭스**

온 덕윤리학은 인성이 인간이 가져야 할 바람직한 품성으로 바라본다. 덕을 갖춘 인간이 윤리적으로 적합한 선택을 할 수 있기 때문에 덕을 습득하는 일에 강조점을 둔다. 덕을 습득하기 위해서 실천과 습관이 중요하며 교육이 또한 중요하다.

덕윤리학을 새롭게 주장한 학자는 알레스데어 매킨타이어이다. 그는 현대사회의 문제점을 중세의 덕윤리가 계몽주의 이후에 단절되었기 때문이라고 본다. 윤리학이 인간의 성품과 덕에 대한 관심을 버리고 이성 중심으로 인간을 바라보고 이성을 토대로 한 새로운 인간상을 제시해왔는데, 이러한 시도가 현대사회 문제의 출발점이라고 강조한다. 그가 덕을 강조하는 이유 중 하나는 이전에 가졌던 전통적인 도덕적 가치들이 사라졌기 때문이다. 다양한 가치들이 충돌하면서 그 가치들을 인정하는 다원주의 아래에서는 특정한 가치가 옳다고 주장하기 어렵다. 매킨타이어는 현대사회가 도덕적 문제에 해결책을 줄 수 없는 딜레마에 빠져 있다고 본다. 목적론을 상실한 이성적인 존재에 강조점을 두어서는 도덕적인 선택을 하는 인간을 기대할 수 없게 된 것이다.

도덕을 합리성에 근거해서 정당화하려 했던 시도를 계몽주의 기획이라고 부른다. 매킨타이어는 계몽주의 기획이 실패라고 규정한다. 이전까지 윤리는 우연적인 존재로서의 인간, 자신의 본질을 실현할 수 있는 존재로서의 인간, 그리고 우연적인 존재에서 본질을 실현하는 존재가 되게 하는 도덕 규범을 기본 구조로 갖고 있었다. 계몽주의는 본질을 실현할 수 있는 존재로서의 인간에 대한 이해를 거부한다. 모두가 동의할 수 있는 이상적인 상태의 인간은 존재할 수 없다고 보기 때문이다. 본질을 가진 인간에 기초한 윤리 대신에 계몽주의 기획은 인간 본성과 도덕규범만으로 윤리적인 논의를 도출하려고 했다. 인간 본성에 도덕 규범을 준수하려는 요소가 있다고 주장하거나 칸트처럼 인간 본성을 이성적인 것으로 보고 합리적 판단으로 도덕규범을 도출할 수 있다고 주장했다. 그러나 실제로 합리성과 이성은 이런 역할을 하기에 역부족이다. 자신을 위해서는 합리적이지만 타인을 위해서는 그 합리적 이성을 제대로 사용하지 않는 경우가 허다하기 때문이다. 이 점에서 매킨타이어는 행위자에 관심을 집중한다. 선택을 하는 행위자의 덕과 이야기가 중요하게 다뤄진다.

매킨타이어는 덕을 언급하면서 실천을 강조한다. 덕을 실천할 때 선을 성취하고 덕을 결여하면 선의 성취가 방해되기 때문이다. 타인과의 관계에 있어서 강조되는 덕이 정의, 용기, 진실성이다. 모두를 공정하게 대하는 정의, 다른 사람과의 신의를 쌓는 진실성, 자신의 희생을 감내할 수 있는 용기 등이 관계에서는 필수적인 덕이다. 이 덕은 인간 삶의 통일성 속에서 그 모습을 제대로 드러낸다. 덕은 삶 전체를 통해서 드러나야 하기 때문이다.

매킨타이어는 인간을 서사적 자아로 규정한다. 인간은 사회적 관계와 유리된 무연고적 자아나 시간의 흐름과 무관한 초시간적 존재가 아니라 특정한 행동을 하고 그 행동이 시간적으로 연결이 되고 하나의 이야기를 구성하는 서사적 자아이다. 서사적 자아는 자신의 삶에 벌어지는 다양한 일과 거기에 대처하는 태도와 실천을 통해서 하나의 통일성을 이루게 되고 자신을 형성한다. 이러한 자아는 다른 서사적 자아와 상호관계를 맺으며 함께 협력하기도 하고 충돌하기도 하고 사회에서 훌륭한 행위라고 규정하는 것들을 추구하며 살아간다.

이 서사적 자아는 모순적으로 보이는 예측불가능성과 목적론적인 특성을 갖는다. 인간은 특정한 목적을 놓고 추구하고 살아가지만 어떠한 가능성들이 자신에게 다가올지 알 수 없다. 예측불가능한 현실과 미래에서 변함없이 목적을 추구하며 살아가는 것이 인간의 삶이다. 한 개인은 자신의 삶의 이야기에서 주인공이며 다른 사람의 삶의 이야기의 한 부분이기도 하다. 이야기로서의 인간은 다른 사람의 이야기 속에 연결고리를 형성하며 전통을 형성한다. 전통은 과거로부터 현재, 현재로부터 미래까지 연결되며 한 인간이 함께 구성하는 공동체와 연결이 된다. 이 전통은 화석화된 전통이 아니라 살아있는 전통으로서 목적론과 예측불가능성의 상호관계 속에서 새로운 전통을 형성해 가며 선을 추구해 가게 된다.

매킨타이어의 덕윤리학은 인성교육이 강조하고 있는 덕에 대해 새로운 관점을 제시한다. 덕은 과거의 것이 아니라 서사적 자아로서 인간이 물려받고 발전시키며 다음 세대에 전달하는 것으로 과거와의 단절 때문에 덕을 논의하는 데 어려움을 겪고 있는 현재에 새로운 시야를 열어준다. 덕이 보편성을 상실한 과거의 것으로 간주되지 않고 개인과 공동체가 끊임없이 주고받으며 선을 추구하는 데 필요한 것이라고 볼 때, 덕을 강조하는 인성교육은 그 중요한 토대를 덕윤리학에서 마련할 수 있다.

2) 페미니즘의 인성교육

Girls can do anything! Girls do not need a prince! 여성들도 모든 것을 할 수 있다! 여성들은 더 이상 백마 탄 왕자를 필요로 하지 않는다!

미투 운동(#MeToo)으로 촉발된 여성에 대한 폭력적인 사회적 구조는 앞으로의 인성교육에서 강조해야 할 중요한 부분을 보여준다. 한국사회에서 성차별의 문제는 여전히 해결되지 않고 있다. 성차별이 해결되지 않는다는 것은 인성교육에 있어서 반쪽이 제대로 작동하지 않고 있다는 의미이다. 특정한 성을 갖고 태어났기 때문에, 그 우연성 때문에 차별을 받아야 하고 다른 대우를 받아야 한다는 것은 불합리하기도 하거니와 우리의 시대에는 수용 불가능한 이야기이다. 이것은 대한민국만의 문제는 아니다. 미국의 역사에서 흑인의 참정권과 백인 여성의 참정권 중 먼저 허용이 된 것은 흑인의 참정권이다. 1870년에 인준된 미국의 수정헌법 15조는 인종과 관계없이 투표권이 부여된다고 규정하고 있다. 여성의 투표권은 1920년에 인준된 수정헌법 19조에 와서야 성별에 관계없이 투표할 수 있다고 인정됨으로써 허용되었다. 인종에 대한 차별도 심각한 문제이지만, 여성에 대한 차별은 모든 문화에서 더 뿌리 깊게 자리를 잡고 있음을 보여준다.

한국에서 여성차별의 문제가 심각하게 드러난 것은 여성혐오 현상이다. 여성혐오는 여성이라는 이유로 낙인찍거나 남자보다 열등한 존재로 여기는 생각을 총칭한다. 여성혐오는 여성이 남성보다 열등하다는 생각과 여성의 성적 특징이 파괴적 능력을 지녔다는 생각에 기반한다. 이 차별적 사고는 여성을 배제하고, 억압하고, 통제하는 근거로 작동한다. 페미니즘은 가부장적인 사회제도가 여성의 배제와 악마화에 기초하고 있음을 밝혀주었다. 중세의 마녀사냥은 여성혐오가 여성을 악마화하며 마녀로 규정하고 희생시킨 대표적인 사례이다.

페미니즘은 여성에 대한 견고한 차별과 억압이 남성 중심적인 구조에서 여전히 작동하고 있음을 여실히 보여주고 그 개선을 요청한다. 여성은 원시부족사회에서부터 현대의 문명사회까지 교환의 대상으로 간주되어 왔다. 동양에서 여성은 군자가 되기 어려운 소인으로 분류되었고, 서양에서 여성은 영혼이 없는 남성이나 이성적 능력이 부족한 존재로 간주되었다. 최첨단의 사회를 의미하는 인공지능도 의사는 남성, 간호사는 여성으로 인식하고 있고, 성범죄가 일어나면 여성이 문제의 장본인인 것처럼 논의가 형성되기도 한다. 맨스플레인(mansplain: man+explain)이라는 단어가 있다. 2010년 뉴욕타임즈가 선정한 올해의 단어로 모든 것을 설명하려는 남성들의 태도로, 여성을 통제하려는 남성들의 지배욕망을 의미한다. 페미니즘은 여성이 남성보다 열등하지 않은 존재로 동등한 인간으로서 인정되길 요청한다.

페미니즘에서는 합리성과 자율성의 차원에서 인식된 인간을 관계적인 차원에서 바라본다. 그동안 인간과 인성의 개념이 남성 중심적인 개념과 구조에서 산출되어왔기 때문에 타자와의 관계를 통해 자신을 형성하는 페미니즘의 접근은 남성과 여성을 위계구조로 파악하는 편협함을 극복할 수 있게 해 준다. 관계적이면서 상호의존적인 존재로서 인간은 타자를 배려하고 타자의 상황에 공감하고 건강한 공동체 형성을 지향한다. 페미니즘은 그동안 배제되어왔던 여성의 관점을 포함시키며 균형잡힌 시각으로 사회를 바라보고 세계를 구성하는 것이 필요함을 강변한다. 여성은 남성에 종속된 존재가 아니라, 관계 속에서 주체가 되고 관계를 형성하는 데 기여하는 존재이다.

인류 모두에게 보편적인 가르침이나 논의가 되려면 성차별이 배제되어야 한다. 남성 중심의 논의에 여성이 보충적인 역할을 하는 정도로는 보편성을 담보할 수 없다. 보편성을 담보하기 위해서 인류의 오랜 역사 동안 의식적으로 무의식적으로 작동해 온 남성 중심적 사고를 우선 극복해야 한다. 페미니즘은 남성의 여성 지배에 대한 반작용으로 여성이 남성을 지배하는 모델을 지향하지 않는다. 수평적이고 평등한 관계를 페미니즘은 추구하고 있으며 이런 맥락에서 양성이 서로를 존중하는 사회를 구성할 수 있게 된다. 특별히 페미니즘에서 강조하고 있는 덕은 배려와 보살핌이다. 스스로 생존 불가능한 젖먹이를 어머니가 대하는 태도를 보살핌이라고 할 수 있다. 같은 방식으로 보살핌과 배려는 약자들을 그냥 지나치지 않는다. 배려와 보살핌은 상호존중하는 사회를 구성하는 데 기초가 된다. 타자의 고통에 동참하며 배려와 보살핌을 통해서 상충하는 갈등을 중재하며 남성 중심 혹은 이성 중심의 폭력적인 관계를 지양하고 상생의 관계를 형성해 갈 수 있다.

3) 생태적 관점과 인성교육

> **최신형기관총좌를 지키던 젊은 병사는 피비린내 나는 맹수의 이빨 같은 총구 옆에서 지루하기 짝이 없었다. 어느 날 병사는 그의 머리 위에 날아온 한 마리 새를 다정하게 쳐다보았다. 산골 출신인 그는 새에게 온갖 아름다운 관심을 쏟았다. 그 관심은 그의 눈을 충혈케 했다. 그의 손은 서서히 움직여 최신형기관총구를 새에게 겨냥하고 있었다. 피를 흘리며 새는 하늘에서 떨어졌다. 수풀 속에 떨어진 새의 시체는 그냥 싸늘하게 굳어졌을까. 온 수풀은 성(聖)바오로의 손바닥인 양 새의 시체를 어루만졌고 모든 나무와 풀과 꽃들이 모여들었다. 그리고 부르짖었다. 죄없는 자의 피는 씻을 수 없다. 죄없는 자의 피는 씻을 수 없다.**
>
> **천상병, '새'**

생태적 관점은 인간의 근원적이고 맹목적인 폭력성을 가감없이 폭로한다. 최신형기관총으로 표현되는 첨단문명은 자기를 방어할 수 없는 자연을 아무런 이유나 목적 없이 파괴하는 습성이 있다. 그리고 그 문명의 중심에 인간들이 자리 잡는다. 생태적 관점은 생태계의 위기를 인간의 문제로 파악한다. 생태적 관점 중 심층생태학은 자연을 인간 욕망 충족의 대상으로 바라보는 세계관, 즉 인간중심적인 관점에서 모든 것을 도구화하고 수단화하는 태도가 자연생태계뿐만 아니라 인간의 생태계, 즉 인간의 사회구조도 파괴적인 방향으로 이끌었다고 인식한다. 심층생태학은 개인을 중심으로 하는 소아(self, ego)를 넘어서서 대아(Self)의 실현을 목표로 한다. 자연과 사회의 문제는 인간 행동을 제한하고 규제하는 것으로 해결 가능하지 않고 생태중심적인 사고로의 전환이 있어야 가능하다고 본다.

생명 자체의 중요성을 강조한 아네 네스(Arne Naess)와 조지 세션스(George Sessons)는 심층생태주의의 원리를 8개의 강령으로 제시했다.

> 1. 인간뿐만 아니라 모든 생명체의 안녕과 번영은 그 자체로서 가치를 갖는다. 이 가치들은 인간의 목적과 문명에 유용한지 여부와 무관하다. 2. 모든 생명체의 다양성과 풍부함은 이 가치들을 실현하는 데 도움을 주며, 그 자체만으로도 중요한 가치를 지닌다. 3. 인간은 생존을 위한 목적을 제외하고는 이 풍부함과 다양성을 감소시킬 권리가 없다. 4. 모든 생명체에 대한 인간의 개입은 현재 과도하며, 그 상황은 급속도로 악화되고 있다. 5. 인류의 번영과 문화의 융성을 위해서는 인구의 대폭적인 감소가 필요하다. 모든 생명체도

이런 인구감소를 요청한다. 6. 그렇기 때문에 정책이 바뀌어야 한다. 정책의 변화는 경제적, 기술적, 이데올로기적 근본 구조에 영향을 끼친다. 그 결과는 현재와는 상당히 다를 것이다. 7. 이념적인 변화는 삶의 질에 대한 평가에 관한 것이지 더 높은 생활수준에 집착하는 것이 아니다. 큰 것과 위대한 것의 차이에 대한 근원적인 인식 변화가 있을 것이다. 8. 이 강령에 찬성하는 사람들은 필요한 변화를 실천하는 운동에 직·간접적으로 참여해야 한다.

인간의 영향력을 감소시키고 인간중심주의를 벗어나야 한다는 심층생태론의 주장은 도교사상과 맥을 같이 한다. 인간이 폭력적인 존재로 세계에 악영향을 끼친다는 점을 고려하면, 인간의 폭력성을 제어하고 감소시킬 인성교육이 필요하다. 심층생태주의는 인간의 폭력성을 부각시켜 그 악영향을 제한할 방법을 언급하며 비폭력적인 인간형을 제시한 점에서 인성교육의 중요한 축을 제공한다.

생태계의 위기를 사회적 지배관계에서 찾는 사회생태론이 있다. 인간이 다른 인간을 지배하고 그 지배적 구조가 사회전체로 확대되고, 사회에서 자연으로 확장되어 사회를 포함한 전 생태계가 위기에 처해있다고 진단한다. 이 문제를 해결하기 위해서는 통제와 지배의 사회구조 자체를 변화시키지 않으면 불가능하다. 인간의 오만과 욕심 때문에 지구의 생태계와 더불어 인간사회가 파괴되고 있다. 인간들이 자신들의 경험과 관계를 객체화하고 상품화하면서 지식을 사회 문제를 해결하는데 사용하기 보다는 개인의 욕망 추구를 위해서 세계를 조작하는 도구로 삼고 있다. 사회생태론은 인간의 윤리적 참여로 이 문제를 해결할 수 있다고 본다. 인간과 인간, 그리고 인간과 자연이 생태학적 유대성을 갖고 관계를 재정립해 나간다면, 다시 말해서 지배의 태도보다는 해방의 자세로 타자들을 대한다면 사회의 문제와 생태계의 문제를 해결할 수 있다. 불평등한 것들의 평등과 비동등한 것들의 동등성을 기초로 해서 능력과 재능의 다양한 차이와 물리적 구성에서의 차이들을 고려하며 평등과 동등성을 추구해갈 때, 사회생태적인 문제들을 해결할 수 있을 것이다.

생태주의적 사고는 인간의 사회와 자연이 인간에 의해서 심각한 위기에 빠졌다는 것을 심층적으로 분석하고 대안을 제시한다. 인간이 지배와 억압을 통해 사회와 자연을 폭력적인 구조로 만들어왔다. 욕망의 실현을 위한 지배와 억압의 틀을 벗어나는 인간형, 자연과의 생태적 유대를 통해서 비폭력적 관계를 만들어가는 인간형은 앞으로의 시대에 필요한 인간의 모습이며, 인성교육에서도 강조해야 할 부분이다. 생태주의적 사고는 인성교육이 추구해야 할 평등과 동등성의 측면을 환기시켜준다.

4) 포스트모더니즘의 인성교육

> **절대적 환대는 내가 나의-집을 개방하고, 이방인에게만이 아니라 이름 없는 미지의 절대적 타자에게도 줄 것을, 그리고 그에게 장소를 줄 것을, 그를 오게 내버려 둘 것을, 도래하게 두고 내가 그에게 제공하는 장소 내에 장소를 가지게 둘 것을, 그러면서도 그에게 상호성을 요구하지도 말고 그의 이름조차도 묻지 말 것을 필수적으로 내세운다.**
>
> **자크 데리다, <환대에 대하여> 중에서**

포스트모더니즘은 인간을 본질적으로 규정하는 자체를 거부한다. 합리성, 자율성, 무한성에 바탕을 둔 인간 이해를 거부하고 무의식, 욕구, 감정 등을 중요하게 여긴다. 타자와 대비되는 주체의 폭력성에 민감하며, 타자를 배척하거나 배제하지 않는 방법에 대해 깊은 관심을 둔다.

포스트모더니즘은 모더니즘이 서구 역사에서 지속해온 주체에 대한 반성에서 시작한다. 합리성과 자율성에 바탕을 둔 서구 모더니즘은 비합리적인 것과 비자율적인 것을 덜 진보된 것으로 규정하거나 혹은 악으로 규정하며 합리성이나 자율성과 거리가 먼 타자를 개혁과 교육 혹은 도움과 개선의 대상으로 파악했다. 이 모더니즘은 서구 아닌 존재들을 서구적인 존재로 만드는 데 거리낌이 없었다. 비서구적인 세상을 서구적인 것으로 만들면서 폭력이 미화되었고 타자를 주체와 동질적인 것으로 만드는 것을 자랑스럽게 여겼다. 또한 비서구적인 것을 모두 서구적인 잣대로 변환하고 번역하면서 모든 기준을 서구적인 틀에 일치시켰다. 포스트모더니즘은 이러한 모더니즘을 폭력 그 자체로 규정하며 모더니즘이 저질러온 모든 분야에서의 폭력을 극복하려는 시도이다.

예를 들면, 데리다의 경우에 차이를 이야기하면서 결정불가능성(undecidability)이라는 단어를 사용한다. 어떤 주체가 타자와의 다른 점을 쉽게 차이라고 명명한다. 이 차이를 명명하면서 주체는 타자의 다른 점을 명확하게 규정하고 그 차이에 바탕을 두고 차별을 하거나, 그 차이를 주체와 같은 것으로 만들려고 동질화에 힘쓰기도 하고, 혹은 그 차이 때문에 타자를 배제해 버리기도 한다. 차이가 규정되면 이와 같은 폭력적 관계가 쉽게 성립되기 때문에 데리다는 차이에 있어서 결정불가능성이라는 단어를 사용해서 차이라는 것을 명확하게 규정할 수 없음을 강조하고 타자를 규정하지 못하게 함으로써 폭력적인 관계를 근원적으로 방지하려고 시도한다. 차연(differance)이라는 표현이 함의하고 있는 것이 이 부분이다. 차연은 차이와 연기를 합성한 단어이다. 타자는 차이를 갖고 있다. 그러나 그 차이를 완전하게 규정하기에는 시간이 필요한데, 그 시간이 계속 연기된다. 결국 그 차이는 영원히 규정될 수 없는 것이다. 차이를 규정할 수 없게 만들면서 인식차원에서부터의 폭력을 막을 수 있게 하려는 것이다.

포스트모더니즘을 통해서 인성교육이 얻을 수 있는 시사점은 인간에 내재된 차이에 대한 폭력성의 극복이다. 인간에게 차이는 두려움으로 다가온다. 자신과 다른 존재를 자신과의 차이점을 규정하지 않고 있는 그대로 받아들이기가 쉽지 않다. 타자의 차이점을 규정하지 않고도 수용할 수 있는 자세를 포스트모더니즘은 요청한다. 앞으로의 시대는 차이가 더 세분화되고 다양화되는 방향으로 전개가 될 것이다. 서구적 합리성과 자율성이 그 한계를 경험했고, 서구를 유토피아적 지향점으로 삼던 다양한 문화들이 더 이상 그 인식을 지속하지 않기 때문이다. 세분화와 다양화를 지향하는 앞으로의 문명에서 중요한 것은 바로 차이를 규정하지 않고 그대로 받아들일 수 있는 포용성이다. 현재 우리 사회에서도 포용성이 부족해서 사회 갈등이 심화되고 있다. 심화되는 사회 갈등을 해결할 수 있는 것이 차이를 규정하지 않는 포용성이기 때문에, 이 포용성은 인성교육에서 중요하게 다뤄져야 한다. 더불어 주체의 변두리에서 폭력의 대상이 되는 타자들이 대량생산될 위기에 처해 있는 인류에게 포스트모더니즘이 강조하는 타자에 대한 관심은 앞으로의 인성교육에 큰 도움을 줄 수 있을 것으로 보인다.

바. 인성교육의 다양한 접근 방법이 제시하는 시사점

인성교육에 대한 다양한 접근방법과 각 접근방법에서 강조되는 점들은 인성교육을 다각도에서 바라볼 수 있게 하고 풍성한 논의를 가능하게 하며, 단선적 인성교육을 넘어서서 다채로운 인성교육의 가능성을 열어준다. 유교의 인성교육은 인의예지에 바탕을 두고 수기를 통해서 인간다움의 회복을 목표로 한다. 지식과 실천이 유기적으로 결합된 유교적인 인성교육은 지식과 실천이 분리되지 않고 융합되어 제시되어야 함을 상기시킨다. 도교의 인성교육은 자연으로의 복귀를 그 원칙으로 한다. 무위자연의 삶을 통해서 단편적이고 표피적인 지식을 넘어서는 깊은 지식의 습득을 통해서 인간 간의 갈등과 문제들을 극복할 수 있게 한다. 몸과 마음의 수련을 통해서 물질 중심적인 삶을 넘어설 수 있는 길을 또한 열어준다. 도교는 인간 간의 관계뿐만 아니라 자연과의 관계에서 폭력적인 접근방식보다는 상생의 방식을 제시함으로서 인성교육의 보다 폭넓은 시야를 열어준다. 불교는 인간과 존재에 내재하는 불성을 자각하고 발현하는 것을 그 목표로 한다. 개개인이 불가피하게 소유하는 상을 극복하고 절대적인 자유를 누리며 해탈에 경지에 이르러서 자신뿐만 아니라 연기의 원리에 의해서 상호 의존적인 관계 속에 있는 모든 존재의 해방에도 도움을 준다. 불교 또한 큰 전체 속에서의 개인의 자리매김을 하게 함으로써 전체적인 관계 속의 인성교육을 보여준다. 기독교의 인성교육은 인간은 누구나 차별없이 신의 형상을 가진 존재로 존중하며 대해야 하고 모든 인간은 공동체를 구성하며 그 공동체는 소외나 배제 없이 모든 구성원들이 즐거운 관계를 유지해야 한다는 점을 강조한다.

서양전통철학에서 플라톤은 인간을 진리를 추구하는 존재로 바라보며 세계에 속박되어 있는 거짓의 세계, 즉 동굴의 세계를 벗어나 이데아의 세계에 도달하도록 자신의 욕망을 의지력으로 제어하고 좋은 습관을 길러야 함을 강조했다. 아리스토텔레스는 인간 존재의 목적과 습관을 통한 덕을 강조하며 인간의 본질을 실현해야 한다는 것을 강조했다. 칸트는 인류의 문명이 확장되면서 다양한 문화가 갖고 있는 서로 다른 인간관과 도덕관으로 모두가 공유할 수 있는 원칙을 발견하기 어려워지는 시대에 보편성을 제시하며 인간이 추구해야 할 가치를 정언명령을 통해서 제시했다. 보편법칙과 인간을 목적으로 대하는 태도, 그리고 자율성의 강조는 인성교육에서도 중요한 축을 형성한다. 매킨타이어의 덕윤리는 합리성의 기초 위에 도덕을 형성하려 했던 계몽주의의 한계를 지적하며 오랜 인류사에서 중요하게 간주되어온 덕을 부활시키고 도덕 행위자를 강조함으로써 사회문제 해결에 있어서 덕의 습득과 훈련이 중요함을 환기시켰다. 인성교육에서 중요하게 여기는 다양한 덕의 추구는 매킨타이어에게서 중요한 토대를 제공받을 수 있다.

현대철학 중에서 페미니즘은 인류의 오랜 역사 동안 철저하게 무시당해온 인류의 절반인 여성의 문제를 부각시켜서 성차별의 문제를 해결하는 것이 시급하고 중요함을 보여주었다. 여성들이 열등한 존재로 여겨지고, 마녀사냥의 대상이 되어왔던 것을 고려할 때, 여성에 대한 존중의 회복과 양성평등은 인성교육에서 있어서 핵심적인 지위를 차지하며, 페미니즘의 관계중심적인 접근과 보살핌과 배려의 가치는 인성교육의 방향을 설정하는 데 있어서도 중요한 축을 형성한다. 생태주의는 인간의 근원적인 폭력성을 고발하며 그 극복방안을 자연으로의 복귀에서 찾는다. 특히 심층 생태주의는 모든 생명체의 시각에서 세계를 바라보도록 요청하며 인간의 편협한 자기중심주의에서 벗어나 자연과 교감하는 삶의 자세를 요청한다. 철저한 자연 중심적 시야의 회복은 자연 생태계의 파괴로 전 지구가 시름을 앓고 있는 시대에 생태계 복원의 중요성을 알려준다. 사회생태주의는 인간이 지배와 억압의 틀로 사회와 자연을 구성해왔기 때문에 사회문제와 생태계의 문제가 발생하며, 이 문제를 해결하기 위해서는 지배와 억압의 구조를 탈피해서 공존과 상생의 삶으로 전환할 것을 요청한다. 지배와 억압의 구조 극복은 평등한 인간관계를 지향한다는 점에서 인성교육의 중요한 시사점이 된다. 포스트모더니즘은 타자의 중요성과 주체의 폭력성을 강조한다. 인성의 문제가 자아의 극대화와 타자의 소외라는 것을 고려할 때, 타자에 대한 비폭력적인 수용과 차이에 대한 포용력 있는 수용은 다름을 존중하면서도 함께 공존하는 사회를 만들어갈 지혜를 제시한다.

이 다양한 종교전통, 철학전통, 그리고 현시대의 철학들은 각각의 시대가 처한 문제를 해결하기 위해 다른 강조점을 갖고 있다. 그 다른 강조점들을 우리 시대에 직접적으로 적용하는 것은 불가능하기도 하고 부적합하기도 하다. 다만 각각의 접근방법이 제시한 인성에 대한 강조점들은 인성교육에 있어서 필수적이고 중요한 가치들을 보여준다. 이 가치들과 방법들을 우리 시대에 적합도록 창조적으로 변용한다면, 새로운 시대에 필요한 인성교육의 방법을 찾아낼 수 있을 것이다.

5. 고등교육기관으로서의 대학과 인성교육

인성교육의 필요성과 다양한 인성교육의 전통들과 더불어 생각해 볼 것은 인성교육이 고등교육기관인 대학에서 가르쳐야 할 부분인가 하는 점이다. 인성교육이 가정과 초중고교 시절에 교육되어야 하는 것은 두말할 필요가 없다. 가정에서 제대

> **"하버드를 비롯한 일류 대학들이 학부 교육의 본질적인 목적을 도외시하고 있다." "영혼을 잃어버린 건 학생들이 아니라 그들을 가르치는 대학이다."**
>
> **해리 루이스, 『영혼 없는 우수성』에서**

로 교육되지 않는다면 학교에서의 교육은 큰 효과를 거두지 못할 것이다. 또한 사회생활을 익혀가는 초중고시절에 인성교육이 이뤄지지 않는다면 대학에서의 인성교육은 불가능하다. 만약 가정과 초중고시절에 인성교육이 이뤄진다면 대학에서는 인성교육이 불필요할까? 간단하게 대답하면 대학에서 인성교육은 꼭 필요하다. 지식 교육에 방점을 둔 대학교육에서 인성교육을 해야 하는 이유는 인성 교육이 특정시기에만 이뤄지는 교육이 아니기 때문이다. 대학은 소위 고등교육이 이뤄지는 곳이다. 고등교육에서 인성이 강조되어야 할 이유를 코널린 페이그는 『히틀러의 죽음의 수용소』에서 분명하게 밝히고 있다.

> 현대 세계는 소위 "문명"이라는 것을 만들었다. 음악과 미술, 가족 간의 유대, 사랑과 아름다움에 대한 감각, 지성과 교육 등이 그것이다. …… 그러나 아우슈비츠 대학살 이후, 우리는 살인자가 되는 것과 다정한 가장, 그리고 베토벤 애호가가 되는 것 사이에 아무런 모순이 없다는 걸 알게 됐다. 살인자들은 사회 부적응자도, 밑바닥 사회에 속하는 사람도, 폭도들의 무리도 아니었다. 그들은 학사와 예술가, 법률가와 신학자, 귀족이었다.

고등교육을 받은 각 분야의 전문가들이었던 독일의 지식층이 인류사에 큰 오점으로 남아 있는 홀로코스트의 범죄자가 되었다. 그 이유 중 하나는 그들의 고급지식이 오용되지 않도록 하는 제어장치가 없었기 때문이다. 그들이 향유하는 고급문화는 우연히 특정한 인종으로 태어난 사람들을 차별하고 살상하는 것과 철저하게 양립되었다. 고급문화를 누릴 수 있는 인종과 그렇지 못한 인종으로 쉽게 구분선을 그었기 때문이다. 그들의 지식은 열등하다고 생각되는 인종들을 대상으로 생체실험을 하는 데 아무런 거리낌이 없었다. 인류의 역사는 고급문화나 고등교육이 인성적으로 성숙된 문명으로 안내하지 않는다는 것을 뼈저리게 보여준다. 고등교육에서 인성이 강조되어야 하는 이유이다.

홀로코스트를 일으킨 잔인한 인간들도 있지만, 그 상황에서 목숨을 걸고 유대인들을 구한 용감한 사람들이 있다. 도스토예프스키는 목숨을 건 용기를 가진 사람들을 행동하는 사랑을 가진 사람들이라고 불렀고, 그 사랑이 격렬한 어떤 것, 진정으로 무서워할만한 어떤 것이라고 불렀다. 지적인 탁월성을 대학에서 가르쳐야 한다면 그 지식의 균형을 위해서 사랑을 위한 모험을 감수하는 법과 그 이유를 가르쳐야 한다. 지식과 사랑의 균형이 잡히지 않는다면 그 지식은 오용될 가능성이 너무도 높기 때문이다.

대학에서 학문적 우수성을 강조하고 탁월한 연구 성과를 내야 하는 것은 당연하지만, 대학은 그보다 더 중요한 목적을 갖고 있다. 대학은 학생들이 자신의 존재를 다시 생각하고, 자신과 세계를 위한 더 큰 목적을 탐색할 수 있게 해야 한다. 평범한 사람으로 들어와서 좋은 사람으로 나가고, 혹은 좋은 사람으로 들어와서 더 좋은 사람으로 성장해서 나가도록 해야 한다. "온전한 인간성의 함양"이 대학 본연의 목적이며, 이 일을 교육과정을 통해서 구현해 내야 한다.

18-35세의 시기를 공감 능력과 공동체 형성 능력을 키우는 시기라고 한다. 그 이전의 초등교육과 중등교육의 시기도 중요하지만, 대학, 대학원, 혹은 전문대학원 등의 시기가 공감능력을 배양하고 공동체 정신을 뿌리내리게 하는 중요한 시기이다. 다시 말해서 사회성을 보다 견고하게 만들 수 있는 시기이다. 이 시기는 개체적 정신의 계발도 중요하지만 사회적이고 관계적인 차원을 삶에 구체화시키며, 독립된 개체에서 상호 의존의 존재로 이동할 수 있게 도우는 시기라고 한다. 고등교육의 기간이 사회적 능력과 인간관계 능력을 키우는 시기라면 인성교육이 시행되어야 할 중요한 시기이다.

인간을 존중하지 못하고 사회에 많은 문제들이 발생하는 것을 두고 영혼을 잃어버린 것은 학생들이 아니라, 그들을 키워내는 대학이라고 하버드대학교 해리 루이스 교수는 단언한다. 영혼이 없는 대학은 학생들에게 삶을 성찰하고 삶의 의미를 전수하는 것을 의무로 여기지 않는 대학이라 보았다. 다시 말해서 지식의 탁월성을 대학에서 강조하고 있기는 하지만, 그보다 더 중요한 영혼, 즉 삶의 의미와 목적에 대한 가르침을 주지 않고 학생들에게만 맡겨 버린다는 의미이다. 학문의 수월성만큼 혹은 그보다 더 중요한 것이 인간다운 삶이며, 함께 더불어 살아가는 삶이다. 대학은 이 두 가지 축을 견고하게 세우며 학생들을 키워야 한다. 한 가지 축을 극대화해서 다른 축을 보상하거나 대체할 수 없기 때문이다. 대학은 지식이 더 전문화될 수록 같이 보조를 맞춰가며 더 깊이 있는 인성교육이 가능하도록 노력해야 한다.

20

2장

인성을 전하다

인성교육을 실천하기 위해서는 인성에 대한 그리고 인성교육에 대한 개념 정의가 필요하다. 다음으로 인성이 어떻게 구성되어 있는지 즉 인성요인을 탐색해야 한다. 또한 인성요인들을 측정할 수 있는 인성측정 도구가 개발되어야 한다. 최근에는 인성의 정의, 인성의 하위요인 분석, 이를 토대로 한 인성검사 도구 개발 및 인성지수 등과 같이 인성과 관련한 실증적인 연구를 많이 수행하고 있다.

예전부터 든 사람, 난 사람, 된 사람 등으로 인성의 중요성을 강조해 왔으며, 이런 표현이 회자되는 것만 보아도 사회에서 기본적으로 필요로 하는 사람이 어떤 사람인가에 대해 많은 고민을 하고 있음을 짐작해 볼 수 있다. 우리나라에서는 인성교육이 중요하다는 인식에는 많은 사람들이 의견을 같이 하고 있지만, 인성이 구체적으로 무엇인지 또한 인성교육에서 강조해야 할 인성덕목이나 인성역량이 무엇인지에 대해서는 아직까지 구체적인 합의가 이루어지지 않았다. 이런 이유로 각 기관이나 학교에서 강조하는 인성덕목이 각각 따로 있고 그에 맞는 인성을 함양하기 위한 다양한 노력도 개별적으로 하고 있는 상황이다.

인성덕목은 인성교육의 목표라 할 수 있다. 인성교육의 목표에는 예, 효, 정직, 책임, 존중, 배려, 소통, 협동 등의 마음가짐이나 사람됨과 관련되는 핵심적인 가치 또는 덕목이 있다. 최근에는 인성교육의 개념을 정의함에 있어 과거에 통념적으로 제시해 왔던 효, 예절을 강조하는 것에서 뛰어넘은 또 다른 관점으로서의 핵심역량을 제시하는 것이 추세이다. 이에 학교에서의 인성교육도 기존에 강조해 오던 덕목뿐만 아니라 미래사회에서 성공적인 삶을 영위하는 데 필요한 핵심역량을 가르쳐야 한다고 주장하고 있다. 인성교육진흥법에 따르면, 핵심역량이란 핵심가치·덕목을 적극적이고 능동적으로 실천 또는 실행하는 데 필요한 지식과 공감·소통하는 의사소통능력이나 갈등해결능력 등이 통합된 능력 함양으로 정의하고 있다. 이처럼 핵심가치들을 실행하도록 동기를 부여해 주는 역량적 관점에서의 인성 개념이 등장하고 있다(양정실 외, 2013; 정창우, 2015).

이번 장에서는 우리나라에서 강조하고 있는 인성덕목을 여러 차원에서 나누어 살펴보고 최근 강조되고 있는 핵심 인성역량을 살펴보고자 한다. 더불어 계명대학교 인성교육의 근간이 되는 계명정신과 계명대학교 캠퍼스 조형물을 통한 인성교육의 의의, 계명정신 실천덕목 등을 소개해 보고자 한다.

1. 인성덕목

인성교육을 실시함에 있어 우선적으로 합의가 필요한 부분은 인성덕목에 대한 것이다. 인성덕목은 인성교육에서 무엇을 강조할 것인지, 어떤 구성요소로 교육할 것인지에 대한 것으로 인성교육의 목표라 할 수 있다. 인성덕목은 학교급별로, 기관별로 강조하는 바가 다르기에 하나로 정의하는 것은 무리가 있다. 이에 여러 다양한 관점에서 인성덕목을 살펴보고자 한다.

1) 한국교육과정평가원의 가치덕목

2013년 한국교육과정평가원에서 제시한 교과교육을 통한 인성교육에서 추구해야 할 주요 가치덕목은 다음과 같다(양정실 외, 2013).

2013년 한국교육과정평가원의 가치덕목과 인성요소

가치덕목	인성요소	
존중	자기존중	자신감, 자기수용, 자기표현, 자기통제, 긍정적 태도
	타인존중	인권 존중, 다른 문화에 대해 편견 갖지 않기
배려	관용, 연민, 양보, 친절, 봉사, 헌신	
책임	자기 임무 완수, 정직, 성실, 신뢰, 윤리적 책임감	
참여와 협동	공동체의식, 민주시민의식, 협력, 도움주기, 팀워크	

가치덕목	인성요소
공감과 수용	타인의 감정에 대한 공감, 타인의 입장 이해, 미적 공감, 심미적 수용
대화와 소통 능력	의사소통 능력, 대화를 통한 관계 개선
문제와 갈등해결 능력	문제인식, 가능한 해결방안 모색, 결정에 따른 결과를 예상해 보기, 도덕적 성찰, 합리적인 의사결정 능력
정의	준법, 규칙준수, 공정

2) 인성교육진흥법에서의 인성덕목

인성교육진흥법에서는 인성덕목으로 예, 효, 정직, 책임, 존중, 배려, 소통, 협동의 여덟 가지를 핵심적으로 지정하고 있다. 네이버 사전에서 각각의 인성덕목을 어떻게 정의하고 있는지를 살펴보면 다음과 같다.

인성교육진흥법에서의 인성덕목

인성덕목	설명
예	사람이 마땅히 지켜야 할 도리
효	어버이를 잘 섬기는 일
정직	마음에 거짓이나 꾸밈이 없이 바르고 곧음
책임	책임은 맡아서 해야 할 임무나 의무, 또는 어떤 일에 관련되어 그 결과에 대하여 지는 의무나 부담
존중	높이어 귀중하게 대함
배려	도와주거나 보살펴주려고 마음을 씀
소통	막히지 아니하고 잘 통함, 뜻이 서로 통하여 오해가 없음
협동	서로 마음과 힘을 하나로 합함

인성교육진흥법 시행규칙 중에 인성교육 프로그램 인증 기준을 살펴보면, 학교급별로 인성교육 프로그램의 세부 교육 내용을 제시하고 있다. 이 중에서 대학생

인성교육 세부 교육내용은 세 가지로 구성되어 있다(인성교육진흥법 시행규칙 별표).

대학생 인성교육 프로그램 인증 기준

세부 교육 내용	– 대학생의 도덕성 · 사회성 · 정체성(감성) – 인문학 · 정신문화 중심의 인성 가치 함양 교양교육 – 기업과 사회가 요구하는 인성을 갖춘 인재 육성 – 주요 가치: 자율 · 봉사 · 사회공헌

3) 한국교육개발원의 KEDI 인성검사 하위요인

한국교육개발원에서는 2014년 초·중·고등학생용 인성검사를 제작하였으며 검사 문항을 통하여 인성을 구성하는 하위요인을 살펴볼 수 있다.

한국교육개발원의 KEDI 인성검사 하위요인

인성덕목 (하위 요인)	구성 내용	문항 수
자기 존중	자기 존중, 자기 효능	7
성실	인내(끈기), 근면성	8
배려 · 소통	타인이해 및 공감, 친절성, 대인관계 및 의사소통 능력	10
사회적 책임	책임성, 협동심, 규칙이행	6
예의	효도, 공경	7
자기 조절	자기통제(감정, 충동, 행동), 신중성	6
정직 · 용기	정직성, 솔직성, 용감성	7
지혜	개방성, 판단 및 의사결정 능력, 안목	6
정의	공정, 공평, 인권존중	5
시민성	애국심, 타문화이해, 세계시민의식	8

버츄카드는 전 세계 모든 문화권에서 소중히 여기는 미덕 가운데 52가지를 선별해서 제공하고 있다(한국버츄프로젝트, 2009). 인성검사 하위요인 중에 버츄카드

에 나오는 8가지 미덕의 개념들을 정리해 보면 다음과 같다.

버츄카드를 통한 인성검사의 하위요인 설명

미덕	개념 정의
존중	– 무언가를 귀하게 여겨 보호해 주고 지켜주는 것 (자기존중– 자기를 귀하게 여겨 보호해주고 지켜주는 것)
성실(근면)	– 꾸준히 그리고 열심히 일하는 것
배려	– 주위 사람이나 사물에 관심과 애정을 기울이는 것
책임	– 무슨 일이나 맡은 일을 훌륭하게 해냄으로써 다른 이들이 당신을 신뢰할 수 있게 하는 것
예의	– 몸가짐이 공손하다는 것
자기 조절(절도)	– 자기 자신에 대한 존중 / 자신을 소중히 여겨 몸과 마음, 일과 여가생활을 건강하게 유지하는 것
정직 · 용기	– 진실하고 진지한 태도 / 자기 자신을 있는 그대로 받아들이는 것 – 두려움 앞에 당당히 맞서는 것
정의(정의로움)	– 누구든지 공정하고 공평하게 대우하는 것 / 모든 사람이 승자가 되도록 문제를 해결하는 것

그 외에 가치성장카드(2008)에서도 55개의 가치를 설명하는데, 인성검사의 하위요인과 겹쳐지는 10가지 가치들의 개념을 살펴보면 다음과 같다.

가치성장 카드를 통한 인성검사의 하위요인 설명

가치	개념 정의
존중	– 사람이나 사물을 공손하고 소중하게 여기는 태도
성실	– 참되고 한결같은 태도로써 가치와 행동, 관계 등이 조화를 이루는 품성 / 자신의 신념과 행동을 일치시키고자 끊임없이 노력하는 것
배려	– 사려 깊고 다정한 마음씀씀이 / 상대의 처지와 원하는 바를 헤아림
책임감	– 자신의 몫과 역할을 기꺼이 감당하고 완수하려는 의지
예의	– 상호 존중과 신뢰를 깊게 해주는 관계의 규칙
자기 조절 (자제력)	– 옳고 좋은 방향으로 스스로 절제하며 선택하는 힘

가치	개념 정의
정직 · 용기	– 마음에 거짓이나 꾸밈이 없이 바르고 올곧은 태도 – 생명력과 희망을 주는 것이라면 무엇이든 꼭 붙잡는 것
지혜	– 가장 올바르고 선한 선택을 취하게 하는 영혼의 깨달음
정의(정의로움)	– 사람들이 누려야 할 정당하고 마땅한 권리 / 특별히 약자의 마음으로 세상을 봄

4) 인성교육범국민실천연합회에서의 인성덕목

인성교육범국민실천연합에서는 인성덕목을 49가지 또는 52가지로 제안하고 있다(김경수, 2015).

인성교육범국민실천연합회에서의 인성덕목

감사	결의	겸손	관용	근면	기뻐함
기지	끈기	너그러움	도움	명예	목적의식
믿음직함	배려	봉사	사랑	사려	상냥함
소신	신뢰	신용	열정	예의	용기
용서	우의	유연성	이상 품기	이해	인내
인정	자율	절도	정돈	정의로움	정직
존중	중용	진실함	창의성	책임감	청결
초연	충직	친절	탁월함	평온함	한결같음
헌신	협동	화합	확신		

5) 선행연구에서 제안하는 인성덕목

인성의 구성요인 또는 인성덕목은 학자에 따라 다양하고 인성교육에서 무엇을 중심적적으로 다룰 것인가에 따라 달라질 수 있다.

연구자에 따른 인성덕목

<table>
<tr><th>연구자</th><th colspan="2">인성덕목</th></tr>
<tr><td rowspan="7">강선보 외(2008)</td><td colspan="2">관계성(relationship): 상호 관계적 삶을 추구하는 공생인</td></tr>
<tr><td colspan="2">도덕성(morality): 도덕적 통합성을 추구하는 인격인</td></tr>
<tr><td colspan="2">전일성(wholeness): 인간의 모든 측면이 조화롭게 발달한 전인</td></tr>
<tr><td colspan="2">영성(spirituality): 초월적인 것을 체험하는 영성인</td></tr>
<tr><td colspan="2">생명성: 온 생명을 살리는 생명인</td></tr>
<tr><td colspan="2">창의성: 삶과 상황을 재창조하는 창의인</td></tr>
<tr><td colspan="2">민주시민성: 공동체에 참여하는 민주시민</td></tr>
<tr><td>이근호(2012)</td><td colspan="2">자기존중과 수용, 잠재력 계발, 자기통제와 개발능력</td></tr>
<tr><td>이명준 외(2011)</td><td colspan="2">신뢰성, 존경, 책임, 공정성, 배려, 시민의식, 심미성</td></tr>
<tr><td rowspan="3">이윤선, 강혜영, 김소정(2013)</td><td>인지적 영역</td><td>도덕적 자기인식, 도덕적 가치를 앎, 도덕적 추론, 반성적 의사결정, 도덕적 자기지식</td></tr>
<tr><td>정의적 영역</td><td>양심, 자기존중, 감정이입, 선을 사랑, 자아통제, 겸양</td></tr>
<tr><td>행동적 영역</td><td>능력, 습관</td></tr>
<tr><td rowspan="2">조난심 외(2004)</td><td>개인적 요소</td><td>생명존중, 성실, 정직, 자주, 절제, 경애, 효도, 예절, 자기주도성, 자율성, 창의성, 관용, 개방성, 사고 유연성</td></tr>
<tr><td>사회적 요소</td><td>협동, 준법, 타인배려, 정의, 공동체의식, 민족애, 인류애, 타문화 이해</td></tr>
<tr><td>조셉슨연구소
(Josephson Institute, 2016).</td><td colspan="2">신뢰성, 존중, 책임, 배려, 공정성, 시민정신</td></tr>
</table>

연구자	인성덕목	
지은림, 이윤성, 도승이(2014)	도덕성	정직, 책임, 준법
	사회성	공감 / 배려, 소통 / 개방성, 봉사 / 협력
	감성	자기이해, 자기존중, 자기조절
천세영 외(2012)	도덕성 영역	정직, 책임
	사회성 영역	공감, 소통
	감성 영역	긍정적 자기이해와 자기조절
Lickona(2006)	지혜, 정의, 불굴성, 자기통제, 사랑, 긍정적 태도, 근면, 성실, 감사, 겸손	
Pearson과 Nicholson(2000)	자아와 관련된 인격특성	책임, 자제, 용기, 자아존중
	타자와 관련된 인격특성	정직, 존중, 친절, 감정이입
	사회와 관련된 인격특성	공정성, 정의, 시민의 덕

위에서 보는 바와 같이 인성덕목은 학자마다 조금씩 다르게 제시하고 있지만, 정직, 용기, 배려, 존중, 정의, 책임, 시민성 등은 공통적으로 제시하고 있다.

6) 핵심 인성역량

2015 개정 교육과정의 기본 방향은 네 가지로 요약해 볼 수 있다. 첫째, 인문·사회·과학기술 기초 소양 함양 및 인성교육 강화, 둘째, 핵심역량을 기를 수 있는 교과 교육과정 개발, 셋째, 문·이과 이분화와 수능과목 중심의 지식 편식 현상 개선, 넷째, 범교과 학습 주제 개선(현행 39개에서 104개의 대범주로 범주화)이다. 2015 개정 교육과정에서 추구하는 인재상은 '창조경제 사회가 요구하는 핵심역량을 갖춘 "창의융합형 인재"양성'이며 창의융합형 인재라 함은 인문학적 상상력과 과학기술 창조력을 갖추고 바른 인성을 겸비하여 새로운 지식을 창조하고 다양한 지식을 융합하여 새로운 가치를 창출할 수 있는 사람을 말한다. 2015 개정 교육과정에서 추구하는 인간상과 핵심역량을 정리해 보면 다음과 같다.

2015 개정 교육과정에서 추구하는 인간상과 핵심역량

추구하는 인간상	자주적인 사람 창의적인 사람 교양 있는 사람 더불어 사는 사람
핵심역량	자기관리 역량 지식정보처리 역량 창의적 사고 역량 심미적 감성 역량 의사소통 역량 공동체 역량

그리고 천세영 외(2012)는 세 가지 차원 역량과 인성덕목을 제시하고 있다. 첫째, 도덕성 차원에서는 가치인식, 책임있는 능력을 역량으로, 정직과 책임을 덕목으로 제시하고 둘째, 사회성 차원에서는 사회인식 능력, 대인관계 능력을 역량으로, 공감과 소통을 덕목으로 제시하고 셋째, 감성차원에서는 자기인식 능력, 자기관리 능력을 역량으로, 긍정과 자율을 덕목으로 제시하고 있다.

정창우(2015)는 개인 차원과 관계 차원으로 구분하여 핵심 인성역량을 아래와 같이 제시하였다.

핵심 인성역량

차원	역량
개인 차원	도덕적 문제해결 능력
	긍정적 태도
	도덕적 자기관리 능력
	도덕적 자기성찰 능력

차원		역량
관계 차원	타인과의 관계 영역	도덕적 의사소통 능력
		도덕적 대인관계 능력
	공동체와의 관계 영역	공동체 의식
		다문화 · 세계시민의식
	자연과의 관계 영역	환경윤리의식

교육부(2014)에서도 인성을 '더불어 살아가는 품성과 역량'으로 정의하고 핵심가치인식, 책임있는 의사결정, 자기인식, 자기관리, 문화적 소양, 사회적 소양, 대인관계, 민주 시민의식의 8가지 핵심역량을 제시하고 있다. 그리고 각 역량에 따른 인성덕목과 하위요소들을 살펴보면 다음과 같다.

핵심역량과 10대 덕목

차원	핵심역량	인성덕목
개인	핵심가치인식	정직
	책임 있는 의사결정	책임
	자기인식	긍정 / 자기이해
	자기관리	자율
	문화적 소양	예절
		존중 / 다문화
사회	사회적 소양	공감
	대인관계	소통
	민주 시민의식	시민의식
		공존

2. 계명대학교의 인성교육

1) 계명 인성교육의 목표

계명 인성교육의 목표: 계명 인성교육을 통해 일깨우고 드러내야 할 빛

- 자기를 비추는 빛: 자기성찰 능력, 자기 사랑, 자기 존중감, 자기 통제, 자아정체성, 도전정신, 개척정신
- 타인을 비추는 빛: 경청, 공감, 소통 능력, 타인과의 올바른 관계 맺음, 배려
- 세계를 비추는 빛: 공동체 의식, 더불어 함께 하려는 의식, 다문화감수성, 시민의식, 글로벌 커뮤니케이션, 정의감, 비판의식, 세계 인권의식

첫째, '자기를 비추는 빛'에서는 자기성찰 능력, 자기 사랑, 자기 존중감, 자기 통제, 자아정체성 확립, 개척정신을 강조하고 있다. 둘째, 타인을 비추는 빛에서는 경청, 공감, 소통, 배려 능력을 함양할 수 있다. 셋째, 세계를 비추는 빛에서는 공동체 의식, 다문화 감수성, 글로벌 커뮤니케이션, 글로벌 시민의식, 정의감, 비판의식, 세계 문제에 대한 관심을 기를 수 있다.

계명 인성교육을 위한 마중물로서의 계명정신인 개척정신, 봉사정신의 중요성을 살펴보고, 계명의 역사 속에서 어떻게 그 정신이 표현되었는지 살펴보고자 한다.

(1) 개척(도전)정신

계명대학교는 선교사들의 개척정신과 봉사정신을 토대로 설립되었으며 선교사의 삶 속에서 찾아볼 수 있는 개척정신은 험난한 현실 속에서 역경을 이겨내고 새로운 가치를 창조해 나갈 계명인에게 중요한 계명정신이다. 개척정신, 도전정신은 자신에게 새로운 기회를 제공해준다는 점에서 자기 사랑을 실천하는 한 방식일 수 있고 이 정신은 식물이 접붙이기를 통해 타고난 본성을 변화시킬 수 있듯이 낯선 것과의 용기 있는 창조적 만남을 가능하게 해 주기도 한다.

개척정신은 자율적인 삶을 살아내는 데 필요할 뿐만 아니라 창조적 삶을 위해

서도 중요하다. 창조는 기존의 전통, 문화, 편견에 도전하며 새로운 관점에 근거해 새로운 가치를 개척하는 것이라 할 수 있다. 즉, 개척정신이 부족한 사람이 창조적일 수는 없다. 개척정신이 뛰어난 사람은 다른 사람과의 편협한 경쟁에 내몰리지 않으며 끊임없이 자기 극복을 감행하고, 남이 가지 않은 길을 탐색하고, 그곳에서 새로운 가치를 창조함으로써 개인의 발전뿐만 아니라 사회에 크게 이바지할 수 있다. 이처럼 개척정신은 사람들의 살아가는 삶의 방식을 다양화시키며 맹목적 경쟁을 완화시켜 주기에 인성함양의 차원에서도 계명인에게 크게 권장할만한 것 중의 하나이다.

그럼에도 많은 사람이 개척정신을 발휘하지 못하는 몇 가지 이유를 살펴보면 다음과 같다. 첫째, 개척정신을 거창하고, 몇몇 뛰어난 사람만이 발휘할 수 있는 것으로 오해하는 데 있다. 인류의 삶을 변화시킬 거창한 개척도 있지만 개인의 삶의 영역에서 작은 변화를 용기 있게 시도하는 것도 개인에게는 큰 도전과 개척일 수 있다. 둘째, 실패와 상처에 대한 두려움을 들 수 있다. 그러나 실패와 상처를 통해 새로운 것을 배워간다면, 실패는 성공의 어머니가 되며 상처는 다른 사람들의 아픈 삶을 이해하고 포용하는 힘의 원천이 될 수 있다. 실패와 상처가 다른 사람을 더 잘 이해하게 할 뿐만 아니라 내 삶의 나침반의 역할을 할 수 있다는 점을 이해한다면 우리는 실패를 두려워하지 않으면서 지금보다 더 자신의 영역에서 큰 개척을 이룰 수 있을 것이다.

계명대학교는 기독교를 받아들이기에 가장 배타적이었던 대구 지역에 선교사들이 복음을 전파하면서 창립되었다. 계명대학교의 창립은 1899년 이래 오랜 기간 동안 포기하지 않고 도전해 이루어낸 '개척정신'의 산물이라 할 수 있다. 계명대학교는 현실의 관행에 안주하지 않는 혁신정신과 실패를 두려워하지 않는 도전정신으로 학교를 세우고 정성을 다해 가꾸어왔다. 그로 인해 시행과정에서 적지 않은 저항과 어려움에 봉착하기도 했지만, 시행착오를 통해 배우고 재도전함으로써 매우 비약적인 발전을 지속할 수 있었다. 도전과 혁신의 개척정신이 있었기에 불가능하다고 생각했던 비전과 현실적으로 불가능해 보인 많은 일들이 성취되었다.

(2) 봉사정신

인간은 사회적 존재로서 타인과 조화로운 관계를 맺어야 행복한 삶을 살 수 있다. 봉사의 중요성은 여러 차원에서 강조할 수 있지만, 그중 하나인 자원봉사는 존중받고 싶고 자아를 실현하고자 하는 우리의 근원적 욕구를 충족시켜 주는 좋은 기회라는 것이다. 그뿐만 아니라 관계를 형성해주고 사랑에 대한 욕구, 소속되고자 하는 욕구를 충족시켜주는 기회이기도 하다. 앎을 통해 실천으로 나아갈 수 있지만, 최고의 인성함양 수업은 실천을 통해 새로운 습관을 형성할 뿐만 아니라 새로운 자각과 앎으로 나아가게 하는 것이다. 인성교육이 지식교육과의 큰 차이는 교육에 있어 체험과 구체적 실천을 강조하는 데 있다.

봉사의 실천은 자기존재에 대한 자존감을 향상하게끔 만들고 타인을 통해 새로운 자기를 발견해 나갈 수 있게끔 하는 중요한 인성교육적 의미를 지닌다. 즉 봉사는 자기중심적 삶에서 벗어나게끔 도와줌으로써 타인의 시각에서 모든 것을 새롭게 바라보고, 타인의 시각에서 자기의 삶을 되돌아볼 수 있는 성숙의 계기를 가져다준다. 그런 점에서 봉사는 타인만을 위한 행위가 아니라 자기를 위한 행위이기도 하다.

계명대학교는 창립 때부터 미국 북장로교회 선교부와 미국의 많은 독지가들의 물심양면에 걸친 지원을 받았으며 국내적으로도 창립 이후에도 지속적인 발전을 위해 청지기적 사명을 가지고 학교를 위해 혼신의 정열을 쏟은 분들의 헌신과 함께 많은 독지가들과 동문 및 교직원들의 지원이 있었다.

현대사회는 날이 갈수록 개인주의가 팽배해감에 따라 구성원들이 각자 마음의 문을 닫고 자신 속에 갇혀 마치 군중 속의 고독과 같은 삶을 사는 경향이 두드러진다. 이에 계명대학교는 젊은이들에게 이웃과 나누는 삶의 가치를 교육할 필요가 있음을 절감하고 수년 전부터 정규교육과정에 다양한 봉사와 관련한 과목을 개설하여 운영하고 있다. '기독교정신과사회봉사'라는 봉사 관련 과목을 교양필수로 편성해 전교생 모두가 이수하도록 했고, 2010학년도부터 이를 '계명정신과봉사'라는 과목으로 계승해 지속적으로 운영하고 있다. 필수과목인 '채플'에서도 봉사채플을 마련해 수강생들이 대학 밖으로 나가 도움이 필요한 이웃을 돌아보고 섬기는 체험활동을 하는 가운데 자연스럽게 봉사정신이 함양되도록 교육하고 있다. 이 밖에 선택과목으로 '사회봉사'라는 과목을 편성 운영함으로써 많은 학생들이 자유롭게 이수하면서 사회봉사에 대한 개념 이해와 봉사활동의 실천을 병행함으로써 봉사정신이 우리의 삶 속에 조화롭게 뿌리 내리도록 돕고 있다.

계명대학교 성서캠퍼스 본관에 들어서면 로비 정면에 백지그림이 걸려 있고 그 아래 라틴어로 다음과 같은 제목이 있다.

Tabula Rasa
우리가 얼굴을 가질 때까지

'Tabula Rasa'는 아무것도 씌어 있지 않은 '백지(白紙)'라는 의미로 이제 미래에 우리의 모습을 어떻게 그려 넣을지 생각하라는 의미가 담겨있다. 즉 백지 그림에 그려야 할 모습은 자랑스러운 계명대학교의 모습이자 완성된 계명인의 얼굴이어야 한다. 그 자랑스러운 모습을 그리기 위해 필요한 마중물의 역할을 하는 것이 바로 계명정신인 개척정신, 봉사정신이라 할 수 있다. Tabula Rasa는 계명인의 자기의식이 어떠해야 하는가를 상징적으로 잘 말해주는 것이다. 우리가 어떤 정신 아래 살아가느냐에 따라 우리 안의 또 다른 가능성이 우리의 모습으로 드러날 수 있다. 즉 이런 우리 안의 가능성을 이끌어내어 더 완성된 우리를 만들어가는 마중물의 역할을 하는 것이 바로 계명정신인 개척정신, 봉사정신으로 계명 인성교육을 통해 함양해야 할 핵심 정신이라 할 수 있다.

우리 계명인들은 현재의 위치에서 각자의 모습을 있는 그대로 받아들여 소중히 여기는 자존감을 갖고서, 태생적 개척정신과 봉사정신으로 무장해 'Tabula Rasa'에 우리의 모습을 그려 넣고 향후 더 큰 이상의 추구를 위해 달려가는 도전과 성취를 지속해 나가도록 하는 것이 계명대학교 인성교육의 큰 목적이기도 하다.

2) 계명 캠퍼스에 담긴 인성교육적 가치들

(1) 담쟁이덩굴에서 배울 수 있는 정신

물 한 방울 없고 흙 한 줌 없는 식물이 살아가기에 척박한 곳을 기어 올라가는 담쟁이의 모습을 통해 도전과 개척정신을 찾아볼 수 있다. 식물이라는 생명 있는 것과 벽이라는 무생물이, 초록 색깔과 붉은 색깔이 함께 어울려 아름다움을 연출하는 모습을 통해 화합의 정신, 융합의 정신을 찾아볼 수 있다. 자기를 가로막는 절망의 벽을 원망하지 않고 오히려 푸름으로 바꾸면서 자신의 성장의 토대로 삼는 것을 통해 긍정의 정신, 사랑의 정신을 찾아볼 수 있다.

(2) 은행나무에서 배울 수 있는 정신

은행나무는 계명대학교의 교목이다. 은행은 2억년 이상 생존해 온 생명력이 탁월한 나무로서 병충해에 강한 나무이며 강인한 생명력과 조화의 정신을 상징한다. 하나이면서 두 개인 듯 하며, 두 개인 듯 하면서 하나인 은행잎의 모습은 대립과 갈등을 넘어 조화를 상징하는 것으로 자연의 지혜를 잘 보여준다. 다양성을 긍정하면서도 통일성을 성취하고, 통일성을 성취하면서도 다양성을 긍정하는 지혜로움을 상징하고 있고 융합의 정신을 상징하기도 한다.

(3) 항아리에서 배울 수 있는 정신

항아리는 물, 불, 공기, 흙, 장인의 정신이 함께 어울려 오랜 정성의 결과물로서 만들어진 것으로 계명대학교와 계명인의 역할을 상징적으로 잘 보여준다. 항아리는 음식을 숙성시키는 역할을 하는 것처럼 계명대학교와 계명인은 항아리처럼 자신의 지식을 잘 숙성시켜 사회를 위해 올바르게 사용하기를 요구한다고 볼 수 있다. 항아리가 음식물을 숙성시킬 수 있는 있는 것은 항아리의 내부가 외부와 밀폐된 것이 아니라 서로 소통할 수 있기 때문이라고 하는데, 계명인의 내면도 외부와 끊임없이 새롭게 소통함으로써 내면의 숙성을 도모할 수 있어야 한다. 숨 쉬는 그릇인 항아리는 나와 다른 것에 열린 태도, 열린 마음의 자세를 요구하며 나와 다른 것과의 창조적 만남, 융합의 정신을 요구한다고 볼 수 있다.

(4) 맷돌에서 배울 수 있는 정신

맷돌이 거친 음식을 먹기 좋은 것으로 만드는 역할을 하듯이 우리의 경험과 지식도 자신의 삶과 세상을 위해 유익한 것으로 만들어 갈 것을 요구한다. 거친 지식과 경험을 나의 이성의 맷돌로 갈면 살아 있는 지식, 경험이 될 수 있다. 맷돌에 음식을 집어넣더라도 갈지 않으면 소용이 없고, 아무리 맷돌을 갈더라도 내용물이 없으면 새로운 것을 가져올 수 없듯이, 그리고 "배우고 생각하지 않으면 어둡고, 생각하고 배우지 아니하면 위태하다." 처럼 배움과 사유가 항상 함께 해야 할 것이다.

(5) 우물모양의 석조물에서 배울 수 있는 정신

우물모양의 석조물은 성경에 연원하는 것으로 진리와 구원의 샘을 의미하며 계명의 정체성과 역사적 소명을 말해 준다. 그리고 또 다르게는 용비어천가에 나오는 '샘이 깊은 물'에 연유한 것으로 계명이 한국의 역사와 문화를 지키고 계승해 나가겠다는 의지를 표현해 주고 있다. 우물은 모든 생명을 길러내고, 물이 있는 곳에서 문화가 발생되며, 물이 있는 곳에서 모든 생명들이 모일 수 있는 장소가 될 수 있다는 점에서 우물은 계명의 정체성과 역사적 소명을 말해 주고 있다.

3) 계명정신 실천덕목의 인성교육적 의의

계명대학교는 세계적인 금융위기의 여파로 국내외 경제 여건이 어려웠던 2009학년도부터 '청정절융(淸正節融)' 곧 청결(淸潔), 정직(正直), 절약(節約), 융합(融合)을 계명정신의 생활실천덕목으로 학사운영과 대학생활 전반에 걸쳐 구성원 모두가 이를 실행에 옮기려고 노력하고 있다(빛을여는계명인편찬위원회, 2014). 청정절융은 계명 인성교육에서 중요하게 다루어야 할 덕목이라 할 수 있다. '청정절융'이라는 생활실천덕목은 거슬러 올라가면 계명대학교 창립의 모태가 된 미국 북장로교회의 청교도적 세계관과 윤리에 바탕을 두고 있다(빛을여는계명인편찬위원회, 2014). 이를 조금 더 구체적으로 살펴보자.

(1) 청결(淸潔, cleanliness)

청결은 '해맑고 깨끗함'이란 뜻으로, 불순물이나 잡다한 요소가 개입되어 있지 않은 상태를 가리키며 우리의 몸과 마음은 물론, 주거공간과 생활주변, 먹을거리, 공공장소, 나아가 자연 및 지구 환경 문제에까지 두루 적용된다(빛을여는계명인편찬위원회, 2014). 우리 계명인이 신경 써야 할 청결은 마음의 깨끗함이지만, 마음의 청결과 외부 환경의 청결은 별개의 것이 아니다. 마찬가지로 계명대학교 캠퍼스의 외면적 아름다움과 청결한 모습은 우리 계명인의 내면의 아름다움과 청결로 거듭 나타나야 한다. 외면적인 아름다움과 청결이 소중한 이유 중의 하나는 그것이 우리로 하여금 아름다움 자체와 내면의 청결을 갈망하고 실현할 수 있도록 도와주기 때문이다. 우리가 얼굴을 씻을 때, 거울을 볼 때, 주변을 정리할 때 기계적, 습관적으로 청결을 도모하는 것이 아니라 우리 마음의 청결까지 살피는 자기 성찰의 계기로 삼는다면 외부의 청결과 마음의 청결은 항상 함께 할 것이다.

(2) 정직(正直, honesty)

정직은 마음에 꾸밈이나 거짓이 없이 바르고 곧음을 뜻한다. "정직이야말로 최선의 방책이다(Honesty is the best policy)"라는 말처럼 정직의 가치는 많은 거짓과 기만이 펼쳐지는 현대인의 삶 속에서 그 중요성이 날로 더 높아가고 있다. 거짓은 더 큰 거짓을 낳을 따름이며, 작은 것을 얻는 대가로 더 큰 소중한 것을 잃게 되기도 한다. 양심에 충실하고, 타인과의 관계에서 정직할 때 정직은 신뢰와 믿음이라는 더 큰 자산을 우리에게 제공해 준다. 정직은 자기 사랑의 실천일 수 있으며 또한 타인을 기만하지 않는 타인을 존중하는 태도로서 인간관계를 풍요롭고 올바르게 정립시켜 주기도 한다.

(3) 절약(節約, frugality)

절약은 '함부로 쓰지 않고 꼭 필요한 데에만 써서 아끼는 것'을 뜻하는 말로, 에너지와 물자 및 재화의 남용으로 말미암아 부존자원이 날로 고갈되어 가고 환경오염과 빈부격차가 갈수록 심해져가는 지금, 우리 인류의 삶에서 매우 중요한 실천덕목의 하나라 할 수 있다(빛을여는계명인편찬위원회, 2014). 절약 생활은 가깝게는 무절제한 과식을 피해 개인의 건강을 도모하고, 나아가 자원의 남용과 무리한 개발로 신음하고 있는 지구 생태를 살리는 차원의 문제와도 연관되어 있다. 사회가 양극화되어 상대적 박탈감이 더 큰 고통을 초래한다는 점에서 절약을 생활화해 과소비하지 않는 것은 소외된 타인을 배려하는 사랑의 행위가 될 수도 있다. 절약 생활로 생긴 시간과 돈이나 물자를 가난하고 필요한 이웃을 위해 뜻깊고 유용하게 쓸 수 있다는 점에서 일거양득의 효과가 있을 수 있다. 일상생활 속에서 절약을 실천하는 습관을 지닌다면 물질에 대한 의존도를 낮추게 되어 외적인 물질적 환경에 의해 자신의 행복과 자유로움이 크게 휘둘리는 일을 막을 수 있다.

(4) 융합(融合, fusion)

융합은 '서로 다른 종류의 것이 녹아서 구별이 없이 하나로 되는 것'을 뜻하는 말로, 각 개별 요소의 단순 총합보다 더 큰 시너지 효과의 창출을 지향한다. 근년에 들어와 학제간의 연구를 통한 새로운 창조와 효율성 제고, 조직의 생산성 향상, 그리고 공동체의 유익 달성 등을 위해 융합이란 말이 각 분야와 각계각층에서 전방위적으로 사용되고 있다(빛을여는계명인편찬위원회, 2014). 융합의 정신을 생활 속에서 더 잘 발휘하기 위해서는 나와 다른 것에 열린 태도, 열린 마음의 자세가 필요하다.

3장

인성을 행하다

우리가 살고 있는 '현대'라는 이름을 가진 사회의 곳곳에서는 비극적인 인성파괴 현상이 나타나고 있다. 하루가 멀다 하고 뉴스에 등장하는 묻지마 범죄, 학교 폭력, 인간관계 파괴, 자살 사건 등은 현대인의 삶이 불행하다는 생각을 그대로 보여주고 있다고 해도 과언이 아니다.

또한 자녀 사이에 소통이 사라지면서 가정교육이라는 단어가 자취를 감췄고, 학교는 인성교육 실천의 장이 되기보다는 인성이 파괴되는 장이 되어 가고 있다. 거의 매일 살인 사건이 일어나고 잔인하고 몰인정한 행동을 하는 가해자가 아직은 소수라고 하지만 나머지 사람들은 그런 비인간적인 행동을 보고서도 못 본 척하는 방관자가 되었다.

인성파괴의 원인은 현대사회의 물질주의, 기계주의, 권위주의, 능력주의, 효율주의 등이 비인간화를 초래하기 때문이라는 등 다양하게 제기되고 있다. 그러므로 이러한 사회를 변화시키고 진정한 행복을 찾기 위해서는 파괴된 인성의 회복이 필요하고, 인성의 회복은 행함으로 연결되어야 한다. 따라서, 우리는 행함으로 연결된 계명대학교 인성교육의 사례를 찾아보고자 하며 그 선택의 기준과 방향성은 아래와 같다.

- 계명의 역사 속에서 드러난 정신을 찾고, 거기에 기초해 계명 인성교육의 방향을 찾을 수 있어야 한다
- 계명의 탄생과 발전에 도움을 준 인물들의 개척정신과 봉사정신을 통해 계명 인성교육의 방향을 찾을 수 있어야 한다
- 계명의 교육이념, 교육목적 속에서 계명 인성교육의 방향을 확인할 수 있어야 한다
- 계명정신을 통해 계명 인성교육의 역사와 방향을 찾을 수 있어야 한다
- 계명정신의 실천덕목에서 계명 인성교육의 방향을 찾을 수 있어야 한다

계명대학교 인성교육의 사례는 크게 두 개의 카테고리로 정리 하였다. 첫 번째 카테고리는 앞 장에서 소개한 계명대학교의 창립 정신 및 교육 이념에 근거하여 기독교 정신, 개척정신, 봉사정신, 학문적 탁월성, 실천 덕목으로 나누어 계명대학교에

서 발행한 계명 신문(1950년대-2017년도까지) 기사를 중심으로 목록을 정리하여 계명대학교 인성교육의 발자취를 따라가 보았다. 두 번째 카테고리는 계명대학교 인성교육이 남긴 발자취를 따라 걸어가면서 우리는 다음 세대를 위해 어떤 발자국을 남기고 있는지를 살펴보았다.

1. 계명대학교 인성교육의 발자취

사례 중심으로

1) 기독교 정신을 행한 사례

기독교 정신에 관한 사례 조사는 교수와 학생의 기독교 정신에 관한 학문적인 연구, 계명대학교의 구성원의 입장에서 인식한 기독교 정신 등을 주제로 하여 이루어졌다.

발행일	기사 제목
1957년 5월 26일	내가 느낀 기독애 (영문3, 김기대)
1963년 4월 30일	기독대학생의 이메지
1964년 4월 15일	존재 목적을 잃은 기독대학
1965년 6월 23일	종교심포지움 참관기 (영문2, 윤덕수)
1965년 10월 8일	그 나라와 그의 의를 위하여 (동문코오너, 동창회 총무 박이식)
1966년 12월 16일	목표달성과 사회 공헌 (철학4, 홍순우)
1967년 2월 24일	박애와 정의는 계명의 이념
1967년 10월 16일	이 시대에 사는 기독교 대학 (사설)
1969년 6월 2일	올바른 계명상 확립을 위한 제언 - 생활의 중심 확립 (영문3, 이종찬)

발행일	기사 제목
1971년 2월 1일	대학은 우리의 주변이 어두울 때 더 빛을 발해야 한다 (신년사)
1973년 3월 1일	기독교 정신에 입각한 설립취지 살려 (학장 신태식 박사)
1975년 10월 21일	공동체의식을 위한 기독교의 입장 (교육대학원 사회교육전공, 유정득)
1976년 11월 9일	기독교 대학이 지향하는 '대학교육의 효율적인 교육과제' (교목, 최성찬)
1977년 11월 15일	기독인의 신앙과 가치관 (어문, 김종환)
1978년 3월 28일	캐노시스적 만남 (철학3, 장영일)
1981년 3월 24일	계대가 계대인 것은 (국문 4년, 임상하)
1981년 9월 29일	역사의식과 기독교의 책임
1983년 2월 22일	이웃을 사랑하리라 (기악4, 박경숙)
1983년 3월 2일	창학정신에 비친 기독교I (신학, 최성찬교수)
1983년 3월 8일	창학정신에 비친 기독교II (교육학, 이형득교수)
1987년 3월 24일	진리와 정의와 사랑의 나라를 위하여 (서양화3, 윤희숙)
1987년 5월 26일	기독교대학으로서 계명대학의 나아갈 길
1996년 5월 7일	아세아지역 기독대학연합회 창립 20주년 기념행사
2007년 5월 21일	기독교적 창학정신을 근본으로 창조적 교육의 역할 다하길
2008년 3월 16일	기독교학(신학)의 전문성과 일반성
2009년 5월 25일	진리와 정의와 사랑의 정신
2010년 11월 21일	계명인은 어떤 시각을 가질 것인가?
2015년 11월 23일	우리 학교, 추수감사절 맞아 각종 나눔 행사 가져
2017년 3월 13일	안두화 기독교 정신의 대학을 설립하다
2017년 10월 16일	종교개혁 500주년 기념 강연 및 예배
2017년 11월 6일	종교개혁 500년을 되돌아보다

▶1973년 3월 1일

기독교 정신에 입각한 설립취지 살려 전보다 더 분명한 사명감 가져야

대학의 교육은 사회에 공헌하는 데 있지만, 그 공헌이 사회 구성원들의 의식주 개선에만 한정된 것이 아니다. 계명대학교의 교육은 기독교 정신에 바탕을 두고 있으며, 그 정신은 초월적인 가치를 추구하는 데 있다.

학장 신 태 식 박사

전보다 더 분명한 사명감 가져야

기독교 정신에 입각한 설립취지 살려

▶1987년 5월 26일

기독교대학으로서 계명대학의 나아갈 길

계명대학교는 기독교 대학으로서 사회에서 빛과 소금의 역할을 잘 감당해 왔으며, 기독교 대학으로서 “의와 진리와 사랑”을 수업 과정을 통해 잘 드러내 왔다. 계명대학교의 특징으로는 학문의 탁월성과 도덕적 우월성이라고 볼 수 있으며, 지역사회를 위해서 많은 공헌을 해 왔다. 앞으로 교육, 연구, 그리고 봉사로 사회에 더 이바지해 나가야 할 것이다.

창간 30주년 기념 특별좌담

기독교 대학으로서 계명대학의 나아갈 길

의와 진리와 사랑의 올바른 정립으로 30여년 전에 뿌린 씨앗 이젠 그 열매 거둘 때

▶1996년 5월 7일

아세아지역 기독대학연합회 창립 20주년 기념행사

ACUCA는 아시아 지역 유수의 기독대학들이 국제화시대에 기독대학의 사명을 다하고, 국제적 경쟁력을 갖추기 위해 1976년에 창립되어 회원대학간 교수, 학생들을 위한 다양하고 유익한 교류프로그램을 운영하고 있다. 현재 아시아 지역 7개국 55개 기독대학 연합으로 구성되어 있으며, 매년 교환학생 프로그램, 학생 교류 캠프, 총회, 상임이사회 개최 등의 주요사업을 수행하고 있다. 계명대는 1995년에 이어 2010년 다시 ACUCA의 회장교로 선출 되었으며, 우리나라에는 계명대, 서강대, 숭실대, 연세대, 이화여대 등 10개교가 회원교로서 활동하고 있다. 계명대학교는 한국을 넘어 아시아 지역의 대표적인 기독교 정신을 이어가는 학교의 역할을 충분히 감당하고 있다.

아세아지역 기독대학연합회 창립20주년 기념행사

고등교육 발전, 기독교정신 바탕·상호이해 증진장 마련

아세아 지역 기독대학연합회(ACUCA) 창립 20주년 기념 행사 및 제11차 총회를 지난달 26일부터 27일까지 우리학교 주관으로 성서 바우어관 시청각실, 본관 대회의실, 대명동 시청각실에서 열렸다.

26일 성서 바우어관 시청각실에서 정신문화연구원 원장 이영덕 박사가 '고학력 기독교인의 세계화와 지역적 관련(Globalization and local Relevancy of Christian Higher Education)'이라는 주제로 기조연설을 가졌고 성서 영상비디오실에서 '나부꼬'를 감상했다. 마지막날 27일은 학생대표단 주최 음악 워크샵이 대명동 시청각실에서 국가별 민속무용과 민속음악 소개가 있었다.

한편, 1976년도에 아세아지역 고등교육 발전과 기독교 정신을 바탕으로 상호이해증진과 협력을 목적으로 창설된 아세아지역 기독대학 연합회 회원교는 7개국가(한국, 일본, 대만, 홍콩, 태국, 필리핀, 인도네시아) 36개 기독대학이 있고 한국은 우리학교, 연세대, 이화여대, 서강대, 숭실대, 한남대, 전주대, 효성가톨릭대가 회원교로 등록되어 있다. 이번 총회에서는 회원교 36개대학중 34개 대학과 비회원교 2개교(인도네시아, 필리핀)가 참가했고 회원국 및 각 회원교 대표단으로 총 1백22명(대표자 61명, 학생 61명)이 우리학교를 방문했다

이정훈 기자

▶2015년 11월 23일

우리학교, 추수감사절 맞아 각종 나눔 행사 가져

예수의 섬김과 사랑의 가르침을 실천하고 있는 대표적인 사례이다. 특히, 계명대학교의 대학교회는 학원선교와 이웃 섬기기를 위한 창립 목적에 따라 부활절, 추수감사절, 성탄절 등 절기 헌금 전체를 불우한 이웃에게 전달하는 등 어려운 이웃 돌보기에 앞장서고 있다.

지난 12일 두류 1·2동 주민센터 일대에서 우리학교 학생 및 교수들이 '사랑의 연탄 나눔' 행사를 진행하고 있다.

우리학교, 추수감사절 맞아 각종 나눔 행사 가져

달서구 저소득 계층 가구에 김장, 쌀, 연탄 전달

지난 12일 (사)계명1%사랑나누기, (사)계명문화1%사랑의손길, (사)동산의료선교복지회가 추수감사절을 맞아 '2015학년도 2학기 계명가족추수감사예배'와 '사랑의 김장·연탄 나누기' 행사를 가졌다.

2015학년도 2학기 계명가족추수감사예배는 우리학교와 계명문화대학교의 학생 및 교수가 참석한 가운데 찬송, 성경봉독, 말씀 등으로 진행됐다. 이날 예배에서 정순모 법인이사장은 "우리재단의 교수와 학생들이 하늘에 감사한 사람으로서 매 순간 최선을 다해 생활하며 학교 발전에 이바지하기를 바란다."고 말했다.

이어 2부 행사로 진행된 '2015 계명1% 사랑의 김장나눔'을 통해 세 기관은 김장김치와 쌀을 각각 4kg씩 담아 총 8백70개를 신당종합사회복지관, 성서종합사회복지관, 달서구다문화가족지원센터 등 10여개의 기관에 전달했다. 또한 두류 1·2동 주민센터 일대에서 '사랑의 연탄나눔' 행사를 열었는데, 세 기관은 연탄 1만장과 석유 1천1백60리터를 달서구 지역의 저소득 소외계층 가정에 나누었다. 이날 (사)계명1%사랑나누기에서는 달서구청에 연탄구입기금 1천5백만원을 기부하기도 했다.

신일희 총장은 "우리학교는 외국인 선교사들의 나눔과 봉사의 실천으로 창립되었고, 그 뜻을 계승해 어려운 이웃을 위해 나눔과 봉사를 베풀어 감사의 마음을 전해야 한다."고 전했다.

이연희 기자 lyh142779@kmu.ac.kr

2) 개척정신을 행한 사례

개척정신에 관한 자료 조사는 사회 구조의 변화에 대한 의식의 전환 요구, 대학생의 열정과 노력으로 성과를 거둔 수상 소식, 전공의 특성을 살린 도전 정신, 미개척 분야에서 개척자의 역할을 감당한 계명인 등을 주제로 하여 이루어졌다.

발행일	기사 제목
1958년 2월 10일	한국농촌은 발전할 수 있다 (철학4, 이명신)
1966년 3월 30일	계명인으로 성숙되면서 (수학2, 신동수)
1966년 6월 18일	불평등 (가정학 부교수, 허필숙)
1966년 9월 13일	계명을 만드는 사람이 되자 (사설)
1966년 12월 16일	고난을 모르는 하나님의 딸 (이명신 동문)
1968년 4월 15일	계명전통론 – 진정한 생의 가치관은 성실과 근면
1969년 5월 1일	올바른 계명상 확립을 위해 (영문2, 김병호)
1970년 9월 16일	바람직한 두 개의 정신적 요소
1972년 3월 7일	신앙의 바탕위에 대학생활을 설계했으면 (영문4, 한인숙)
1973년 1월 15일	도덕적 정신을 창조적으로 이끄는 것이 중요 (영문4, 하성규)
1973년 3월 1일	보람된 대학시절 (국문2, 김태자)
1974년 3월 1일	지리산 적설기 등반을 마치고 (회화2, 문창식)
1974년 6월 1일	마라톤에도 우먼 파워 (밀물썰물)
1974년 6월 15일	태백산맥 횡단 전국등반대회 속에서 (영문2, 전상무)
1976년 3월 30일	계명성–창조적인 사람이 되자
1976년 5월 25일	피흘리면서 뛰는 젊은이 (밀물썰물)
1976년 5월 25일	백만인 모금 걷기운동을 참가하고 (관광1, 남은숙)
1976년 9월 7일	조국순례 대행진을 마치고 (무역3, 윤상철)
1976년 11월 30일	세계적인 인간이 되자 (사설)
1977년 5월 31일	지방 유일의 전국 규모, "계명 오페라단"
1978년 3월 28일	인간, 만남 속에서의 관계 (영문2, 박정애)
1978년 5월 16일	사명적 자아의 탄생 (국문2, 정철주)

발행일	기사 제목
1979년 3월 20일	창조적 인간 (일어교육2, 박경수)
1979년 5월 22일	젊음, 진리, 정의 (우리들의 광장, 무역2, 박종만)
1980년 3월 18일	역사의 주인은 당신과 나 (경영학 2년, 김영규)
1981년 3월 24일	계명인의 자세 (대학원, 김성국)
1981년 9월 15일	남 · 녀 동등과 여성교육
1982년 5월 18일	계명정신과 계명역사(계명성)
1983년 2월 22일	그리스도의 진리와 정의와 사랑의 나라를 위하여 (영문4, 김은일)
1983년 3월 15일	세계로 뻗어가는 계명학파를 위하여 (독문1회 졸업, 김중순)
1983년 6월 28일	계명 유도를 세계에 빛낸 장한 얼굴 (김재엽 · 박은도 선수)
1984년 3월 13일	대학의 본질과 대학인의 사명 (교육4, 한상철)
1984년 3월 27일	계명의 얼을 전수하자
1984년 3월 27일	가치관 확립을 위한 방안 모색 (회계3, 김태호)
1984년 5월 22일	어둠을 밝히는 계명인 되자 (영문2회 졸업, 이종호)
1984년 9월 4일	내가 밟아 본 우리의 땅덩이 (영문3, 문향라)
1985년 9월 10일	자전거 전국일주를 마치고 (경영1, 전태진)
1985년 9월 24일	정상을 향한 발돋움 (수학3, 곽상권)
1985년 11월 19일	여학생, 참여의식 높아져야
1985년 11월 26일	지식인으로서 여성의 자기인식
1986년 2월 18일	한다면 된다는 신념으로 (수석졸업자 신정숙, 가정관리학)
1986년 3월 11일	진리를 추구하는 계명인이 되자
1986년 11월 4일	참 가치관 (국문1, 권진희)
1986년 12월 2일	패기 있는 젊은이
1987년 3월 24일	대학의 본질이란 무엇인가? – 신입생을 위한 제언 (경제3, 박노원)
1988년 3월 8일	의미 있는 대학생활을 위하여
1996년 3월 19일	3 · 1절 마라톤대회 본교생 1, 2, 3위 입상
1996년 4월 16일	전국 남녀 양궁 종별 선수권 대회 열려
1996년 5월 7일	96대통령기 야구대회서 본교 3위 입상

발행일	기사 제목
1996년 5월 21일	미 사우스 배일로대와 병합 분교 설립
1996년 8월 26일	본교 산악부, 졸업생 가셔브롬 II 원정 성공
1996년 9월 16일	러시아 쌍뜨 빼쩨르부르크의 생활을 마감하면서 (이승현, 미국학 · 92)
1996년 11월 11일	'속도위반' 팀, 자작 자동차 경주 대회 우승
1997년 2월 17일	전국 최초 CCIS주관 대학으로 선정
1997년 2월 17일	김소희 선수를 만나 – 허리 부상 불구 금메달 수상
1997년 9월 1일	북한동포 돕기 운동 전국 순례단을 다녀와서
1997년 9월 8일	황상호씨, 세계레슬링 선수권대회 은메달 획득
1997년 11월 24일	본교 안장식 군, 제16회 대한민국 건축대전서 대상
1998년 9월 14일	수중 탐험대, 수중경기대회 준우승
1999년 2월 22일	안상미(체육학1) 양 금메달 휩쓸어
1999년 3월 8일	태권도학 3년 이승언씨를 만나 고교 졸업 19년만에 대학 입학
1999년 9월 13일	〈호주 연수기〉 스무살의 성년식 – 모든 일의 소중함을 알게 해 준 뜻 깊은 시간
1999년 9월 20일	〈미국 연수기〉 미국 플로리다주 사법 연수를 다녀와서
1999년 10월 4일	〈이태리 여행수기〉 "패션 왕국: 이태리를 다녀와서…"
2000년 3월 13일	우리 학교 산악부 히말라야 원정
2000년 3월 20일	안상미 '세계 쇼트트랙 대회'서 여자부 3000m 우승 개인 종합 부문에선 종합 2위 차지
2000년 5월 15일	산악부 초오유 정상 등정 – 지난 8일 7시간 사투 끝에 등반에 성공
2000년 5월 29일	국내 최초 마라톤 피아노 콘서트 개최
2002년 10월 7일	소호창업의 전도사 김영문 교수
2003년 3월 3일	조선일보 신춘문예 시 부분 당선자 천수호 씨
2003년 3월 3일	문화 세계화에 앞장서는 한국문화정보학과
2003년 4월 7일	발전을 위한 끝없는 시도와 노력
2003년 4월 14일	벤처창업보육사업단 '2003년 창업강좌 기관'으로 선정
2003년 9월 1일	"발상의 전환이 오늘의 나를 있게 했다"
2003년 9월 1일	상뜨 빼쩨부르크 국립대학에서의 1년

발행일	기사 제목
2003년 12월 1일	대구 · 경북지역 교사 대상 '제8회 계명교사상' 시상식
2006년 8월 26일	다양한경험을 통해 의미있는 하계방학 보내기
2006년 11월 5일	스프리스CF 동영상 공모전 – 이지은 · 임현숙(애니메이션 · 3) 대상
2006년 12월 3일	제 8회 금호타이어 엑스타 대학생 광고 공모전 신용운(시각디자인 · 3), 전영근(시각디자인 · 2), 정유진(시각디자인 · 3)씨 TV–CM부문에서 우수상
2006년 12월 3일	ca–dra팀, '2006 CASS challenge' 에서 1등
2007년 4월 12일	자동차 동아리 '속도위반', 美 자동차대회에 국내 단독 출전
2007년 1월 5일	우리대학, 교육품질 향상을 위해 3C운동 전개
2007년 2월 26일	지역 최초 대규모 B–boy댄스 경연 우리대학서 열려
2007년 2월 26일	연극예술과, 전국규모 대학연극제서 연이어 본선작에 선정
2007년 3월 25일	김상홍 교수, 실버원정대 최종선발
2007년 5월 7일	제 7회 대한민국안경디자인 공모전서 금상 수상
2007년 6월 3일	'제 2회 대학생철도차량 디자인 공모전'서 은상 수상
2007년 12월 2일	신성배(광고홍보학 · 07졸업)씨, 다수의 공모전서 5개상 휩쓸어
2008년 1월 11일	'해장국'팀, 제2회 청정넷 영상광고 공모전서 3위 입상
2008년 3월 3일	'보건복지부 제 1기 금연서포터즈'
2008년 4월 27일	전공 과목에 대한 깊이 있는 공부, 국외문화탐방
2008년 4월 27일	세상을 나름의 박자대로 사는 이들의 이야기, '엇박자D'로 제 2회 김유정문학상 수상
2008년 7월 17일	실버원정대 부대장 김상홍 교수, 에베레스트 등정기 발간
2008년 7월 18일	마나마나팀, '2008 대한민국대학생광고경진대회(KOSAC)' 대구 · 경북 지역예선에서 금상 수상
2008년 9월 1일	"2년동안 세계 자전거여행을 떠납니다. 많이 응원해주세요."
2008년 9월 1일	외국인 친구들 사귀면서 공부도 열심히 할래요
2008년 9월 7일	'2008 중소 벤처 창업 경진대회' 최우수상 수상
2008년 9월 21일	"다양한 경험이 저의 수상 비결입니다"
2008년 9월 21일	상식 깬 아이디어와 도전정신으로!
2008년 10월 19일	수성구청장기 유도대회 (경찰행정학과 유도동아리 '불멸', 대학 · 일반 단체전에서 우승과 준우승)

발행일	기사 제목
2008년 11월 16일	"독립영화 중심도시 대구를 만들고 싶어요"
2008년 11월 16일	'나다움'을 찾아가는 활동
2009년 3월 29일	마음 맞는 사람과 한다면 무엇이든!
2009년 5월 25일	미국 중서부 최대 규모의 화랑 '윈드 갤러리' 운영
2009년 5월 25일	"목표를 향해 노력하는 자세를 배웠어요"
2009년 6월 7일	"제 이름이 하나의 브랜드 가치를 가지는 날까지 노력할 거예요"
2009년 6월 7일	'전국대학에어로빅스축제' 태권에어로빅스 단체 부문에서 금상 수상
2009년 9월 27일	영삼성 캠퍼스 베스트퍼포머를 수상한 김민주(시각디자인 · 4) 씨
2009년 10월 11일	임수민(국제관계학 · 3) 씨, 미국학술지 JAPSS에 논문 게재 확정
2009년 11월 15일	배장호 씨 외 4인 제1회 GBTV UCC 공모전 최우수상 수상
2009년 11월 22일	지역개발 관광정책 대학생 아이디어 공모전 금상 수상, 애플 팀
2009년 12월 6일	'제10회 컴퓨터음악 및 음향 공모전' 수상자 김의영 씨
2009년 12월 6일	2009학년도 국제 및 국내 대회 우수 입상자 격려행사
2010년 3월 1일	제1회 대학생 그린캠퍼스 아이디어 공모전 최우수상을 수상한 녹두마마팀
2010년 4월 11일	GTEP 사업단 성과발표 대회, 한국무역회장상 수상한 김혜인(중국학과 · 4)씨
2010년 5월 2일	'쌍용차 디자인 공모전'에서 대상 수상한 박재용(산업디자인과 · 4) 씨
2010년 5월 16일	마운틴듀 대학생 마케팅 공모전 최우수상 수상한 파닭팀
2010년 5월 30일	동아콩쿠르 한국무용부문 은상 수상 류수민(무용학 · 3) 씨
2010년 6월 6일	'제30회 대구건축대전'에서 대상 수상 배춘근(건축학 · 5) 씨
2010년 8월 30일	제3회 전국 학생음악경연대회 대상 수상한 박지훈(성악 · 4) 씨
2010년 9월 12일	'제5회 상화문학제 백일장'장원 강은지(문예창작학 · 3) 씨
2010년 10월 3일	'제9회 전국대학생비즈니스 프레젠테이션 경진대회' 대상 수상, 마나마나팀
2010년 10월 3일	전국대학대항육상경기대회 1만미터 달리기 부문 우승 유대영(사회체육학 · 3) 씨
2010년 10월 31일	2010 대한민국 인재상 대통령 표창 수상한 김도윤(경영학 · 4) 씨
2010년 11월 21일	'제19회 전국무용제'서 대통령상 수상한 김현태(무용학 · 98학번)동문

발행일	기사 제목
2010년 12월 5일	'제10회 자율주행자동차 경진대회'서 우리학교 학생팀 열정상 수상
2011년 9월 4일	'제26회 중국 선전 하계U대회' 사이클 금메달을 딴 구성은(체육학 · 박사과정) 씨
2011년 10월 2일	'제2회 Oracle Database Championship' 정승철(컴퓨터공학 · 4) 씨 대상 수상
2011년 11월 9일	'제1회 CISP 스포츠 아이디어 기획 공모전'호텔관광학과 식스센스 팀 대상
2012년 4월 30일	우리학교, 아프리카와 교류 본격 추진
2012년 5월 27일	국토해양기술대전 서포터로 활동 중인 김소망(건축공학 · 3) 씨를 만나
2012년 6월 13일	여름방학 미국의 여러 기업과 문화를 탐방하게 될 글로벌커리어스쿨 5기 하영근(경영학 · 4) 씨
2012년 9월 18일	K.C.G팀 청년창업캠프 경진대회서 대상 수상
2012년 10월 30일	"Ilhyun Travel Grant 2012" 최우수상을 수상한 배윤주(영상애니메이션학 · 4) 씨
2012년 11월 28일	'Youth Leader's Forum 포스터 공모전'서 1위를 차지한 코이즌 팀
2012년 12월 5일	뮤직프로덕션과 파사(PASSA) 팀 MBC 대학 가요제 은상 수상
2012년 12월 5일	'제33회 서울무용제' 한국무용부분 남자연기상을 수상한 김경동(무용학 · 06학번) 씨
2013년 3월 6일	'스파크 디자인 어워드'에서 대상을 차지한 스파르탄 팀
2013년 9월 4일	제1회 하트드림페스티벌 금상, 판타스틱스팀
2013년 9월 11일	현대백화점 Creative Festival 수상 K.C.G팀, T.N.T팀
2013년 9월 24일	경북 PRIDE 상품 마케팅 대회 대상 Team. Brilliant의 박성민 씨
2013년 9월 24일	제21회 대구신인무용콩쿠르대회 한국무용창작부문 대상 이수민 씨
2013년 11월 5일	별의별 상상 공모대회 1위 홍성덕 씨
2014년 3월 12일	교직원 마라톤팀, 도쿄 국제마라톤대회 풀코스 완주
2014년 3월 12일	탐앤탐스 광고공모전 대상, '핫식스'팀
2014년 9월 2일	DIMF 프로덕션상 수상한 연출자 조예지(연극예술 · 2) 씨를 만나
2014년 9월 22일	청도 송전탑 공사 반대 현장 다큐멘터리 제작, KPI 박지영 대표
2014년 9월 22일	제21회 문학동네 신인상 수상, 이나리(문예창작학 · 04) 동문
2014년 10월 13일	제14회 일본어연극제 최고연기상 수상한 이혜림 씨
2014년 11월 3일	제69차 유엔총회 제3위원회에서 발언문 발표한 박예지 씨

발행일	기사 제목
2014년 11월 24일	오페라 'Cosi Fan Tutte' 주연 맡은 소프라노 이주희 동문
2014년 12월 10일	제5회 롯데 아이디어 공모전 금상 수상, 신유수 씨
2015년 3월 10일	고개를 끄덕이게 하는 디자인 (미국 스파크디자인어워드 대상 수상 정은지(산업디자인 · 11학번)
2015년 4월 7일	인성적 소양 겸비한 인재 양성에 주력
2015년 5월 18일	변화를 원한다면 끊임없이 도전하세요!
2015년 8월 31일	분야를 넘나들며 재능을 펼치다 ('2015 현대극페스티벌' 작품상, 연기상 동시 수상자 안재범 교수)
2015년 9월 21일	K-STAR 인증 프로그램, 계명의 인재를 발굴하다
2015년 11월 23일	건강한 짠맛을 내는 천연물 ('천연물 염미성 펩타이드' 개발자, 식품가공학과 정용진 교수)
2015년 12월 8일	사회적인 문제를 해결하는 디자이너
2016년 3월 7일	대한민국의 건강 날씨를 예보하다 (언론영상학전공 학생들 '나트륨 줄이기 아이디어 공모전' 수상)
2016년 3월 7일	영화 '히말라야'와 우리학교 산악부
2016년 6월 7일	필드 안의 반짝이는 행복을 찾아내다
2016년 8월 30일	청춘들을 위한 맞춤형 여행상품을 만들다
2016년 9월 26일	두 개의 작은 바퀴로 대한민국을 누비다
2016년 11월 7일	젊은 엔지니어 4인이 개발한 전망있는 기술
2016년 11월 21일	창업 꿈꾸는 후배들에게 등대가 되고파
2016년 11월 21일	서정을 가곡으로 그려내다 ('대학생 창작가곡제' 대상 수상, 일반대학원 음악학 김태양 씨)
2017년 3월 13일	젊은 성악가들의 뜨거운 열정! 대구에서 시작되다
2017년 4월 3일	창업 전선에 뛰어든 선배들을 만나다(젊은 농촌 사업가, 박재현 씨)
2017년 9월 6일	강용하 씨, '제28회 텍스타일 디자인대전' 대통령상 수상
2017년 9월 11일	노력으로 빚은 완벽한 몸짓, 발레리나 나해윤 씨('2017 KBS부산 무용콩쿠르' 문화체육관광부 장관상 수상)
2017년 11월 6일	8년의 습작기 딛고 등단한 작가 임수현
2017년 11월 20일	독일에서부터 시작될 세계를 향한 날갯짓
2017년 11월 20일	반짝이는 아이디어로 보행자 사고를 예방하다 (창의적 종합설계 경진대회서 3등상 수상한 '메카닉스' 팀)

▶1966년 12월 16일

고난을 모르는 하나님의 딸

이명신 동문은 기독교가 뿌리내리기 어려운 농촌지역에서 교회를 세우고, 공교육의 기회를 갖지 못하는 농촌의 아이들에게 교육의 기회를 제공하며 농촌에서 희망과 새로운 삶의 가능성을 열어주는 일을 온갖 어려움과 고난에도 불구하고 극복하며 진행하고 있다.

▶1976년 5월 25일

피 흘리면서 뛰는 젊은이

마라톤 대회에 100여 명의 학생들이 참여했다. 스쿨버스를 동원해서 응원하는 가운데, 한 학생은 뜨거운 바닥 열에 피가 나는 발을 가지고도, 끝까지 역주하여 갈채를 받았다. 끝까지 포기하지 않고 도전하는 젊음의 정신이 돋보였다.

▶1977년 5월 31일

지방 유일의 전국 규모, "계명 오페라단"

대구에서 무대종합예술인 오페라를 처음 시도했던 계명대학교가 "계명 오페라단"을 발족시켰다. 지방이라는 악조건, 국가의 특별한 지원도 없이 창단한 계명 오페라단은 지역 시민사회에 고품격의 음악예술을 선사할 것이다. 계명 오페라단의 창설은 지역사회의 문화 융성을 위한 새롭고 도전적인 시도이다.

(제305호) 계 명 대

지방 유일의 전국 규모 「계명 오페라단」

지방에서는 처음으로 전국을 무대로 활동하게 될 「계명오페라단」이 본대학 음악학부 「오페라단」을 모체로 창단되었다. 지방 음악인 (본대학 교수, 강사, 음악학부 졸업생)들로만 구성이 된 이 「계명오페라단」은 지난 23일 오후 7시 본대학 대강당에서 창단식을 가졌다. 이 창단식에는 오 현명 국립오페라단장, 김 자경 김자경오페라단장, 조상현 한국음악협회 이사장등 전국의 음악인 50여명이 참석하여 「계명오페라단」의 창단을 축하했다.

해외 인기작품에 대한 번역상의 문제점

많은 뿌리를 내린 「뿌리」

▶1996년 4월 16일

전국 남녀 양궁 종별 선수권 대회 열려

우리학교 양궁부는 1978년 창단 이후 전국 규모와 세계 규모의 큰 대회들에 출전하며 좋은 결과를 얻었다. 우리나라 양궁계를 빛낼 선수들을 배출하여 주목받고 있으며 현재 양궁부 선수들이 양궁 국가대표선수가 되기 위해 열심히 훈련에 임하고 있다. 특히, 학교의 전폭적인 지원과 학생들의 도전 정신은 2016 리우 올림픽 2관왕 장혜진 선수를 배출하는 성과까지 거두었다.

전국 남녀양궁 종별 선수권대회 열려

본교 남·여 대학부 단체종합 준우승

제30회 전국 남녀 양궁 종별 선수권대회가 지난 3월 26일부터 28일까지 경북 예천 양궁경기장에서 열렸다.

이 대회에서 본교는 남자 대학부 단체전 종합 준우승, 여자 대학부 단체전 종합 준우승이라는 좋은 성과를 거두었다. 개인전에서는 ·남자 대학부 개인종합 3위 강세진(사회체육학·2), ·여자 대학부 개인종합 3위 박운주(사회체육학·1) 여자 대학부 거리별 60m 1위 정미화(체육학·1) ·여자 대학부 거리별 50m 1위 박운주(사회체육학·1) ·남자 대학부 거리별 70m 2위 전창록(사회체육학·1) ·남자 대학부 거리별 50m 2위 강세진(사회체육학·2)이 차지했다. 그리고, 대한 유도회, 쌍용그룹 주최, 제19회 성곡기 전국 유도대회가 지난 3월 27일부터 28일간에 걸쳐 있었다.

대구 체육관에서 치뤄진 이 대회에서 여자대학·일반 무차별경기에 본교 사회체육학 1년 박미란양이 3위를 차지했다.

조옥수 기자

▶ 2012년 4월 30일

우리학교, 아프리카와 교류 본격 추진

계명대학교는 전 세계 49개국 270여 개 대학 기관과 협정을 체결하여 활발한 교류를 하고 있다. 특히 아프리카와 문화교류 및 학술 교류를 시작했다는 것은 장기적인 안목으로 발전 가능성이 높은 대륙을 선택했다는 미래 지향적인 사고의 반영이며, 계명대학교를 통해 양질의 교육의 제공함으로써 세계 속에 인재 양성의 목표를 실현하고 있다.

우리학교, 아프리카와 교류 본격 추진

아프리카 주요 3개국 '한국센터'설립 및 교류 협정 체결

김혜민 기자, dkdlel2487@kmu.ac.kr　　등록일: 2012-04-30 오전 12:37:37

탄자니아 도도마대학교에서 '한국센터' 개설을 기념하는 사진 촬영 중이다© 홍보팀 제공

최근 우리학교는 미래 장기적인 발전가능성이 높은 아프리카와 문화교류 및 학술교류 등 활발한 교류활동을 펼치고 있다.

그 동안 우리학교는 아프리카를 방문해 에티오피아 아다마과학기술대학교, 짐바브웨 짐바브웨대학교, 탄자니아 도도마대학교와 학술교류협정을 체결하고 대학 내 한국센터를 설치했다.

또한, 이들 대학에 설치된 한국센터와 계명라운지에 (사)계명1%사랑나누기에서 지원한 교육기자재인 노트북과 빔 프로젝트, 카메라, 복합기 등과 교육환경개선 기부금도 전달했다. 우리학교는 한국센터와 계명라운지를 통해 우리나라의 언어, 문화, 예술 등 한국관 관련된 전반적인 부분과 대구를 소개하고 알릴 방침이다.

이에 이들 대학은 숙소와 생활비를 제공하는 조건으로 우리학교 교원의 현지 파견을 적극 요청하여, 우리학교는 연구년 교수를 파견해 학생들에게 양질의 교육을 제공하는 방안도 적극 검토 중이다. 이와 더불어 이들 대학 교원의 상당수가 학사학위 소지자로 박사학위 소지자가 드문 점을 감안해 우수학생을 계명대 KISS(Keimyung International sarang scholarship) 장학생으로 선발하여 우리학교 대학원에 유학시킬 계획이다.

특히, 우리학교 최상호(경찰법학·교수) 교학부총장은 현지 주재 우리나라 대사관을 직접 방문하여 우리학교 재학생들의 아프리카 국외봉사활동을 제안하고, 방학기간에 실시하는 국외봉사활동을 경북도 새마을운동과 연계해 아프리카에서 봉사활동을 펼치는 계획을 마련하기로 했다.

한편, 우리학교는 현재 전 세계 49개국 270여개 대학·기관과 협정을 체결하여 활발한 교류를 펼치고 있다.

▶2015년 4월 7일

인성적 소양 겸비한 인재 양성에 주력

2015년 3월 인성적 소양이 겸비된 인재를 양성하고 '더 잘 가르치는 대학'으로 거듭나기 위해 계명인성교육원을 신설했다. 그리고 인성교육 강화를 위해 우리학교는 지난 3월 안동시와 선비문화수련원과 인성교육 문화 교류를 위한 업무협약을 체결했다.

인성적 소양 겸비한 인재 양성에 주력

2015학년도 1학기부터 계명인성교육원 신설

임성옥 기자 calms2@kmu.ac.kr 등록 2015.04.07 18:26:02

▲ 지난 3월 18일, 김종길 도산서원 선비문화수련원장, 권영세 안동시장, 신일희 총장이 인성교육·문화 교류를 위한 업무협약을 맺고 기념촬영을 하고 있다 홍보팀

지난 3월 우리학교는 인성적 소양이 겸비된 인재를 양성하고 '더 잘 가르치는 대학'으로 거듭나기 위해 계명인성교육원을 신설했다. 오늘날 대학생들은 치열한 입시경쟁 속에서 중·고등학교 시절 보냈기에 자신의 내면을 바르게 가꾸고 다른 사람들과 함께 더불어 살아가는데 필요한 성품과 역량이 부족하다. 그래서 대학교를 졸업한 후에도 사회에서 필요한 인성을 갖추지 못한 경우가 많고, 그 결과 우리 사회는 인성상실의 시대를 맞이하게 되었다. 정부는 이러한 사회구조를 깨닫고 지난 1월 국회에서 인성교육진흥법을 제정했다. 인성교육진흥법은 대한민국헌법에 따른 인간으로서의 존엄과 가치를 보장하고 교육기본법에 따른 교육이념을 바탕으로 건전하고 올바른 인성(人性)을 갖춘 국민을 육성하여 국가사회의 발전에 이바지함을 목적으로 제정되었으며, 오는 7월에 전면 시행을 앞두고 있다.

한편 인성교육 강화를 위해 우리학교는 지난 3월 18일, 안동시와 도산서원 선비문화수련원과 인성교육·문화 교류를 위한 업무협약을 체결했다. 이번 협약은 인성교육, 전통문화와 역사의 이해 등에 대한 교육 및 연구, 교직원, 학생 인성교육과 전통 문화 연수 시 협력 및 지원, 계명한학촌, 계명아트센터, 동산도서관, 행소박물관 등 교육 프로그램에 대한 협력과 지원, 기타 협력기관과의 발전과 우호 증진에 필요한 사항 등의 내용을 담고 있다.

같은 날, 한국국학진흥원과도 교류 협력을 체결했으며, 인성을 겸비한 인재 양성 및 인문학 분야 학술연구의 발전을 위해 인적·물적 협력 체제를 유지하고 이와 관련된 사업을 공동 수행하기로 했다. 이날 협약은 전통문화와 인성교육 연수에 대한 상호 협력 및 지원, 인문학 발전을 위한 공동 연구 및 인구인력 교류, 국학 자료와 출판물, 학술DB 등 학술정보에 대한 상호 교류, 전시 및 전통문화 콘텐츠에 대한 공동 개발 및 상호교류, 기타 시설물의 상호 이용 협조 등의 내용을 포함하고 있다.

3) 봉사정신을 행한 사례

봉사정신에 관한 자료 조사는 봉사에 관한 학문적인 연구, 계명대학교 구성원으로서 봉사활동, 계명 대학교 차원에서의 봉사활동(계명 1% 사랑 나누기), 지역과 연계한 봉사활동, 학생 개인의 전공을 살려 이웃 사랑의 실천을 한 봉사활동, 다양한 해외 봉사(하계, 동계 방학 국외 봉사, 동산 의료원의 해외 의료 봉사), 일상생활 속에서 실천 가능한 봉사활동(사랑의 헌혈 릴레이, 어려운 형편의 학우 돕기) 등을 주제로 하여 이루어졌다.

발행일	기사 제목
1961년 8월 25일	농촌계몽전도대
1963년 3월 18일	송정중등구락부를 찾아 (현지르뽀, 본대, 남효식)
1963년 9월 16일	봉사대열에 선 학내 각 크럽
1966년 6월 18일	봉사와 협동 (영문4, 윤덕수)
1966년 9월 13일	국제 Work-Camp 참석기 (교육4, 김진석)
1967년 5월 17일	농촌계몽은 근대화의 발판 (음악4, 김의진)
1969년 10월 23일	외로운 사람과 한해를 (보건2, 김정옥)
1969년 8월 16일	봉사활동을 다녀와서 (보육2, 김애자)
1972년 7월 1일	대학생의 농어촌 봉사활동 의의와 방향
1973년 8월 15일	하계봉사활동의 문제점
1974년 6월 15일	봉사활동과 제 문제 (영어영문학 4년, 조원제)
1974년 10월 21일	대학도서관의 지역사회를 위한 정보봉사 (도서관관장, 김남석)
1975년 3월 4일	봉사활동을 마치고 (전문부 학생회장, 김일조)
1975년 7월 8일	학생 봉사활동에 대하여 (사설)
1975년 7월 8일	대학생 봉사활동의 고찰 (교육학 4년, 신용한)
1976년 4월 13일	지역사회 발전을 위한 대학생의 참여
1976년 7월 27일	보람의 현장을 가다 - 하계 봉사단의 활동을 보고 (라상범 기자)
1977년 1월 11일	동계봉사활동 현장을 가다 '이 보람과 슬기를' (르뽀)
1977년 6월 21일	봉사 활동반에 바란다

발행일	기사 제목
1977년 7월 26일	대학과 지역사회간 유대강화 절실 (하계 봉사 활동)
1977년 7월 26일	땀 속에 보람 속에 (하계봉사활동 현장취재)
1977년 12월 6일	바람직한 대학생 봉사대원의 상(계명성)
1978년 8월 22일	봉사활동 그 현장을 가다 – 영일군, 상주군 등지에서
1978년 8월 22일	봉사활동 무엇이 문제인가 (봉사활동 평가 좌담회)
1979년 2월 20일	동계 봉사활동을 마치고 (이공계1년, 정성엽)
1979년 3월 27일	대학생과 봉사활동 (성악3, 우송학)
1979년 6월 12일	사회의 구석부터 사랑하는 비사인의 사명을 깨달아야
1980년 9월 23일	봉사의 정신 (경영학 교수, 김용기)
1981년 2월 24일	가난한 이웃을 위하여 (인문1, 장호철)
1981년 6월 23일	바람직한 봉사활동에 관한 소고 (영문 4년, 김영국)
1981년 8월 11일	대학생 봉사활동 진단한다 (봉사활동 특집Ⅱ)
1982년 6월 22일	82학년도 하계봉사 활동, 새로운 방향을 찾자
1982년 8월 24일	무의촌 진료 봉사를 마치고 (의학1년, 김찬환)
1983년 2월 22일	이웃을 사랑하리라 (기악4, 박경숙)
1985년 2월 22일	진정한 봉사기관이 되기 위해서는 (경영4, 정효수)
1985년 3월 19일	야학의 작은 불꽃을 찾아서 (국문3, 박경미)
1985년 9월 3일	농활의 보람 (동계3, 싱기텍)
1987년 9월 1일	사회 구조적 모순 해결을 위한 실천의 장으로서의 농활
1989년 8월 29일	현 대학의 본질과 지식인의 역할 (무역2, 박치언)
1990년 9월 18일	맹인 녹음 봉사단
1993년 8월 31일	생활야학교사 체험기 (행정3, 조진래)
1993년 8월 31일	농촌봉사활동 체험기 (국문1, 박진보)
1996년 3월 5일	㈔대경연합, 북한 수해돕기 모금운동 전개
1996년 11월 11일	에덴원을 다녀와서 – 사회 복지원, 수용 · 보호 차원 넘어선 사회참여 활동 유도
1997년 3월 10일	나누며, 아끼는 삶
1997년 4월 28일	우리 학교 북한 동포 돕기 운동 활발히 진행될 전망

발행일	기사 제목
1998년 3월 2일	사회봉사활동, 학점으로 인정
1998년 4월 20일	고정 헌혈 차량 개설
1998년 5월 18일	봄 농활을 다녀와서
1998년 6월 8일	자원봉사 사랑실천 캠페인 개최
1998년 6월 8일	'IMF 불우 학우 돕기 기금 마련 행사' 열려
1998년 9월 14일	수재민 돕기 도서 알뜰장터 개최
1998년 9월 7일	IMF 고통분담 특별 장학금 지급
1999년 10월 4일	성주지역 수해복구 봉사활동 가져
1999년 9월 13일	동산도서관 달서구주민들에게 개방
1999년 9월 13일	태권도학과 미국에 태권도 사범 연수생 파견
2000년 5월 15일	총학생회 심장병 어린이 성금 전달 – 앞으로도 지속적으로 모금 행사 가질 듯
2000년 5월 29일	학군단 김훈탁 후보생에게 심장병 수술비 전달
2001년 6월 4일	헌혈 릴레이개최 영호남 헌혈교류도 열려
2002년 3월 4일	북한 동포에게 담요보내기
2002년 4월 1일	백혈병 어린이 돕기
2002년 4월 22일	동산의료원 중국 심장병 어린이 치료
2002년 4월 8일	사랑의 헌혈 릴레이 남녀 개인부문 수상자
2002년 9월 2일	환경봉사단, '황사예방 중국환경 봉사활동' 참여
2002년 9월 2일	동산의료원, 중국 심장병 어린이 4명 무료 수술
2002년 9월 9일	백혈병 어린이 돕기
2002년 9월 9일	아버지에 간 이식한 사공헌구(식품가공학 · 3) 군
2002년 9월 9일	장학금 지급, 봉사활동 등 수재민 돕기 활동 진행
2002년 10월 21일	'사랑으로 함께하기' 캠페인 벌인 계명여성직원회
2002년 10월 7일	인문대 락그룹사운드, 불카누스
2003년 3월 3일	우리대학교 네팔 환경봉사활동 수기
2003년 3월 17일	계명환경봉사단 – 네팔환경봉사
2003년 4월 14일	신학과 교수 전원, 학과 장학기금 및 발전기금 기탁

발행일	기사 제목
2003년 4월 14일	교수들의 끝없는 제자사랑
2003년 9월 22일	태풍 '매미', 전국적으로 큰 피해 입혀 (성금모금)
2003년 10월 27일	지역사회 개방 4주년 기념 '동산도서관주간' 지역사회와 더불어 발전할 수 있는 계기 마련
2003년 10월 27일	법경대 교수진 법경대학 발전기금 5천여 만원 결성
2006년 9월 20일	하계 국외봉사활동을 다녀와서…….
2006년 9월 20일	2006 중국 국외봉사 후기
2006년 12월 3일	제 1회 계명대 사랑의 헌혈릴레이
2007년 2월 26일	장애우와 함께 가을속으로...
2007년 4월 29일	'계명 1% 사랑 나눔 봉사단' 발대식
2007년 5월 21일	계명 1% 사랑나누기, 2007년 사랑의 교복 지원 행사 열어
2007년 5월 21일	체육대학학생회, '강동인 학생돕기 행사' 개최
2007년 7월 4일	계명 1% 사랑나누기, 지역 청소년과 문화교실 즐거운 한때…
2007년 9월 17일	'2007 사랑의 쌀 · 연료나누기' 행사
2007년 11월 18일	학군단 '국가유공자를 찾아가는 V-NQ 봉사활동'
2007년 11월 18일	기독교학과, 기아대책본부 산학협정식 체결
2008년 1월 18일	'계명자원봉사단' 독거노인에게 성금 전달
2008년 3월 3일	국외봉사활동을 통해 또 다른 나를 만나다
2008년 9월 2일	관리팀자원봉사단 5백만원 기탁
2008년 9월 7일	네팔 돕기 자선음악회…네팔 근로자 · 유학생 돕기 위해 마련
2008년 11월 20일	계명대 불우이웃 위해 김치 6천 포기 담그기
2009년 1월 12일	계명대 봉사단 아프리카에 '온정의 손길'
2009년 4월 12일	동산병원, 울릉도 진료봉사 실시
2009년 4월 12일	벽화 봉사단의 이세호(실내환경디자인 · 2) 단장을 만나
2009년 5월 11일	동산의료원 네팔 사랑회, 네팔 의료봉사활동
2009년 6월 22일	계명대 '1%나누기' 에티오피아에 온정의 손길
2009년 7월 21일	'지역 청소년을 위한 여름학교' 프로그램 실시
2009년 11월 1일	'5원의 기적 캠페인'

발행일	기사 제목
2009년 11월 1일	우리학교, 2007학년도 동계 국외봉사활동 학교
2009년 11월 19	'2009 계명가족 김장하는 날' 열려
2009년 12월 6일	2009 국외 문화탐방 및 자원봉사
2010년 3월 1일	우리학교, '영남일보 연탄나누기 캠페인' 성금 쾌척
2010년 4월 11일	"양 기관이 학술 교류 및 사회봉사활동에 서로 협력"
2010년 4월 11일	사진영상디자인과와 저소득층 가정 아동이 함께하는 '명랑운동회'
2010년 4월 11일	우리학교, 한국국제기아대책기구와 협약체결
2010년 4월 13일	계명대 어려운 학우 위한 장학금 양보 확산
2010년 5월 16일	인문대 학생회, '어린이날 행사' 열어
2011년 3월 27일	총학 주최 일본지진피해 성금 모금
2012년 3월 18일	우리학교 해외봉사활동 10주년 맞아
2012년 4월 3일	삼일야간학교에서 한글을 가르치는 선생님으로 봉사활동하고 있는 양영일(사학 · 4) 씨
2012년 5월 27일	드림봉사단에서 2년 동안 멘토 활동을 펼치고 있는 이영기(국제통상학 · 3) 씨
2012년 11월 14일	우리학교 동산의료원, 카자흐스탄 아스타나시에 부름공세 받아
2012년 11월 14일	뮤직바이러스 사업 수혜 아동들, 재능기부활동 펼쳐
2012년 11월 28일	(사)계명1%사랑나누기와 대구시교육청, 상호 협력 협약 체결
2012년 11월 28일	우리학교에서 이웃사랑 김장나눔행사 열려
2013년 10월 8일	'With-U 학습튜터링 대학생 봉사단' 2기 이수리 씨
2013년 10월 8일	LH '멘토와 꼬마친구' 봉사단 김민정 대표
2013년 10월 15일	우리학교 기독교학과 봉사단 대표 김유현 씨
2013년 11월 26일	필리핀 태풍 피해지역 위한 성금
2013년 12월 10일	2013 계명가족 김장하는 날
2013년 3월 21일	우리학교, 포항지역 산불 피해로 2천 만원 성금 전달
2013년 3월 22일	봉사활동, 사회적 약자를 위해 봉사하고 스펙도 쌓고
2013년 4월 3일	동계국외봉사활동에 참가한 김은지 씨
2013년 5월 22일	제2회 불우이웃돕기 자선 행사

발행일	기사 제목
2013년 5월 22일	사회체육학과 스포츠마사지 봉사 동아리
2013년 9월 4일	한국미혼모협회 대구지부, 봉사활동 팀장 김용완 씨
2013년 9월 4일	하계국외봉사활동(네팔)을 다녀와서
2014년 3월 4일	동계국외봉사활동 참여한 홍창환 씨
2014년 3월 12일	동산의료원 해외 의료봉사
2014년 4월 9일	(사)계명1%사랑나누기, 계명카리타스 힐링(수술지원) 사업
2015년 4월 13일	계명카리타스를 통한 봉사활동 일원화
2015년 5월 4일	국외봉사자 대상 '홈커밍데이' 개최
2015년 5월 7일	담벼락에 아이들을 위한 하늘을 그리다
2015년 5월 18일	계명인, 네팔에 희망을 전하다
2016년 3월 7일	생명을 불어넣는 아름다운 봉사
2016년 5월 31일	명교생활관 사생들, 성주에서 봉사활동 펼쳐
2016년 5월 31일	총동아리연합회, 2016학년도 계명마음나눔봉사
2016년 8월 30일	계명, 사랑을 전하다
2016년 9월 27일	동산의료원, 2개국에 해외의료봉사
2016년 11월 21일	재능기부공연 6년째 개최
2016년 11월 21일	필리핀 백내장환자 3명에게 무료 수술
2017년 10월 16일	계명1%사랑나누기, 멕시코 대사관에 성금(멕시코 지진 복구에 계명인의 마음 전해)

▶1961년 8월 25일

농촌계몽전도대

농촌계몽전도대는 농촌에서 대학생들이 봉사와 더불어 전도를 목적으로 활동했던 단체이다. 농촌계몽전도대는 봉사와 전도에 있어서 큰 성과를 거두었다.

韓國農村은 發展할 수 있다

農村啓蒙傳道隊

多大한 成果 올리고 歸邱

▶1963년 3월 18일

송정중등구락부를 찾아

당시 농촌에서는 초등교육 및 중등교육을 받기 어려운 실정이었다. 송정중등구락부는 자급이 어려운 농촌중학교이다. 본교 학생들이 교육을 받기 어려운 십대들에게 교육의 기회를 제공하면서 어려운 점들에 대해서 애기하고, 그 문제를 극복할 방안들에 대해 논의하고 있다.

농촌에서 썩은밀알

현지르뽀

=松亭中等俱樂部를 찾어=

本大生 南 孝 植君의 경우

온갖 情誠을 貧農子弟교육에

學生200餘名 敎室難에 봉착

▶ 1982년 8월 24일

무의촌 진료 봉사를 마치고

무의촌 지역에서 의료봉사를 통해 지역주민들의 병을 치료하며, 그들의 열악한 삶에 대한 고민을 나눈다. 의료 혜택의 부족으로 작은 병이 심화되고, 가벼운 질환이 만성질환으로 발전하는 것을 보며 봉사의 필요성을 다시 한 번 되새긴다.

무의촌 진료 봉사를 마치고

김 창 환

선교활동과 함께 행해진 이번 의료봉사는 무의촌 육체적 고통을 나의 피부로 느낄 수 있었으며 하루속[illegible] 찌든 그들의 육체나마 위로할 수 있는 의료시설이 갖추[illegible] 나에게는 뜻깊고 참으로 유익했던 시간들이었다.

▶ 2002년 4월 1일

백혈병 어린이 돕기

교내에서 백혈병 어린이를 돕기 위한 사랑의 헌혈릴레이가 진행되었다. 헌혈은 작은 나눔의 정신을 실천하는 대표적인 사례이다.

백혈병 어린이 돕기 사랑의 헌혈릴레이

지난달 27일부터 29일까지 오전 9시부터 오후 5시까지 성서캠퍼스 바우어관 앞과 공학관 앞, 대명캠퍼스 앞 광장에서 백혈병 어린이 돕기 사랑의 헌혈릴레이가 2002년 신입생 환영제 및 총학생회 출범식의 일환으로 열렸다.

대한 적십자사 대구 · 경북 혈액원이 후원하고, 39대 총학생회 학군단 등이 공동 주관한 이번 행사에서는 당일 기증 헌혈증서 추첨을 통해 경품을 지급하였으며 최우수 및 우수 단체상, 개인상 등의 수상과 함께 경품도 지급되었다.

▶ 2009년 5월 11일

동산의료원 네팔 사랑회, 네팔 의료봉사활동

동산의료원은 1899년 미국인 의료선교사 우드브리지 존슨(1869~1951)이 영남권 최초의 서양식 진료소 '제중원'을 세우면서 출발했으며, 해외 봉사는 1990년 시작했다. 카자흐스탄을 비롯해 네팔 에티오피아 방글라데시 아이티 몽골 캄보디아 라오스 키르기스스탄 타지키스탄 필리핀 등 11개국에서 의료진 630여 명이 환자 3만여 명을 치료했다. 특히 중앙아시아 곳곳에서 한국 의술을 알리고 있다. 특히, 카자흐스탄은 해외 봉사의 거점이다. 1996년 알마티에 동산병원을 개소했다. 2012년에는 원격진료 시스템을 구축해 형편이 어려운 환자를 돌보고 있다.

동산의료원 네팔사랑회, 네팔 의료봉사활동

지난27일부터 7일간, 7백여 명 진료해

정완식 기자, jws5868@kmu.ac.kr 등록일: 2009-05-11 오전 6:59:24

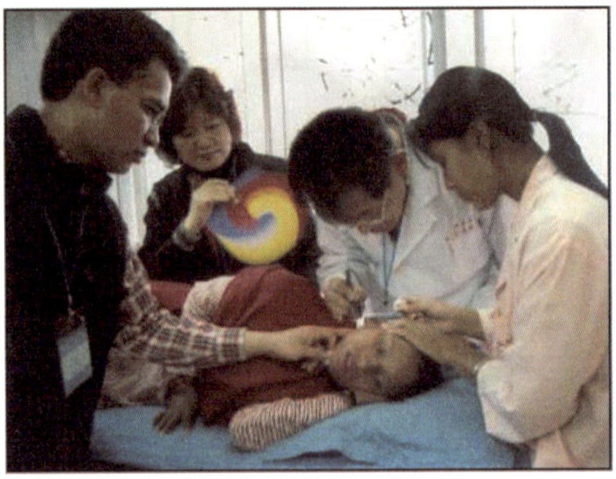

동산의료원 네팔사랑회가 지난 4월 27일부터 4일까지 7일간 네팔 카트만두를 방문해 의료봉사활동을 펼쳤다.

동산의료원 내 소아청소년과, 피부과, 이비인후과 등 각 분야의 의사와 간호사 10명이 파견돼 네팔 동산의료원과 마리화파 교회에서 관련 분야 환자 7백여 명을 진료·처방했다. 또한 한국과 네팔 간의 의료분야 교류를 위해 네팔 트리뷰반 대학과 의무차관을 방문했으며 미용봉사도 함께 진행했다.

윤성도(산부인과 교수) 네팔사랑회 회장은 "연간 1회 네팔의료봉사를 하고 있지만 이번 의료봉사는 특별히 대구광역시와 연합해 실시한 것"이라고 말했다. 또한 "지금 네팔의 경제적·사회적 환경은 10여 년 전과 크게 다르지 않다"면서 "열악한 환경에도 불구하고 최선을 다해 의료봉사를 해준 네팔사랑회 회원 분들께 감사 드린다"고 감사의 인사를 전했다.

한편, 네팔사랑회는 1995년 창설되어 매년 네팔지역 의료봉사활동을 하고 있다.

▶ 2012년 3월 18일

우리학교 해외봉사활동 10주년 맞아

계명대는 매년 하계방학과 동계방학을 통해 국외봉사활동을 펼치고 있다. 2002년 한·중 수교 10주년을 기념하고 황사 피해를 줄이기 위해 중국 임업부 임업과학원과 공동으로 조림 봉사활동을 펼친 이래 지난 15년간 네팔, 라오스, 미얀마, 베트남, 몽골, 방글라데시, 우즈베키스탄, 카자흐스탄, 캄보디아, 키르기스스탄 등 아시아권 개발도상국 15개국의 낙후지역에서 87차례에 걸쳐 3,200여명이 참가해 국외봉사활동을 펼쳐왔다. 특히, 2017년 동계방학 국외 봉사는 계명대가 국외봉사활동을 펼친 지 처음으로 아프리카 에티오피아까지 봉사활동 지역을 확대해 그 의미를 더해주고 있다.

우리학교 해외봉사활동 10주년 맞아

지금껏 46차례 1천672명이 곳곳에 성과거둬

임혜진 준기자, hyejin3545@kmu.ac.kr 등록일: 2012-03-18 오후 11:13:01

우리학교 봉사단원들이 해외에서 봉사활동을 펼치고 있다© 홍보팀 제공

2002년 한·중 수교 10주년을 맞아 중국 북경 황사방지대책구역에 측백나무 1만여 그루를 심은 것을 시작으로 올해 우리학교 해외봉사가 10주년을 맞이했다.

지난해 여름에는 카자흐스탄을 방문해 '2011 대구세계육상선수권대회' 홍보활동을 펼쳐 현지 언론에 소개되는 등 대구뿐만 아니라 우리나라를 널리 알리는 역할을 톡톡히 해냈다. 이 외에도 우리학교 봉사단은 캄보디아의 프레아 노로돔 초등학교와 카자흐스탄 막심고리키학교에 계명놀이터를 짓기도 하고, 학교 교실 증축, 도서관 신축 등 열악한 교육환경을 개선하는 봉사를 펼쳤다.

우리학교 국외봉사활동이 이렇듯 현지에서 큰 반응을 얻는 이유는 봉사단만의 철저한 원칙이 존재하기 때문이다. 우선 봉사단은 실질적인 도움을 주기 위해 꼼꼼하게 사전답사를 실시하고 필요한 부분을 미리 조사하는 준비성을 보였다.

또한 단순히 건물을 신·증축 하는 것에 그치지 않고, 한국전통무용 공연, 태권도시범, 사물놀이공연과 같은 문화공연 봉사와 교육에 필요한 학용품, 기자재, 생필품, 도서 등을 기증함으로써 현지인들의 만족도를 더욱 높였다. 더불어 체류비를 제외한 모든 경비를 계명 1%사랑나누기(전 교직원 급여의 1%를 기부해 모으는 기금)의 후원으로 이뤄지고 있어 더욱 뜻깊다.

이병로(일본학·교수) 학생처장은 해외봉사는 학생들의 시야확장에 많은 도움이 된다며, 앞으로도 다양한 봉사를 할 수 있도록 지속·확대 시행할 계획이라고 밝혔다.

4) 학문적 탁월성이 나타난 사례

학문적 탁월성에 관한 자료 조사는 전공에 대한 깊은 연구와 논문 발표 및 공모전 수상, 교내 연구소의 지역 및 외부 기관과의 협정 및 교류, 해외 대학교에 교환 학생 파견, 우수한 교수의 영입, 전공 영역에서의 인증 평가 등을 주제로 하여 이루어졌다.

발행일	기사 제목
1961년 8월 25일	죄의 기원 (영문4, 최득수)
1963년 3월 18일	동계농촌계몽보고서 (철학4, 이재달)
1965년 7월 24일	자부와 긍지로써 실력양성을 (8회졸업, 이명식)
1967년 3월 15일	새로운 전통을 개척하는데 과감하자 (사설)
1967년 5월 17일	농촌경제 부흥을 기대함 (경제2, 이창근)
1970년 6월 1일	계명과 이상 (부학장 박봉목)
1971년 5월 1일	현대사회에 있어서의 인간 소외 (교육3, 정영흥)
1971년 10월 8일	이상을 되찾자 (사설)
1972년 3월 7일	학문 · 교육의 진로와 태세 (사설)
1972년 4월 10일	감정보다 지성을 더 사랑하는 대학생이 되자 (계명성)
1972년 5월 10일	학문 연구와 대학생활 (영문4, 전경태)
1972년 6월 15일	지칠 줄 모르던 면학의 의지 (허필숙)
1972년 9월 15일	깊고 넓은 교양 위에서 학문은 이뤄진다 (국문교수, 남기심)
1975년 2월 11일	기독교에서의 인간화의 성격 (사학3, 정숙란)
1977년 9월 27일	대학문화론 – 순수성을 지켜 사회의 모범이 되어야 (영문3, 권악한)
1978년 4월 18일	진리가 너희를 자유하게 하리라(사설)
1978년 4월 18일	신앙과 권리 (경제3, 김근)
1979년 4월 24일	대학 속의 우리 (가정2, 윤희순)
1981년 11월 17일	제6회 전국대학생 학술대회, 본교 김현숙, 성경연 양 최우수상 수상
1988년 2월 23일	대학문화의 새로운 모랄 (대학원4학기, 박노광)
1996년 3월 5일	대교협, 본교 경영학부 '우수' 판정

발행일	기사 제목
1996년 4월 16일	한학연, 영남지역 문화특강 및 답사 열려
1996년 4월 16일	㉳'철학은 세계를 변혁시킬 수 있는가' ①사회철학이란 무엇인가 (박명삼 철학 · 3)
1996년 4월 16일	음대 작곡과 현대 음악 세미나 개최
1996년 5월 7일	지난 6일 '하버마스' 본교 방문 강연 가져
1996년 5월 7일	지구 환경 보전 국제 학술 심포지엄 열려
1996년 9월 2일	본교, 7개국에 교환학생 파견
1996년 9월 23일	[특별기고] 지역제조업의 구조고도화 방안 (이승환 경제학 · 4)
2002년 4월 8일	모모야마대학, 우리학교에 1만여권의 책 기증
2002년 4월 22일	본교, 우즈벡 UWED와 학술교류맺어
2003년 3월 17일	중국 길림대와 경영학석사과정 공동운영협정 체결
2003년 6월 2일	김남석(문헌정보학 명예교수)교수, 동산도서관에 문헌 기증
2003년 10월 27일	우즈벡 · 태국 2개 대학 자매결연 협정체결
2003년 12월 1일	대구 · 경북지역 교사 대상 '제8회 계명교사상' 시상식
2006년 8월 16일	학문의 탁월성 · 대중성 견인하는 석좌교수 제도
2007년 9월 2일	방학 중 우수한 성적 거둔 계명인들
2007년 9월 30일	전국대회 수상자 연이어 … 전공별 결실 풍성
2008년 10월 5일	COVERSTORY – 광고를 열심히 하는 녀석
2009년 3월 29일	대학생 논문 공모전 (오상학 · 이준영 씨 (에너지환경계획학 · 4) 최우수상 수상)
2011년 3월 27일	우리학교 의과대학, '의과대학 인증평가'에서 최고수준 평가 받아, 의평원이 실시한 2010년도 인증평가 결과 '5년 인증기간' 획득
2012년 9월 6일	'Acta Koreana'저널 'SCOPUS' 등재지에 선정
2017년 5월 10일	CORE사업단 한국학 포럼·인문과학연구소 춘계 학술대회('동서 인문학의 만남과 한국학' 주제로 열려)
2017년 9월 11일	우리학교, '다문화사회전문가 자격인정 교육 시행기관' 선정 (자격증 교육 8월 24일, 25일 양일간 진행)
2017년 10월 16일	한국학과 동아시아학의 교섭(한국학연구원 학술대회)

▶1972년 6월 15일

지칠 줄 모르던 만학의 의지

저자의 대학시절 대학교육의 제반 조건들은 잘 갖춰지지 못했지만 교수들과 학생들의 열정은 대단했으며, 공강 시간에 다른 수업을 찾아들을 정도의 학업 의지가 있었다. 젊음은 어려움, 궁핍, 그리고 슬픔 속에서도 굴하지 않고 열정을 갖고 사는 것을 의미한다.

지칠줄 모르던 만학의 의지

장벽을 헐고 모든 애로를 무릅쓰고 만학을 시작할 용기를 주신 분들이 바로 이 선생님들이시다.

입학할때 학생수는 많았으나 졸업할때는 3분의1인 20명 정도로 줄어 버렸는데 그때만해도 여자가 꼭 대학을 졸업할 필요성을 인식 못하여 중간에 결혼해 버리는 사람이 많아서였다. 이중에 삶의 시련을 겪고 재 출발을 해 보겠다는 비장한 각오 아래 만학을 시작한 사람이 5~6명이나 되었다. 이 사람들은 사람이나 재산같은 것은 잃어버릴 수 있는것이지마는 내 속에 지닌 지식이나 자격은 아무도 빼앗아 갈 수 없다는 사실을 절감한 사

▶1972년 9월 15일

깊고 넓은 교양 위에서 학문은 이뤄진다

대학 시절은 뒤돌아보면 후회가 많은 시기이다. 대학에서 공부하는 동안 폭넓은 교양을 쌓는 데 노력해야 한다. 그 폭넓은 교양이 전공을 심화하는 데 큰 도움을 준다.

깊고넓은 교양위에서만 학문은 이뤄져

진 부지런히 타과(他科) 교수들의 강의를 도강하려고 뛰어 다니긴 했다. 시간이 맞으면 타대학에까지 가서 도강을 했다. 하지만 정식으로 수강이 신청된 과목의 청강 때문에 욕심나는 만큼 충분히 타과·타대학의 유명교수들의 강의를 도강할 수가 없었다. 철학과의 강의, 그 중에도 내가 좀더 들었었으면 하는 것은 논리학·동양철학이다. 철학과에 훌륭한 교수가 계셨건만 띄엄 띄엄 들을수 밖에 없었던 것이 아쉽다. 세계문화사·한국 사상사 등의 청강을 놓친것도 후회스럽기 짝이없다. 최 재서 교수의 문학 강의도 타과이기 때문에 별로 충분한기회를 못 가졌다. 욕심내키는 대로 헤아리려면 한이 없다. 왜 그랬을까? 가끔씩 곰곰 생각

▶1996년 9월 2일

본교, 7개국에 교환학생 파견

본교, 7개국에 교환학생 파견

올해 본교는 미국, 대만, 독일, 일본, 프랑스, 러시아, 네덜란드 7개국에 교환 학생을 파견한다. 특히, 작년부터는 러시아에 교환학생이 파견되기 시작하여 올해는 4명의 학생이 파견된다. 몇 년 전만 해도 주로 미국으로 교환 학생으로 갔으나 지금은 다양하게 대만, 러시아, 독일 등으로 파견되고 있다. 또 본교에서 교환 학생으로 초청한 인원은 예년에는 한두명이었던 교환 학생이 올해는 17명으로 크게 증가하였다. 본교에서 이 달 4일에 교환 학생으로 러시아로 떠나는 이제정(노어노문학·2)는 "이번에 러시아에 가서 어학 연수 때 하지 못한 러시아 문화 연구와 노어로 능숙하게 회화를 하고 싶다."하며 각오를 말했다.

계명대학교는 학생들에게 해외에서 공부할 수 있는 기회를 제공함으로써 국제적인 인재 양성에 노력을 하였고 그 노력은 지금도 많은 결실을 맺고 있다.

▶2002년 4월 22일

본교, 우즈벡 UWED와 학술교류맺어

우즈베키스탄의 국제경제·외교대학과 학술교류를 맺어 학생 및 교수를 교환하는 본격적인 교류가 시작되었다. 협정내용에는 학부생 10명과 석사과정 2명, 박사과정 한 명씩을 교환하게 되고 UWED에 재학 중인 학생들은 우리학교에 전면장학생으로 초청되고 일정의 생활보조비도 지급되는 것으로 되어있다. 이와 같은 다양한 학술교류는 우리대학의 학문적 탁월성을 보여주는 대표적인 예라 할 수 있다.

본교, 우즈벡 UWED와 학술교류맺어

오는 9월부터 학·석·박사과정 학생 13명 교환

우리학교는 지난해 11월 2일 UWED와 학술교류를 맺었다.

우리학교가 우즈베키스탄의 국제경제·외교대학(UWED · The University of World Economy & Displomacy)과 학술교류를 맺었다. 따라서 우리학교는 UWED와 오는 9월부터 학생 및 교수를 교환하는 등 본격적으로 교류를 가지게 되었다.

이번 학술교류는 현재 한나라당 소속 제16대 국회의원인 조웅규(미국학 · 정교수)교수의 제의로 추진되었으며, 우리학교는 작년 11월 2일 우리학교에서 UWED와 자매결연 협정을 맺었다. 이에 신일희총장은 지난 8일부터 12일까지 UWED를 방문하여 이 대학 총장인 카밀로프(A. Kamilov)외무부장관과 학생 및 교수 교류를 적극적으로 추진할 것을 합의했다.

따라서 우리학교와 UWED는 오는 9월부터 학부생 10명과 석사과정 2명, 박사과정 1명씩을 교환하게 되는데, 이를 위해 양측 학교는 장학생 선발 위원회를 구성하였고 선발위원 파견에 관한 사항도 이미 합의를 마쳤다.

두 학교간 교류협정 내용을 살펴보면, 우선 오는 9월에는 UWED에 재학중인 학사과정 학생 10명이 1년간, 석사과정 학생 2명이 2년간, 박사과정 학생 1명이 3년간 우리학교에 교환학생으로 오게 된다. 13명 학생들은 모두 전면장학생으로 초청되며 매달 일정량의 생활보조비도 지급받게 될 것으로 보인다. UWED는 오는 7월경 이 학생들을 자체적으로 선발할 것으로 예상하고 있다. 또한 최종 결정에는 우리학교 측에서 관계자 1명을 대표로 참석시켜 보다 우수한 학생들을 유치할 것으로 기대된다.

한편, 이번에 교류를 맺은 국제경제 · 외교대학은 지난 92년 우즈베키스탄 공화국이 구소련으로부터 독립하면서 개교한 학교이다. 교육여건이나 교수, 학생의 수준 등은 우즈베키스탄 최고의 명문으로 손꼽히고 있으며, 외무부장관이 현재 총장으로 재임하고 있다.

대학팀

▶2003년 12월 1일

대구·경북지역 교사 대상 '제8회 계명교사상' 시상식

우리대학에는 1996년부터 시작된 대구·경북지역 교사를 대상으로 수여하는 '계명교사상'이 있다. 이 상은 교육현장에서 헌신적으로 참여하여 타의 모범이 되는 교사를 발굴하여 시상하는 것으로 교원들의 사기 진작 및 교육에 대한 의욕을 고취시키는 데 의의가 있다. 시상은 교육연구분야, 생활지도분야, 사회봉사분야이고 각각 1명씩 나누어 이루어진다. 계명교사상을 시상함으로 우리대학에서 추구하는 학문적 탁월성과 봉사정신을 널리 전파하는 데 기여하고 있다.

대구 · 경북지역 교사 대상 '제8회 계명교사상' 시상식

영신중학교 남보식 교사 외 2명 수상

신상철 대구광역시교육감이 시상식에 참여해 축하의 말을 전하고 있다.

지난 28일 오전 11시 대외협력팀 주최 '계명교사상' 시상식이 성서캠퍼스 본관 대회의실에서 열렸다.

이번 시상식은 대구교육감과 경상북도교육감을 비롯하여 역대수상자들이 참가한 가운데 진행되었다.

교육현장에 헌신적으로 참여하여 타의 모범이 되는 교사를 발굴하여 시상하는 계명교사상은 올해로 8번째를 맞이하게 된다. 계명교사상으로 인해 교원들의 사기를 진작시키고 교육에 대한 의욕을 높이는데 의의가 있다.

계명교사상은 대구 · 경북지역에 근무하는 시 · 도 교육감의 추천을 받은 교사를 대상으로, 우리학교 총장이 위촉한 계명교사상 심사위원회의 엄격한 심사를 거쳐 선발된다. 시상은 종교교육분야, 교육연구분야, 생활지도분야, 사회봉사분야로 각각 1명씩 나누어 이루어진다.

종교교육분야에는 선교동아리를 창설하고 자매학교와 종교적인 문화교류 및 체험학습을 통해 특별활동활성화에 기여한 영신중학교 남보식 교사가 수상했다. 또한 생활지도분야에는 교내 써클 육성지도와 상담교육에 힘쓴 경덕여자고등학교 이송옥 교사, 사회봉사분야에는 전국홀외교사협의회를 결성하고 다양한 NGO활동에 적극 참여한 구미고등학교 고병진 교사가 수상했다. 이번 시상식에서 교육연구분야의 시상은 제외되었다.

수상자들에게는 분야별로 3백만원의 상금 및 상패가 주어지며 재직 학교에는 피아노가 각각 한대씩 지급된다. 또한 수상자가 우리학교 교육대학원 진학시 장학금의 혜택이 주어진다.

한편, 계명교사상은 1996년 10월 25일 제1회 시상식을 시작으로 지금까지 총7회에 걸쳐 25명의 교사를 선정하여 시상한 바 있다.

대학팀

▶2006년 8월 16일

학문의 탁월성·대중성 견인하는 석좌교수 제도

학문의 탁월성을 보여주는 대표적인 사례가 석좌교수제도이다. 석좌교수는 대학측이 기금을 마련해 탁월한 연구업적 또는 사회활동으로 국내 및 국제적으로 명성이 있는 사람을 교수로 임용하는 것이다. 우리대학도 지난 2003년 김열규 교수를 석좌교수로 영입하고 2004년 조동일(인문대학·석좌교수)교수를 두 번째 석좌교수로 초빙했다. 해당 분야에서 높은 전문성을 쌓은 사람을 석좌교수로 초빙함으로써 학교의 교육과 연구에 큰 도움이 된다.

학문의 탁월성 • 대중성 견인하는 석좌교수 제도

| 우수한 강의에 비해 학생 참여 적어

이지현 기자 이메일 없음 | 등록 2006.08.16 16:19:51

▲ 지난 5일 영암관 244호에서 열린 조동일 석좌교수의 강연 모습.

최근 대학들의 생존 경쟁이 치열해지면서 각 분야의 명망 높은 교수들을 석좌교수로 초빙하려는 움직임이 활발하다. 석좌교수는 대학측이 기금을 마련해 탁월한 연구업적 또는 사회활동으로 국내 및 국제적으로 명성이 있는 사람을 교수로 임용하는 것으로 우리나라는 1985년 한국과학기술원 KAIST가 국내에 처음 도입했다.

이에 우리대학도 지난 2003년 김열규 교수를 석좌교수로 영입하고 2004년 조동일(인문대학·석좌교수)교수를 두 번째 석좌교수로 초빙했다. 김열규 교수는 한국 설화와 샤머니즘, 전통 놀이와 구비문학에서 전통 정신의 뿌리를 찾으려는 작업에 앞장선 국문학자로서 충남대, 서강대를 거쳐 인제대 교수로 지낸바 있다. 서울대에서 정년 퇴임한 조동일 교수는 한국문학사 연구에 새로운 방향을 제시한 '한국문학통사'를 저술한 것을 비롯해 50여권의 저서와 2백여편의 논문을 발표했다. 이를 통해 '기록된 문학'에서 민요와 설화 등의 '구비문학'으로까지 국문학의 영역을 넓혀왔으며 한국문학의 발전단계를 제시했다.

우리대학 석좌교수로 재임하는 동안 김열규 교수는 2003학년 1학기부터 지난해 2004학년도 2학기까지 '한국인과 한국문화읽기'를 매학기 11회 강의했고 우리대학 한국학연구원 원장도 겸직했다. 조동일 교수는 2005학년도 2학기부터 2009학년도 1학기까지 10학기(5년)동안 인문대학 석좌교수로서 재학생과 일반인 누구나 들을 수 있는 공개강의를 진행한다.

석좌교수제도에 대해 홍순성(한국어문학·교수)교무처장은 "석좌교수란 해당분야에서 높은 전문성을 쌓은 사람으로 김열규, 조동일 교수들이 석좌교수로 재임함으로써 학교의 교육과 연구에 큰 도움이 된다"고 밝혔다.

2006학년도 1학기, 조동일 교수는 '세계화·지방화 시대의 한국학'이란 주제의 4번째 학기로 '고금학문 합동작전'에 대해 다룬다. '고금합동 작전'이란, 동아시아 및 한국 고전에서 가져온 착상으로 오늘날 학문에서 요구하는 일반이론을 만드는 과정과 결과를 보여준다. 이번학기 강의는 격주로 월요일, 수요일 오후 7시에서 9시까지이고 1시간은 조동일 교수 강의, 나머지 시간은 참석자들과 토론한다. 김열규 교수의 강의가 대중적인 요소가 많이 가미된 것이라면 조동일 석좌교수는 대학원 수준의 강의로 세분화되고 전문적인 학문을 강의한다. 조동일 교수의 강연을 들은 오상택(인문대학·1)씨는 "다소 어려운 부분도 있지만 학점과 관련 없이 학문에 대한 깊이 있는 강의를 들을 수 있는 좋은 기회인 것 같다"라며 소감을 밝혔다.

조동일 석좌교수의 강연 관련 업무를 담당하고 있는 한국학연구원의 이동근 씨는 "강의수준이 학생들에게 다소 어렵게 느껴 질 수 있지만 타 지역에서 강의를 들으러 일부러 오는 사람도 많은데 오히려 가까이 있는 우리대학 학생들이 적극적으로 참여하지 않아 안타깝다"며 아쉬움을 토로하기도 했다.

▶2007년 9월 30일

전국대회 수상자 연이어 … 전공별 결실 풍성

학생들이 자신의 전공의 특성과 실력을 쌓은 후 여러 경진대회에서 우수한 성적을 거두며 학문적 탁월성을 보였다.

전국대회 수상자 연이어 … 전공별 결실 풍성

창업경연대회, CM아카데미, 대한민국 대학생 광고경진대회 등에서 좋은 성적 거둬

이은비 기자 , 2007-10-01 오전 12:00:00

방학 중 우리대학 학생들이 각종 대회에서 좋은 성과를 거둔 데 이어 이번 학기에도 수상 소식이 연이어 들려오고 있다.

먼저 벤처창업보육사업단에서 지원하는 창업동아리 라이너스가 지난 8월 16일부터 이틀간 경일대학교에서 열린 창업경연대회 지역 예선에 참가해 2위에 입상하면서 전국 대회에 참가할 자격을 얻었다. 전국 대회에서 입상할 경우 상장과 상금 외에 해외창업연수 기회, 창업보육센터 우선 입주 자격부여 등의 혜택이 주어진다. 라이너스 대표 박재영(경영학·3)씨는 "전국 대회에서는 창업 아이템만이 아니라 아이템을 어떤 방법으로 판매하는지 그 사업진행 능력까지 심사에 포함되기 때문에 마지막까지 노력할 것이다"라고 각오를 밝혔다.

다음으로 지난 8월 23일부터 이틀간 진행된 '제 1회 CM 아카데미'에서 이지원(건축공학·4), 김민지(건축공학·4) 씨가 금상을 수상했다. 또한 김장한(건축학·2), 이준희(건축학·2), 박선희(건축학·3), 이혜영(건축학·2), 김현지(건축공학·2) 씨로 이루어진 '2202'팀과 백광현(건축공학·4), 류혜민(건축공학·3), 이혜미(건축공학·2), 채가영(건축공학·2) 씨로 이루어진 'A&U'팀이 지난 9월 11일 진행된 '제 5회 김해시 도시가로경관 디자인 공모전'에 참가해 각각 은상과 동상을 수상했다. '2202'팀은 '김해는 땅이 아닌 바다였다', 'A&U'팀은 '버스정류장 개선 방안'이라는 제목의 작품을 제출했으며, 상장과 은상 2백만원, 동상 1백만원의 상금이 주어졌다.

▶2012년 9월 6일

'Acta Koreana'저널 'SCOPUS' 등재지에 선정

계명대는 'Acta Koreana'의 'A&HCI'등재를 위해 우수논문 및 석학 인터뷰 게재, 석학 초청 국제학술세미나 개최 등 지난 2000년부터 10여년 동안 끊임없는 관심과 노력을 기울여왔다.
그 결과, 지난 2007년 한국연구재단 등재지로 선정된 데 이어 이달에 'A&HCI' 등재심사를 통과, 2009년 발간한 12권 1호부터 'A&HCI' 등재가 확정됐다.
등재 확정으로 계명대 'Acta Koreana'는 학술적인 가치와 세계적인 권위를 인정받게 됨은 물론 국제전문학술지로 발돋움하게 됐다는 평가다.

'Acta Koreana'저널 'SCOPUS' 등재지에 선정

"질적 우수성을 공인받으며 국제전문학술지로 자리매김"

정지인 기자 cometrue91@kmu.ac.kr 등록 2012.09.06 22:58:19

우리학교에서 발간하는 'Acta Koreana' 저널이 세계적인 국제인용색인 'A&HCI (Arts & Humanities Citation Index)' 등재에 이어 전 세계 5천여 개 이상의 출판사에서 출판되는 18,000종 이상의 과학, 기술, 의학, 사회과학 및 인문·예술 등 전 학문분야를 포괄하는 'SCOPUS' 등재지로 8월에 선정되었다.

'SCOPUS'는 국내 대학의 연구수준 평가와 연구재단 지원심사에서 연구력을 평가하는데 중요한 척도가 되고 있다. 'A&HCI'와 'SCOPUS'에 함께 등재된 국내 저널은 우리학교의 'Acta Koreana', 'International Journal of Intangible Heritage'를 비롯한 단 4종뿐이다.

우리학교는 'Acta Koreana'의 세계적인 국제인용색인 등재를 위해 우수논문 및 석학 인터뷰 게재, 석학초청 국제학술세미나 개최 등 지난 2000년부터 10여 년 동안 끊임없는 관심과 노력 끝에 2012년 2월 'A&HCI' 등재에 이어 최근 'SCOPUS' 등재 심사를 통과, 2009년 발행분 이후부터 'SCOPUS' 등재가 확정되는 성과를 이뤄냈다.

우리학교 이윤갑(사학·교수) 한국학연구원장은 "한국학의 세계화와 국내외 연구자들의 학문적 교류의 장으로 그 역할을 충실히 해온 Acta Koreana가 질적 우수성을 공인받으며 국제전문학술지로 자리매김하게 돼 매우 기쁘다"며 "우리학교가 전 세계적으로 대표되는 연구기관으로서의 학문적 위상을 높이게 됐다"고 밝혔다.

5) 계명정신 실천덕목을 행한 사례

계명정신 실천덕목에 관한 자료 조사는 청정절융 실천의 필요성에 관한 고찰 부분과 실천 사례 부분을 조사하였다. 청결의 경우 그린 캠퍼스, 에코 캠퍼스를 위한 노력, 정직의 경우 계명 대학교 구성원인 교수, 학생, 직원의 입장에서 실천한 사례, 절약의 경우 일상 생활 속에서 쉽게 실천할 수 있는 에너지 절약, 음식물 쓰레기 줄이기 등에 관한 사례, 융합의 경우 학문적인 측면에서 다양하게 시도 되고 있는 사례 등을 주제로 하여 이루어졌다.

발행일	기사 제목
1969년 3월 17일	겸손과 정직
1970년 3월 4일	계명인의 긍지를 가져라 (사설)
1970년 11월 17일	학생들의 생활지도와 학원주변의 정화운동 (계명성)
1971년 4월 16일	남모르게 착한 일을 (밀물썰물)
1972년 4월 10일	학원정화는 명랑과 강인한 정신무장으로부터
1974년 6월 15일	돈 (1000자 단상, 국문2, 김영미)
1976년 3월 30일	학원정화운동 활발
1976년 6월 15일	깨끗한 환경속에 자라는 계명
1977년 2월 15일	젊음의 연장 – 참한 이성과 정직한 양심으로 살아야
1983년 11월 1일	진실과 믿음 (가정4, 김형주)
1985년 11월 5일	온전한 가치는 행동이 인식을 전제로 하고, 또한 인식은 행동을 약속할 때만이 (경영3, 손재호)
1985년 5월 14일	정직하다는 것
1986년 4월 22일	작은 질서를 위한 나의 제언 (경제3, 양진홍)
1997년 4월 21일	문무왕릉 수중 자연 보호
1997년 9월 1일	학내 환경을 진단한다 – 더 이상 간과할 수 없는 쓰레기 문제 –
1997년 11월 17일	음식 쓰레기 줄이기, 1인당 30g 감소 효과
1998년 2월 16일	등록금 동결, 긴축재정을 통해 예산절감
1998년 6월 8일	도서관 '공공자료인식 캠페인' 실시

발행일	기사 제목
1999년 10월 8일	학교 건물 금연 구역 설정 – 앞으로 남은 과제를
2000년 4월 3일	〈대학복지기획 시리즈〉 '재활용이 서야 학교가 산다'
2000년 4월 10일	〈특집 다시 시작하는 양심 자전거〉 학생들의 양심적 사용 및 총학생회 운영방법 개선 절실
2000년 5월 22일	낙동강환경원과 환경대 학생회 세계환경의날 기념행사
2000년11월 13일	성서캠퍼스 단대 입구마다 분리수거함 설치
2001년 4월 2일	'지킬 것은 지킨다'
2002년 4월 8일	낙동강환경원 주최 식목행사
2002년 9월 2일	환경봉사단, '황사예상 중국환경 봉사활동' 참여
2002년 10월 7일	우리학교 폐 학습기자재, 어떻게 처리하나
2003년 4월 7일	의양관 금연건물 지정 선포식
2003년 5월 26일	연계전공, 2003학년도 1학기부터 6개전공 시행
2006년 12월 11일	본교,'투명메이크업'으로 행정쇄신 나서...
2007년 10월 28일	지적 정직성을 지키자
2008년 9월 7일	캠퍼스 新 문화, 자전거 통행
2008년 9월 7일	단계별 차량부제
2008년 10월 19일	환경정화활동 봉사단 출범식
2008년 11월 16일	환경대 '승용차 없는 날' 지정
2008년 11월 30일	우리가 만드는 청결, 절약, 정직한 캠퍼스
2009년 12월 6일	'저탄소 지향 캠퍼스', 대학 구성원 모두 나서야
2009년 9월 28일	깨끗한 캠퍼스를 위한 금연구역 지정 선포식
2010년 5월 16일	계명의 미래를 밝혀주는 저탄소 지향 운동
2012년 9월 6일	'Cool–Green Keimyung 운동'
2012년 9월 18일	우리학교 '청정절융' 장학제도 실시
2012년 10월 30일	"2012년도 청정절융 장학" 최우수 선정자 주소연(식품영양학, 4) 씨
2013년 3월 6일	중고품 거래장터 '그린 캠퍼스' 어플리케이션 출시
2014년 6월 3일	계명의 연구기관(8) : 스포츠과학연구소 – 스포츠와 과학의 융합 통해 운동 수행 과정 내 변화 등을 연구하는 기관

발행일	기사 제목
2017년 10월 10일	미래사회를 선도하는 융합형 인재교육
2017년 12월 5일	계명인문역량강화사업단, 학생들 인문 융합 및 취업 역량 강화 나서
2017년 4월 17일	인문국제학대학 신입생, 융합/연계전공 필수

▶1969년 3월 17일

겸손과 정직

교육은 사람을 사람답게 만드는 일이며, 그 교육에서 지식과 기술을 배우지만, 그보다 더 앞서 중요한 것은 거짓이 없는 정직한 삶이다.

겸손과 정직

敎·四 도 헌 기

▶1976년 6월 15일

깨끗한 환경속에 자라는 계명

1970년대부터 계명대학교는 지역사회 및 학교 주변의 환경 개선 운동에 교수 및 학생들이 함께 동참함으로써 인성의 실천을 교내뿐만 아니라 지역 사회까지 확장해야 한다는 인식을 갖고 있었다.

깨끗한 환경속에 자라는 啓明

「지역사회 발전을 위한 대학의 참여」로 鄕土 발전에 앞장

「학원정화운동」을 계기로, 교수 및 학생 약3,500명 참가

본대학에서 벌이고 있는 學園淨化運動이 지난 3월 중순부터 시작하여 현재까지 延人員 학부 1,700여명, 전문부 1,800여명이 참가한 가운데 활발히 진행되고 있다.

이 운동은 지난 3월 22일 학부의 學徒護國團 幹部 53명이 「캠퍼스를 깨끗이 하자」는 학원정화캠페인을 내걸고 교내의 [illegible] 쓸고 조기청소를 실시함으로써 시작되어 그후 여자기숙사 舍生을 비롯한 各班에서 호응하여 교내정화와 학교주변을 청소하게 됨으로써 차츰 이 운동은 활기를 띠게 되었다.

지난 4월 4일·5일 양일간에 걸쳐 경주에서 학생지도자세미나를 가진 것을 계기로 淨化運動은 본격화되었는데, 지도교수 17명 학생 117명이 참가하여 「地域社會發展을 위한 大學生의 參與」란 주제로 가진 [illegible] 다.

지난 4월 11일에는 전문부의 도예연구반에서 [illegible]의 관광객들에게 예의바른 관광을 계몽했고, 5월 5일에는 학부의 적십자반에서 구미 金烏山에서 정화운동 캠페인을 벌이는 등 汎社會的으로 활동이 확대되어 갔다.

또한 4월 17일에 실시한 거리질서 확립 캠페인에는 학부·전문부의 학도호국단 간부 全員과 各班員이 참가하여 대덕공원 일대와 시내 중심가인 韓一路에서 청소와 육교 정화계몽, 거리질서 확립에 힘쓴 것도 큰 성과를 거두었다.

또한 이 淨化運動은 학생들에게만 국한된 것이 아니라 敎授, 敎職員들도 자진해서 참가하여 校內와 학교주변의 소방도로를 보수, 청소하는 등 활발한 활동을 하고 있어 더 큰 의의를 지니고 있다.

특히 이번 정화운동은 하루 이틀 실시하고 그만두는 行事가 아니라 한학기를 계속해서 실시해 왔다는데 그 성과를 찾을 수 있으며 各班이 분담해서 정화운동에 참가해 매일 실시된 이 운동은 앞으로 여름방학 전까지 계속 실시할 예정으로 있다.

계산 기능 경기대회

영남지방 20여개 상고에서 85명 참가

本大學 경상학부와 併設專門學校 상과가 공동으로 주관한 제 1회 계산기능 경기 대회가 29일 本대학 대강당에서 열렸다.

영남지방 상업계 고등학교 20개교 85명의 선수가 참가한 가운데 열린 이번 대회는 국민경제생활에 필요한 계산사무를 가장 능률적으로 수행할 수 있는 계산 기능의 발전과 국민 계수 능력 향상을 도모하며, 영남지역 상학도의 계산능력향상을 목적으로 하고 있다.

▶2000년 11월 13일

성서캠퍼스 단대 입구마다 분리수거함 설치

2000년부터 성서캠퍼스 단대 입구마다 분리수거함을 설치하여 절약 및 청결을 실천하고 있다. 1차적인 쓰레기 분리수거에 학생들이 참여하게 함으로써 불필요한 인력낭비를 줄이고 재활용할 수 있는 쓰레기를 분리할 수 있게 되었다.

성서캠퍼스 단대 입구마다 분리수거함 설치

분리수거에 대한 학생들 자발적 노력 필요

지난 11월1일에 설치된 분리수거함.

지난 11월 1일 우리학교 성서캠퍼스 9개 곳과 대명캠퍼스 2개 곳에 쓰레기 분리수거함이 설치되었다. 성서캠퍼스는 공학관, 도서관, 바우어관, 쉐턱관, 사회관, 체육관, 영암관, 백은관, 스미스관 건물 입구에 설치되었고, 대명캠퍼스는 도서관과 정문에 설치되었다. 이번 쓰레기 분리수거함은 우리학교 설치는 절약 정책과 더불어 교육기관으로서 환경에 앞장서고, 대구시 매립장의 사정이 열악해 매립장 이용이 용이하지 않아 마련된 것이다.

그렇다면 그동안 우리학교는 어떻게 쓰레기를 처리했을까?

먼저, 학교건물 청소를 담당하는 관리원과 학교에서 고용한 위탁업체의 용역들이 쓰레기를 수거했었다. 이 과정에서 재활용품의 부분적 분리수거가 이루어졌었다. 분리수거가 된 쓰레기들은 학내 집하장으로 모여져 담당자들에 의해 2차적으로 분리수거가 되고, 남은 쓰레기는 외부에 있는 시매립장으로 보내지게 된다. 이때, 매립장 반입량에 따라 일정액의 돈을 내야 되므로 학교에서는 쓰레기 처리비용을 줄이기 위해 철저하게 분리수거를 했었다.

위와 같이 그동안 1차적인 쓰레기 분리수거는 학생들의 손을 통한 것이 아니라, 위탁업체와 용역들의 손을 통해 이루어졌다. 분리수거함이 설치된 이제는 학생들의 손에서 부분적으로나마 분리수거가 되어져, 불필요한 인력낭비를 감소시키는 동시에 재활용 될 수 있는 쓰레기들을 분리할 수 있게 되었다.

하지만 현재 분리수거함이 설치된 곳이 건물의 입구라는 점과 분리수거함 디자인에 대해서 학생들의 불만이 있다. 학생들은 학내에 자판기 옆과 학내 식당과 매점에 학생들의 쓰레기 배출이 더 많기 때문에 이곳에 쓰레기 분리수거함 설치의 필요성을 느끼고 있으며, 쓰레기통의 입구가 낮게 디자인되어 쓰레기를 버릴 때 불편함을 호소하고 있다. 이에 학교측은 건물 입구에 분리수거함 설치 이유를 학생들이 많이 다니는 곳이고, 분리수거함의 디자인은 외부에 설치된 것이라서 비가 올 경우 분리수거된 쓰레기들이 젖는 것을 방지하고, 미관상 쓰레기가 보이는 것을 막기 위하는 등을 고려해 디자인 했다고 했다. 학교는 분리수거함 설치에 앞서 학생들의 의사를 반영하여 제작하고, 설치했더라면 하는 더 좋지 않았을까 생각한다.

앞으로 학교측은 쓰레기 분리수거를 위한 휴지통의 운영에 대해서 보완책을 마련하는 등 그 실효성 여부를 판단한 뒤, 그 여부에 따라 쓰레기통을 신규, 확대 증설하거나 표지판도 세울 예정이다.

이제, 학교에서는 쓰레기 분리수거에 대한 관심을 좀더 기울여 제도적인 확립을 할 필요성이 있으며, 학생들 또한 재활용에 관심을 기울여 쓰레기 분리수거에 동참해야 할 것이다.

학교 재활용은 학생, 학교의 일방적인 노력으로는 불가능하다. 좀더 세분화된 분리수거와 적절한 장소에 대한 수거함의 배치, 그리고 학생들의 의식의 변화가 동반될 때만 가능한 일이다.

박지현 기자

▶2002년 10월 7일

우리학교 폐 학습기자재, 어떻게 처리하나

우리학교 폐 학습기자재 중에 활용이 가능한 기자재는 다른 학교나 사회복지기관, 시설 등에 무상으로 지급함으로써 경제적, 환경적 손실을 최소화 하고 있다. 절약을 실천하는 대표적인 사례라 할 수 있다.

우리학교 폐 학습기자재, 어떻게 처리하나

이용가능 부품은 재활용하거나 외부기관 등에 지원하기도

단대 PC실습실 컴퓨터는 대략 3~4년에 한번씩 교체된다.

제1학생회관 대강당에 쌓여있는 의자

책 · 걸상에서부터 컴퓨터, 각종 실험기기에 이르기까지 학교에는 여러 기자재들이 있다. 이러한 학습 기자재들은 학생들의 학업능력을 향상시키고, 학교 생활을 편리하게 할 수 있도록 도와준다.

우리학교에 있는 각종 기자재 중에는 수 년 전에 구입해 지금까지도 아무 고장없이 사용하고 있는 기자재가 있는가하면, 구입한 지 얼마 되지 않았음에도 불구하고 수리를 해야할 정도로 손상된 것들도 있다. 특히 많은 학생들이 이용하는 단대PC실 컴퓨터는 학습기자재들 중에서도 그 수명이 가장 짧다고 할 수 있다.

교육기자재팀에 의하면 약간의 차이는 있지만 단대PC실에 있는 컴퓨터의 경우 대개 3~4년에 한번씩 교체한다고 한다.

교체한 제품은 관리과에서 각 부품을 분리해 따로 보관해두고, 보관해둔 부품은 성능이 떨어지는 컴퓨터가 생길 경우 부품 교체에 이용하는 방식으로 재활용하게 된다. 교육기자재팀 김효상씨는 "수리나 부품 교체 등을 통해 재활용은 가능하지만 속도가 다소 느리거나 최신 기능을 가지지 못한 컴퓨터의 경우에는 많은 기능을 필요로 하지 않는 자연대나 공대의 실험실에서 사용할 수 있도록 지원하는 경우가 많다"고 밝혔다.

컴퓨터의 경우, 수리가 불가능한 기자재에 한해 교육기자재팀에서는 점검 후 폐기하고 있다. 컴퓨터같은 경우에는 함부로 버릴 경우 부속품 등으로 인해 환경이 오염될 소지가 많으므로 관리과에서 일일이 부품을 분리한 후 폐기하고 있다. 이 과정에서도 기자재를 수리해서 사용 가능한 부품은 따로 모아두는데, 이렇게 모인 부품들은 외부 업체를 통해 동남아 등으로 수출하거나 필요로 하는 업체에 지원하고 있다.

교육기자재팀에서는 현재 영암관 106호 기자재실에 쌓여있는 컴퓨터나 각종 기자재 부품들도 대다수가 재활용이 불가능할 정도로 망가진 제품이거나, 사용 가능한 부품은 모두 분리되고 남은 상태의 기자재라고 밝혔다.

책상이나 걸상, 그 이외의 기자재같은 경우도 폐기신청이 들어오면 기자재의 상태를 점검한 후, 약간의 손질로 활용이 가능한 기자재는 이를 필요로 하는 다른 학교나 사회복지 기관, 시설 등에 무상으로 제공하고 있다. 그리고 수리가 불가능할 만큼 심하게 파손된 기자재는 철, 나무, 나사 등 하나하나 부품을 떼내어 고물상 등에 넘긴다고 한다.

교육기자재팀의 한 관계자는 "학교에서 나오는 폐기물은 대부분 재활용하거나 이를 필요로 하는 다른 기관 등에 지원함으로써 경제적, 환경적 손실을 최소화하기 위해 노력하고 있다"고 전했다. 또한 "학생처를 통해 정식 절차를 거쳐 신청해 학생회 등에 문서작성 정도가 가능한 컴퓨터를 지원해준 적이 있다. 그런데 학생들이 자신의 물건이 아니라는 생각 때문인지 컴퓨터나 주변 기기등을 함부로 쓰는 경우가 많아 쉽게 파손되는 경우가 종종 있어 안타깝다"고 전했다.

한편 교육기자재팀 김효상씨는 동아리 등에 대한 컴퓨터 지원에 대해 "아직까지 동아리에는 컴퓨터를 지급한 적이 없지만, 학생처를 통해 신청할 경우 충분히 고려해 보도록 하겠다. 단, 학생들이 지원받은 학교 시설물을 내 물건처럼 소중하게 다루어 주었으면 한다"고 전했다.

학교에 있는 각종 기자재들 중에는 학생들의 등록금으로 마련되는 것이 대부분이다. 학생들은 이러한 기자재들을 소중하게 다루어 보다 많은 학생들이 오래 사용할 수 있도록 하는 것도 학교 주인으로서의 권리를 누리는 방법 중 하나라는 사실을 알아야 할 것이다.

이다희 기자

▶ 2007년 10월 28일

지적 정직성을 지키자

'지성의 전당' 대학가가 부정행위를 양산하는 비양심 집합소로 전락하고 있다. 최근 서울대 약대생들이 기말고사 전공시험에서 속칭 '컨닝(부정행위)'을 조직적으로 저지른 사실이 드러난 가운데 명문대, 비명문대를 막론하고 컨닝이 일종의 관례로 굳어지고 있다. 이미 수년 전부터 인터넷 커뮤니티를 중심으로 '대학에서 컨닝하는 법' '들키지 않는 컨닝 비법'이 공공연히 퍼져나가는가 하면 일부 사이트에는 친절하게도 예시 사진까지 보여주며 부정행위를 독려(?)하고 있다. 지식의 전당인 대학 강의실이 얕은 속임수로 얼룩진 이유는 뭘까. 실력보다 편법으로 성공하려는 세태를 젊은 학생들이 일찍부터 배운다는 점에서 씁쓸함을 금할 수 없다. 그러나 본 기사는 학생의 입장에서 정직의 중요성과 당위성을 인식하고 지적 정직의 필요성에 주장을 한다.

지적 정직성을 지키자

시험 부정행위 근절돼야

최호동(건축공학·4), hyeya0115@hanmail.net

며칠 전 우연히 계명대신문의 설문조사를 봤다. 질문의 주제는 시험기간 중 가장 화나는 일이 무엇인지에 대해 묻는 것이었는데 1위는 바로 부정행위를 저지르는 사람이었다.

한 학기에 2번, 중간·기말고사를 매년 치르면서 이루어지는 많은 부정행위들은 어느새 시험 때 이루어지는 관행 중의 하나가 되어버렸다. 또한 이번 시험에서도 그런 부정행위들은 여지없이 목격되었다. 급속한 경제발전을 이룩한 우리나라에서는 어느 순간부터인가 과정보다는 결과를 우선시하는 경향이 강해졌다. 과정이 아무리 착실하고 훌륭하다 하여도 그 결과가 좋지 않으면 뒤따르는 평가는 나쁠 수밖에 없었다. 이러한 풍조가 사회 곳곳에 펴지면서 신성한 학문의 공간인 학교에서조차 과정보다는 결과를 중시하는 행태가 만연하게 된 것이다.

학생들은 순수한 학문적 동기를 가지기 보다는 좋은 학점을 따기 위해 노력했고 그 결과 학점을 위해 아무런 가책 없이 부정행위를 행하는 결과를 낳게 되었다. 우리는 지성과 교양을 쌓고자 많은 공부를 한다. 학문의 근본적 목적은 인격도야와 함께 충만한 지성과 감성을 쌓는 것이다. 탄탄한 장래를 위한 취업도 중요하지만 이 본래적 목적을 달성하기 위해 우리는 지적 정직성을 지켜야 할 것이다.

대학이 정말 신성하고 순수한 학문의 장소가 될 수 있도록 모두가 노력해야 할 때라고 생각한다.

▶2009년 12월 6일

‘저탄소 지향 캠퍼스’, 대학 구성원 모두 나서야

저탄소는 화석연료에 대한 의존도를 낮추고 청정에너지의 사용 및 보급을 확대하며 녹색기술 연구개발, 탄소 흡수원 확충 등을 통하여 온실가스를 적정수준 이하로 줄이는 것을 말한다. 최근 국제사회가 저탄소 녹색성장에 대한 관심이 높아진 것은 석유, 석탄 등 화석연료가 지구온난화의 주범으로 인식되면서 환경적 측면에서 화석연료 사용억제, 대체 에너지 개발, 에너지 절약과 이용 효율화에 대한 인식이 높아진 이유와 화석연료의 고갈에 따른 위기감과 유가 급등 등에 따른 경제적인 측면에서 에너지 위기를 심각하게 인식하는 계기가 되었기 때문이다. 위기를 인식한 계명대학교의 저탄소 지향 캠퍼스를 위한 노력은 교직원과 학생이 함께 공감대를 형성하고 함께 실천할 수 있는 방법들을 제시하였다.

'저탄소 지향 캠퍼스', 대학 구성원 모두 나서야

미래의 대학경쟁력 위해 淸正節融에 힘 모을 때

서남원 준기자, snw5779@kmu.ac.kr　　등록일: 2009-12-06 오후 6:56:50

최근 정부가 저탄소 녹색성장이라는 국가비전을 발표함에 따라 대학들은 ‘저탄소 지향 캠퍼스’를 위해 각종 캠페인 활동을 펼치고 있다. 우리학교도 작년 11월에 ‘에코캠퍼스(Eco-Campus)’ 운동을 시작으로 ‘청·정·절·융’ 생활표어 제정, 금연구역지정 등 각종 저탄소 지향 운동을 펼치고 있다. 이에 그동안 우리학교가 추진해 온 관련 정책들의 활동과 성과에 대해 살펴보고, 앞으로의 추진계획에 대해 알아보도록 하겠다.

■ 우리학교의 저탄소 캠퍼스를 위한 노력

대기오염의 심각성이 대두되는 가운데 쾌적한 캠퍼스를 조성하기 위해 지난해 10월 31일 환경대학생회 주최로 ‘승용차 없는 날’을 지정하여 2주간 대중교통이용, 자전거타기, 걷기 등을 장려하는 캠페인을 펼쳤다. 이를 시작으로 같은 해 11월, 생태성위원회 주도로 쾌적한 캠퍼스환경과 저탄소 지향 캠퍼스를 만들자는 목적으로 ‘에코캠퍼스(Eco-Campus)’ 캠페인을 벌였다. 이 캠페인의 일환으로 ‘자동차 없는 날’, ‘아름다운 식탁’, ‘정직한 시험’ 등의 행사가 열렸다.

▶ 2012년 9월 6일

'Cool-Green Keimyung 운동'

에너지 절약은 에너지의 공급자와 사용자가 에너지 낭비를 줄이기 위해 채택한 수단 또는 그로 인한 효과를 말한다. 여기에는 소극적인 방법(예: 단열)과 적극적인 방법(예: 폐열이나 가스의 활용), 조직적인 방법(예: 수송수단의 변화) 등이 있다. 계명대학교는 교수, 학생, 직원 등 모든 구성원들이 에너지 절약 생활화, 물자절약 생활화 등 긴축 재정을 통해 등록금 동결, 긴축 예산 등을 실시함으로써 학생들의 복지 및 장학혜택을 오히려 확대하고 있다.

'Cool-Green Keimyung 운동'

10% 이상 전기에너지 절약

김혜민 기자, dkdlel2487@kmu.ac.kr 등록일: 2012-09-06 오후 10:43:24

ⓒ홍보팀 제공

우리학교는 지난 6월부터 구체적인 에너지 절약 10대 실천방안을 정해 'Cool-Green Keimyung 운동'을 적극 펼치고 있다.

10대 실천방안은 냉방온도를 섭씨 28도로 조정 및 통제, 무더위 쉼터 운영, 에너지 지킴이 지정운영, 하계 집중 휴가기간 실시 등을 주요내용으로 하고 있다. 이번 캠페인으로 전년도 대비 10% 이상 전기에너지를 절약하는 큰 효과를 거두었다.

▶ 2017년 4월 17일

인문국제학대학 신입생, 융합/연계전공 필수

대학 교육은 사회 요구에 맞는 융합 콘텐츠를 개발, 개설함으로써 더 큰 부가가치를 생산해 낼 수 있다. 특히, 지식에 대한 액세스가 아주 자유롭게 되는 4차 산업혁명 시대에서는 학문 간의 융합, 산업과 교육의 융합, 나아가 각종 지식전달 미디어의 융합이 대학 교육의 희망이다. 이를 인식한 계명대학교에서도 전공마다 융합 교육을 시도 및 실시하고 있으며 계명대학교가 지향하는 창의적인 인재 양성을 위해 노력하고 있다.

인문국제학대학 신입생, 융합/연계전공 필수

대학인문역량강화사업 학생설명회 열린 가운데 관련 사항 전달

계명인문역량강화사업단 주최 '대학인문역량강화사업(이하 코어사업) 학생설명회'가 지난 11일부터 13일까지 3일간 열려, 학생들에게 코어사업 관련 교육과정, 관련 학칙변경 사항 등을 안내했다.

설명회 첫 날인 지난 4월 11일에는 한국어문화학부, 기독교학과, 사학과, 철학윤리학과 재학생을 대상으로, 다음날인 12일에는 외국어문학부 재학생, 마지막 날인 13일에는 국제지역학부 재학생을 대상으로 각각 진행됐다. 이번 설명회에는 박윤주(스페인어중남미학·교수) 계명인문역량강화사업단 부단장 등이 참석해 5여명이 코어사업 소개를 비롯한 사업 관련 교육과정 개편, 운영 예정 프로그램에 등에 대해 설명했다.

2017년 3월 입학생부터 인문기반융합전공 참여 학과 학생들(타 복수전공/부전공 참여 학생, 편입생, ROTC는 제외)은 융합전공 혹은 연계전공에 필수로 참여하도록 교칙이 변경됐다. 코어사업 관련 연계전공 및 융합전공은 '국경학연계전공', '신흥시장지역학연계전공', '인문기반IT공학전공' 등 총 9개가 있다. 복수전공을 원하는 학생은 제1전공 45학점과 복수/부전공 33학점을, 부전공을 원하는 학생은 제1전공 45학점과 복수/부전공 15학점을 졸업 전까지 이수하면 된다.

이날 박윤주 부단장은 "인문국제학대학생은 복수전공 혹은 부전공을 반드시 이수해야 졸업을 할 수 있게 됐다. 앞으로 다양한 전공에 관심 가지며 코어사업에 적극적으로 참여하기를 바란다."라고 당부했다.

이연희 기자 lyh142779@kmu.ac.kr

2. 계명대학교 인성교육의 발자취

교과목, 비교과목 프로그램 중심으로

계명대학교는 개교 이래 전인교육의 기치 아래 인성교육의 중요성을 강조해왔다. 이러한 역사적 전통과 현재 계명대학교의 학생들의 특징과 상황을 고려하여 '좋은 사람을 더 좋은 사람으로 기르는 인성교육'에 대한 양적·질적 비약을 도모하고 있다.

1) 교과 프로그램

계명대학교는 인성교육에 대한 중요성을 인식하고 그 노력의 일환으로 공통교양 중 인성함양 영역 교과목을 통하여 다양하며 체계적인 인성교육을 제공하고 있다. 그에 대한 설명은 다음과 같다.

교과목명	교과목 설명
계명정신과봉사	온라인 강좌인 계명정신과봉사 교과목은 계명대학교 역사를 통해 면면히 이어져 온 계명정신을 탐구하고, 이를 통해 계명인으로서의 정체성을 가진 성숙한 교양인으로 성장할 수 있도록 돕는 데 목표가 있다. 본 교과목의 주요 내용은 계명대학교 역사와 계명정신, 계명대학교 교육이념과 교육목적 및 교육목표, 계명대학교 인재상, 섬김의 리더십, 계명대학교 캠퍼스 그리고 사회봉사활동 등이다.
기독교의이해	기독교의이해 교과목은 계명대학교의 창립 이념인 기독교 정신을 인문학적 관점으로 접근하여 기독교적인 세계관과 가치관을 함양한 인재를 양성하는 데에 목표가 있다. 본 교과목을 통해 학생들은 기독교 정신을 배움으로써 성경에 대한 객관적인 이해와 우리 삶의 다양한 문제들(종교와 문화, 윤리와 리더십, 삶과 죽음의 의미 등)을 다시 생각해 보는 계기를 갖는다.
글로벌시티즌십	글로벌시티즌십 교과목은 활동과 체험을 통해 인성을 갖춘 인재를 양성하는 데 목표가 있다. 본 교과목의 주요 내용은 '자기를 비추는 빛' 으로서 진정한 나를 찾는 비전 교육, 타인을 비추는 빛으로서 타인과의 소통과 공존 교육, 세계를 비추는 빛으로서 화합을 위한 글로벌 시티즌 소양 교육의 세 단계로 구성되어 있다.

교과목명	교과목 설명
대학생활과진로설계	대학생활과진로설계 교과목은 신입생을 대상으로 1학기에 개설하는 교과목으로서, 학생들의 인성 함양과 유익한 대학생활 안내 및 합리적인 진로설계 등을 돕는 데 목표가 있다. 본 교과목의 주요 내용은 학생서비스 안내, 학과소개, 학점관리, 생활예절, 진로 관련 자기이해, 직업세계 이해, 진로의사결정 등이며 수업은 강의와 주제토론, 실습과 발표, 과제학습 등으로 진행된다.
채플	동기부여, 비전설계, 창의적 자기계발 관련 채플 콘텐츠로 능동적인 문제해결 능력과 윤리적 리더십 향상을 도모한다. 문학과 음악, 봉사와 나눔 등 다양한 채플 콘텐츠로 다문화(종교)시대에 필요한 인성과 공감능력을 함양하고 있다.

인성교육에 있어서, 가장 대표적인 교과목은 체험 활동형 인성교육을 표방하고 있는 '글로벌시티즌십'이다. 이 교과목은 인성함양의 필요성에 대한 인식을 제고하고 인성교육의 가치를 확립하는 기회를 제공하고 있다. 특히 체험 활동형 인성교육 교과목의 특성을 고려하여, 20명 분반 기준을 고수하여 교육효과를 극대화하기 위해 노력하고 있으며, 우리대학의 교육이념을 반영한 '창의적 국제인' 양성이라는 계명대학교의 인성교육 이념과 목표를 바탕으로 하고 있다.

[글로벌시티즌십 교과목 수강생들의 이야기]

이 수업을 통하여 저의 미래계획을 세워볼 수 있어서 좋았고 자신의 꿈을 향해 끊임없이 도전하는 계대 선배들의 동영상을 보면서 롤 모델로 삼아 저도 열심히 제 꿈을 이루도록 노력하겠습니다.
이 강의를 수강하고 제일 눈에 띄게 달라진 점은 나 자신에 대한 이해를 하고 있다는 것이라고 생각합니다. 강의를 처음 듣기 시작했을 때 저의 자존감은 거의 바닥이었는데 한 학기 강의를 듣고 나니 어느 정도는 자존감이 높아졌다고 나 스스로도 생각하고 있을 만큼 좋아졌습니다. 새로운 사람들을 만나고 하는 것에 대한 거부감도 사라졌고 무엇보다 자기 자신에 대한 이해를 할 수 있는 가장 뜻 깊은 시간이었습니다.
세계인권선언과 시각장애인 체험 등 이 수업이 없었더라면 접할 기회가 있었나 생각을 하게 되었고 외국인 친구와 이야기하며 다른 나라 문화도 알게 되고 이해하며 나 자신에게도 발전할 기회가 생겼던 수업이다.

시각 장애인 체험을 통해 배려와 존중을 배웠고 그러한 체험이 생소했지만 유익한 프로그램이었습니다.

다른 나라의 문화를 잘 알고 이해 할 수 있었으며 외국인 유학생들의 힘든 점을 알 수 있었다. 그리고 무엇보다도 나 자신을 조금 더 알 수 있었던 것 같다.

외국인 친구를 만나 이야기를 직접 나눠보니 제대로 된 글로벌시티즌십을 배우는 것 같았고, 너무나 뜻 깊은 시간이었다. 매일매일 다른 체험으로 느끼게 되는 세계인이 갖추어야 할 태도와 교양인이 되기 위해 배워야 할 자세들이 나에게 정말 좋은 거름이 될 것 같다.

이 수업을 수강하면서 기존의 수업에서는 할 수 없었던 다양한 활동을 할 수 있었다. 적극적으로 수업에 참여할 수 있도록 만든 프로그램이 마음에 들었고 특히 외국인과 직접적으로 교류했던 수업이 좋았다

글로벌시티즌십 수업 중 외국인 친구를 만나 인터뷰한 것이 가장 기억에 남습니다. 다른 나라의 문화에 대해 알게 되어 뜻깊은 시간이 되었고 평소 외국인 친구들과 접할 틈이 잘 없었는데 이 수업을 통해 외국인 친구들과 소통을 하게 되어 정말 좋은 경험이 되었습니다.

다른 사람의 관점에서 볼 수 있는 기회가 많아 다른 사람의 입장과 기분을 생각할 수 있는 힘을 기를 수 있어 좋았다. 세계 시민이 되려면 다른 나라의 문화나 에티켓을 알고 있어야 하는데 그런 점에서는 아직 많이 부족한 것 같다. 그리고 외국인 친구가 강의에 왔을 때, 질문을 많이 하지 못해서 아쉬웠다.

글로벌적인 감각을 익히고 세계시민 구성원으로서의 역할에 대해 제대로 배울 수 있었던 좋은 수업이었습니다.

전반적인 프로그램이 내용이 타인과 좀 더 가까워질 수 있는 소통의 고리로 이어준 것 같아 만족한다. 중간에 외국인과 함께 참여하는 프로그램이 하나 있었는데 외국인과의 소통을 좀 더 늘려나간다면 더욱 더 즐겁고 의미 있는 프로그램이 될 것 같다.

다문화를 이해하는 궁극적 목표가 이타적인 자세라고 생각한다. 비록 확 와 닿지 않지만 학습을 통해 편파적 태도는 절대 아니라는 것을 배웠다.

글로벌시티즌십 프로그램에 참여하면서 외국인에 대한 예의나 불편함을 알게 되었고 나의 성격이나 생각 등 알 수 있게 되어서 매우 좋았고 나와 다른 사람을 아는 데 매우 도움이 되었던 것 같다.

계명 글로벌시티즌십 프로그램 덕분에 많은 사람들과 소통을 하면서 즐기게 되었고 앞으로 중국뿐만 아닌 다른 나라 유학생들과도 함께 수업을 진행하였으면 좋겠습니다.

2) 비교과 프로그램

계명대학교는 학생상담센터, 교목실, 계명1%사랑나누기 등 다양한 기관에서 학생들의 인성함양을 위한 프로그램을 충실히 제공하고 있다. 이들 기관에서는 인성교육이라는 목표를 표면화하지 않더라도 실질적으로 인성함양의 성과를 도출하고 있다. 특히 우리 대학은 기독교 정신에 입각한 봉사활동을 통해서 참가자들의 인성함양을 도모해온 오랜 역사를 자랑한다.

주관기관	프로그램명
계명인문역량강화 사업단	인문학도 인성캠프
계명1%사랑나누기	계명카리타스힐링 프로그램(수술비 및 재활, 위로와 격려 등 지원) 계명1% 사랑 나눔 활동 프로그램 단체 지원
계명카리타스 봉사센터	글로벌 역량 제고 및 봉사정신 함양을 위한 국외봉사 성적우수 장학생 대상 봉사 및 리더십 연수 프로그램 사회봉사 기본 교육 (봉사동아리 발굴 지원 사업)
교목실	기독교 정신에 입각한 인성 함양, 비전 발견 및 자기 계발
국제교류센터	한미친선서클(KAFC) 외국인 학생 도우미 활동 지원 외국인과 함께 하는 문화 교실
대학창조일자리센터	상시진로지도 프로그램 취 · 창업 지원과 관련하여 진로 탐색 및 진로 설정 프로그램
명교생활관	기숙사생들 간의 화합과 융합을 위한 명소 산책과 명상 프로그램 명교생활관 인성교육 프로그램
목요철학원	목요철학콜로키움
산학인재원	지역우수인재 히어로 양성사업의 일환으로 인성교육
인권센터	인권 보호 교육 및 폭력예방 교육

주관기관	프로그램명
특성화창의인재원	글로벌비즈니스 매너 프로그램 글로벌 마인드와 다문화 이해, 소통 역량 강화를 위한 글로벌컬처투어 다문화 포럼
학생상담센터	자기성장, 학교 적응, 대인관계 증진 등을 주제 한 워크숍 자존감 향상, 정서 조절 등의 주제로 한 집단상담 진로 의사결정 및 자기역량 강화를 위한 Dream 설계 프로젝트
계명인성교육원	재학생 인성교육 프로그램 운영(교과/비교과)

특히, 위의 기관 중 2015년 설립된 계명인성교육원은 우리 대학의 인성교육의 핵심 기관으로 인성교육을 목표로 다양한 인성교육 프로그램을 개발, 운영하고 있다. 2015년 설립된 계명인성교육원은 신입생을 대상으로 '나의 빛을 세계에 비추는 계명인' 양성이라는 교육목표에 부합하는 '계명 글로벌 시티즌' 인성교육 프로그램을 시행하고, 나아가서 인성교육으로 사회에 봉사할 수 있는 다양한 프로그램을 연구 및 개발, 운영하고 있다. 이를 통해서 계명인성교육원은 지금 이 시대가 요구하는 인성적 소양이 겸비된 인재를 교육하는 데 기여하며 자신과 세계를 따뜻한 눈으로 바라볼 수 있는 사람, 타인의 허물을 너그럽게 용서할 수 있는 사람, 많이 갖고 많이 배웠더라도 진정으로 자신을 낮출 수 있는 사람, 아름답게 미소 지을 수 있는 사람, 평범한 일상에 감사할 수 있는 사람을 키워내고자 한다. 또한, 인성교육이 도덕교육과 지식교육의 차원을 넘어서 인간 본성 회복에 기여한다.

사업 구분	프로그램명	교육 시간	COMpass K 인정 점수
인성교육 심화연수 프로그램	기독교인을 위한 YOU&I	8시간	4
	영화와 함께 하는 기독교 세계 여행	8시간	4
	사회 정의 : 토론으로 답을 찾자!	8시간	4
	노자와 힐링 - 나를 찾아서	9시간	4
	쿵푸 팬더와 마음공부 - 나와의 만남	8시간	4
	미닝(meaning) 언제나 굿모닝	9시간	4
	칭찬으로 나누는 사랑이야기	9시간	4
	인공지능시대, 따뜻한 가슴으로 만나다	9시간	4

사업 구분	프로그램명	교육 시간	COMpass K 인정 점수
인성강화 체험 프로그램	선비문화 체험 캠프(1박 2일)	11시간	8
	올바른 미래설계 체험 캠프(1박 2일)	13시간	8
	전통 인문정신 체험 캠프(1박 2일)	16시간	8
인성교육 체험활동	활동 공모형 K-Circle(인성교육 프로젝트)	20시간	10
	인문학체험 인성교육 프로그램	20시간	10
인성교육 확산 프로그램	타대학생과 함께하는 계명 글로벌 시티즌 프로그램 유형 I	2박 3일	12
	타대학생과 함께하는 계명 글로벌 시티즌 프로그램 유형 II	1박 2일	8

계명인성교육원에서 개설된 프로그램 가운데 인성교육 체험활동 프로그램은 2학기에 1회 실시하고, 그 외 프로그램은 연간 2회씩 실시하여 참가자들의 선택권을 보장하고 있다.

3. 계명대학교 인성교육 발자취

학생들의 스토리텔링 중심으로

우리가 보지 못했던 작은 세상

경영정보학과 최*혁

여름과 가을이 힘겨루기를 하던 9월 한 통의 문자메시지가 도착했다. '인문학 인성교육프로그램 선발팀 안내 학교 홈페이지 공지사항 참조' 지도교수님을 모시는 것에서부터 참가 신청서를 내는 과정도 험난했던 인성교육프로그램에 선발되었다. 3명의 팀원과 수정에 수정을 거친 참가 신청서를 들고 경영대학의 유상진 교수님을 찾아뵈었을 때 교수님께서는 단호하게 다시 써 오라고 말씀하셨다. 학생들이 프로그램에 진지하게 참여하여 많은 교훈을 얻길 바라셨다. 선발결과를 확인한 나는 즉시 학교 인근에 위치한 지역아동센터를 찾기 시작했고 파호 초등학교 바로 앞에 위치한 '다솜호산지역아동센터'를 방문할 수 있었다. 복지사 선생님을 만나 우리 팀이 진행할 '인문학 명작 연극 토론'에 대해 설명했다. 흔쾌히 프로그램의 일정을 잡아주셨고 매주 월요일마다 프로그램을 진행하게 되었다.

9월 26일 처음으로 센터의 아이들과 만났다. "누구세요?"라며 호기심 반 장난 반으로 똘망한 눈망울을 한 채 우리를 쳐다보던 아이들, 기웃거리며 가까이 다가오지 못하며 부끄러움이 많던 아이들을 마주한 나는 참가신청서를 작성하여 제출했을 때보다 더 큰 책임감을 느꼈다. 이 아이들과 정말 유익한 시간을 보내야겠다고 생각했다. 나는 계획서를 작성한 것처럼 아이들과 친해지기 위해 장난도 치며 자유로운 분위기 속에서 아이들이 읽었던 책에 대해 이야기를 나누려고 했다. 그러나 예상치도 못한 일이 발생 했다. 아이들 중 절반 정도가 다문화가정의 아이였고 한국말에 서툰 아이들과 전혀 못하는 아이도 있었다.

힘겹게 준비했던 교육을 마치고 팀원들과 수업의 수준을 대폭 낮추는 것이 좋겠다고 상의했다. 계획과 실전은 확연히 달랐다. 다문화가정이 늘어나고 있다는 사실은 뉴스를 통해서도 잘 알고 있었지만 이 정도로 많을 줄은 전혀 몰랐다. 한국말을 잘할 수 있는 아이들을 가르치는 것도 힘든 일인데 말이 통하지 않는 아이들을 가르친다고 생각하니 처음에는 막막한 기분이 들었다. 그러나 이내 생각을 고쳤다.

한국에서 말이 잘 통하지도 않는 와중에 학교를 다니며 얼마나 힘이 들까라는 생각이 들었다. 이 아이들을 위해 내가 최선을 다해 가르쳐 줄 수 있는 것을 알려주고 싶었다. 아이들의 수준에 맞게 조절된 도서를 바탕으로 우리는 수업을 진행했다. 책을 통해 연극을 하고 책 내용을 바탕으로 쓰기자료를 만들어 아이들에게 작성하게 했다. 아이들은 생각보다 글을 쓰는 것을 어려워했다. 그런 아이들은 그림을 그리게 했다. 아이들이 그림만 그리고 글을 전혀 쓰지 않으려 하자 학교에 제출하는 보고서를 작성해야 하는 내 입장에서는 아이들이 조금만 더 성의를 보이고 열심히 수업에 임해줬으면 하는 욕심을 가졌다. 이 욕심 때문에 아이들이 강요를 받는다는 느낌이 들어서일까 '보미'라는 아이는 이내 울음을 터트렸다. 나는 어쩔 줄 몰라 아이를 달랬고 이러한 내 방식이 잘못되었다는 것을 느꼈다. 이후 나는 욕심을 버리고 아이들과 그저 좋은 시간을 보내기 위해 노력했다. 시간이 지나면 지날수록 아이들은 우리에게 웃으며 즐거워하는 모습도 보여주었고 서로가 조금 더 많은 분량을 차지하는 역할을 하기 위해 다투기도 했다.

나는 이 프로그램을 통해 이곳에서 아이들과 보내는 시간을 고스란히 즐기기로 마음먹었다. 아이들에게 내가 일방적인 수업을 해 주는 것이 아니라 나도 아이들과 이야기를 나누고 직접 쓰기자료를 써 보기도 했다. 내가 직접 그린 그림에 아이들은 다가와 색칠을 해주기도 했고 이름란에 '최*혁'이라고 적힌 자리 옆엔 '최바보 선생님'이라고 적기도 했다. 아이들이 우리를 불편해 하지 않고 대해준다는 사실이 너무 고마웠다. 우리가 가르쳐주는 것이 무엇이라고 우리를 선생님이라고 불러주는 것도 고마웠다.

아이들의 대부분은 파호초등학교에 다녔는데 근처를 걷다보면 아이들과 마주치는 일도 잦았다. 우리가 아이들을 발견하지 못해도 저 멀리서 아이들은 우리를 보고 반가워하며 달려와 주었다. 내가 욕심을 버리고 아이들에게 대해준 것처럼 아이들도 우리를 대해주기 시작했다. 다문화가정의 아이들을 처음 마주했을 때는 어떻게 아이들을 대해야 하나 걱정이 많았다. 수업은 잘 따라올 수 있을지, 한국말은 잘 알아들을 수 있을지, 한국의 학생들이 괴롭히지는 않을지 혹여 우리를 불편해하고 싫어하진 않을지 이러한 생각은 기우였다. 이 아이들은 우리가 어릴 적 모습과 크게 다름없는 평범한 초등학생일 뿐, 한국말이 조금 서투르지만 더 많이 노력하고 공부해서 다른 아이들과 어울리는 아이들이다.

아이들이 선생님이라고 부르는 나는 오히려 아이들에게 더 많은 것을 배웠다. 첫째 내가 부리는 욕심으로 어떤 사람은 상처를 받을 수도 있다는 것. 설사 그것이 그 사람을 위한 것이라 해도 받아들이는 입장에서는 다르게 다가올 수도 있다는 것. 둘째 우리가 일반적으로 생각하고 있는 기준을 아무렇지도 않게 바로 적용해선 안 된다는 것. 다문화가정이 많이 있다는 사실을 알고 있었음에도 불구하고 아동센터에 그 가정의 아이들이 있을 거라고 생각도 못했던 것처럼 계획과 실전은 달랐다. 셋째 진실된 태도로 마주할 때 비로소 사람의 마음을 얻을 수 있다는 것. 내가 계속 욕심을 부리고 아이들에게 쓰기 자료에 더 많은 분량의 글을 작성하도록 강요했나면 과연 아이들이 밖에서 우리를 발견했을 때 달려와 반가워했을까?

우리는 인문학 체험 인성교육 프로그램을 통해 아이들과 소중한 인연을 맺었고 서로가 서로에게 도움이 되는 시간을 가질 수 있었다고 나는 확신한다. 시간적인 여유가 된다면 정기적으로 봉사활동을 해 달라고 복지사 선생님께서도 부탁하신 것처럼 나 또한 이를 계기로 꾸준히 봉사활동을 하고 싶다는 생각이 들었다. 인간은 혼자서 살지 못한다. 누군가의 도움을 받고 또 주기도 한다. 우리는 이것을 사회라고 부른다. 혼자 힘만으로 살아갈 수 있었다면 사회가 존재할 수 있었을까. 더불어 살아가는 사회에서 우리가 먼저 다른 사람들을 돕고 살아간다면 그것으로 조금 더 나은 사회를 만들 수 있지 않을까 생각한다.

계명대학교 남문에서 불과 200미터 남짓한 아주 가까운 거리에 다문화가정의 아이들이 존재한 것처럼 우리가 미처 알지 못했던 사회 속의 이면들이 많이 존재할 것이다. 인문학체험 인성교육 프로그램을 통해 우리는 다문화가정의 아동들에 사회로 들어갔다. 여기서 주목할 점은 일시적이고 학교에서 스펙을 쌓기 위한 대외활동이 아니라 서로에게 도움이 되고 가르침을 줄 수 있는 지속적인 관계가 되도록 노력해야 한다는 것이다. 교내에 다양한 프로그램들과 본인이 작성한 수기를 많은 학생들이 읽고 각자가 사회 속에 존재하는 이면들을 발견하고 또 느끼며 서로 배울 수 있는 좋은 기회를 가졌으면 좋겠다.

삼(三)연의 조화, 나를 성장시키다.

제약학과 신*민

필연은 우연을 가장하여 찾아온다는 말은 현시대에도 통용된다는 것을 피천득 선생님께서는 과연 알고 계셨을까?

여느 때와 같이 나는 쉬는 시간에 책을 보고 있었다. 평소에 틈이 나면 책을 보는 편이기는 하지만, 그에 비해 타인과 소통을 하는 시간은 턱없이 부족한 탓에 왠지 모를 공허함이 마음속에 자리잡고 있었다. 따라서 나는 기회가 주어진다면 타인과 생각을 나누어 보고 싶다는 마음을 항상 가슴에 간직하고 있었다.

마침, 우연히도 우리 과에서 독서토론클럽을 모집한다는 공지가 있었고, 나는 바로 지원했다. 그 무렵 읽고 있던 책이 피천득 선생님의 『인연』이었고, 나도 모르게 필연, 우연, 인연이라는 그럴듯하게 엮인 삼연에 피식 웃음을 지었다.

스티븐 호킹의 『시간의 역사』, 『건축, 음악처럼 듣고 미술처럼 보다』, 『나미야 잡화점의 기적』 이 세 권의 책으로 우리는 여러 번 토론을 진행하였다. 진행했던 토론 중에서 『나미야 잡화점의 기적』을 읽고 '고민'이라는 주제로 서로에 대해 얘기를 나누었을 때의 충격은 잊혀지지 않는다. 그 당시 우리는 우리 스스로의 고민보다는 우리가 어떠한 방식으로 주위 사람들의 고민을 대하는지 말해 보았다. 생각보다 쉽지 않았다. 우리는 일반적으로 주위의 고민을 해결해 주는 쪽보다 스스로의 고민을 털어 놓는 쪽에 익숙했기 때문이었다. 물론 세상에는 고민을 들어주는 데에 익숙한 사람도 분명히 있을 것이다. 허나 이러한 사람들 중에 진정으로 고민을 말하는 사람의 의중을 파악하여 그에 대한 적절한 대답을 해주는 사람은 드물 것이다. 고민을 많이 들어주는 사람도 자신만의 고유한 고민 해결 방법이 생겨, 각 개인마다 적합한 방식이 아닌 타성에 젖은 방식으로 고민을 해결해 주는 확률이 높기 때문이다.

안타깝게도 나는 고민을 많이만 늘어놓는 사람이지, 많이 들어주는 편이 아니었다. 그래도 평소 타인의 고민을 해결하는 나만의 방식을 말해보라고 한다면, 부끄럽게도 주위 사람들에게 고민을 해결해 주는 방식은 나 스스로가 고민을 해결하는 방식과 동일하다고 말할 것이다. 왜냐하면 고민에 대한 본질적인 속성은 동일하다고 생각했고 따라서 해결하는 방법도 다르지 않을 것이라 판단했기 때문이다. 나는 '고민'을 대할 때 나만의 틀이 있었다. 어떠한 문제나 걱정거리를 마주하게 되면 냉철하게 고민거리를 현실의 도화지 위에 올려놓고 해부한다. 그것이 잘 될 경우, 생각대로 되지 않을 경우, 앞으로 해야 할 방안 등을 내가 생각할 수 있는 한 낱낱이 분석하여 제시한다. 철저하게 감정을 배제한 이성적인 잣대로 말이다. 이 방법이 여태 내가 다른 사람의 고민을 해결해 준 방법이었다. 이는 내가 할 수 있는 최선의 고민 해결 방식이었고 그렇기에 나는 진심으로 상대방에게 조언해 주는 사람이라는 자부심 또한 가지고 있었다. 허나, 친구가 '고민'에 대해 접근하는 방식은 나와 달랐다. 그는 감정에 중점을 두었다. 어떠한 사실이나 해결책을 말하기에 앞서 상대방의 고통과 아픔을 어루만져 주었다. 그 친구 말로는 고민을 말하는 사람은 감정적인 위로나 힘이 되는 말을 듣고 싶은 의도가 있을 수 있다고 했다. 맞는 말이다. 스스로가 감내할 수 있는 고통에 대해서는 타인에게 고민이라는 명분으로 말을 하지 않는다는 것은 나 스스로도 경험한 사실이었다. 즉, 대부분의 고민은 스스로 감당하기에 벅찰 수 있어서 믿을 수 있는 사람과 함께 해결하고 싶은 것이다. 이러한 측면에서 본다면 고민을 받은 사람은 고민을 얘기한 사람에게 희망과 위로를 해주는 것은 마땅히 해야 할 책무라고도 볼 수 있다. 이러한 경험을 가지고 있으면서도 고민을 상담해 주는 방식을 전혀 개선하지 않고, 여태까지 내가 고수해온 고민 해결의 틀에 다른 사람들의 고민을 끼워 맞추었으니 나는 진정 거만하고 독선적인 행동을 하면서 살아온 것이다. 이렇게 나 자신을 들여다볼 기회가 없었다면 나는 앞으로도 스스로 답을 내리지 못해 답답하고 힘든 사람 앞에서 칼날 같은 목소리로 사실과 올바른 해결책을 제시 하였을 것이고, 그들에게 상처를 주어 상황을 악화시켰을 수도 있었을 거란 생각이 들었다. 이는 고민을 해결하기 위해 의지한 사람이 오히려 의도치 않게 고민이 있는 사람에게 비수를 꽂는 최악의 상황으로 전개될 가능성이 있었다는 것을 의미한다.

최근에 내가 해주었던 고민 상담도 이러한 부류에 속할 수 있다고 생각한다. 친구에게 약학대학 면접을 어떻게 준비해야 하는지에 대한 고민 상담을 받은 적이 있다. 이때 나는 철저히 격려를 배제하고 현실적인 말을 주로 해주었다.

'지금 시점에서 준비해야 하는 것은 지성 부분, 인성 부분, 시사 등이 있다. 지성 부분은 여태까지 공부한 책을 위주로 공부하고, 인성 부분은 여태까지 살아온 과정을 천천히 살펴보면서 자신의 특성이 무엇인지 인식하고, 시사는 특정한 웹사이트와 의료 관련 책자를 참조하여 정리하면 된다.' 라고 일러주었다.

또한 이 친구는 평소 스스로에 대한 확신이 부족해 여기저기에 휘둘린 적이 있었던 친구이기 때문에 더이상 주위에 물어보지 말고 그 시간에 글자 한 자를 더 보라고 현실적으로 말해 주었다. 물론 면접을 준비하는 입장에서 이러한 정보와 차가운 조언이 잘못 되었다고 말할 수 없다. 아니 오히려 이러한 따끔한 조언을 원했을 수도 있다. 하지만 만약 내가 조금 더 현명하였더라면 힘을 북돋아주는 말을 해주었을 텐데 하는 아쉬움이 남는다. 면접이라는 마지막 관문을 앞둔 수험생이 어떠한 길을 걸어왔고, 지금의 심정이 얼마나 절박한지는 나 또한 그 길을 걸어왔기 때문에 느낄 수 있다. 그 순간 필요한 것은 따끔한 현실적인 조언이 아닌 마음을 진정시키는 부드러운 한마디였다.

사람은 주어진 환경에 영향을 받으면서 성장하기 때문에 사람의 사고방식은 다양할 수밖에 없다. 이성적인 생각을 하는 사람이 있는 반면에 감성적인 생각이 풍부한 사람도 있고, 계산에 능한 사람이 있는가 하면 도형에 감각이 있는 사람도 있다. 중요한 것은 인정하는 것이라고 생각한다. 나와 타인의 다름을 인정하는 것이 출발점이다. 차이를 인정해야만 그 차이를 이해할 수 있고, 그 차이를 이해해야 성장할 수 있다. 나도 내가 고민을 해결해 주는 방식과 친구가 고민을 해결해 주는 방식이 다르다는 것을 인정했기 때문에 내가 부족한 부분을 이해하였고 나아가 좀 더 나은 방법으로 고민을 해결해 주는 방법을 알게 되었다. 독서토론은 사람의 성장에 단초 역할을 한다. 사람은 자신과 비슷한 사람들끼리 어울리고 싶어 하는 경향이 있어서 나와는 다른 생각을 하는 사람을 만나기가 쉽지 않다. 허나 독서토론 클럽은 소통하고 싶은 다양한 사람들을 모으는 구심점 역할을 하여 다른 생각을 마주칠 수 있는 기회를 제공한다. 평소 소통하고 싶다는 필연과 독서토론이라는 우연을 이어준 계명대학교에 다닌다는 것이 내가 잊고 지냈던 진정한 인연이지 않을까 라는 생각을 해본다.

Present - 현재와 선물

국제통상학전공 정*주

제 스스로 장점은 없다고 느끼는 순간이 많았습니다. 평소에 미래에 대한 걱정이 많고, 안 좋았던 일들을 마음속에 잘 담아두는 성격이라 이런 성격을 고치고자 아무리 노력해도 단점밖에 보이지 않았습니다. 제 자신을 좋아할 이유를 느끼지 못한 것입니다. 하지만 '쿵푸 팬더와 마음공부' 수업 도중 쿵푸 팬더에게 던진 대사부의 네 마디 말이 저에게 큰 울림을 주었습니다.

쿵푸 팬더가 자신의 처지를 한없이 한탄하고 있을 때, 대사부가 따뜻한 조언의 말을 하였습니다.

"Yesterday is history, tomorrow is a mystery, but today is a gift. That's why it's called the present."

"어제는 역사이고, 내일은 미스테리란다. 하지만 오늘은 선물이지. 그래서 현재를 present라고 부르는 거란다."

대사부의 말이 끝나고 강사님은 'present'란 영어 단어에 왜 현재와 선물이라는 두 가지 의미가 있을지 생각해보라고 하셨습니다. 그저 저는 선물과 현재란 단순한 뜻만 암기를 하였지, 자세한 깊은 뜻을 생각해보지 않았습니다. 하지만 대사부의 대사를 듣는 순간, 그 속에 많은 아름다운 의미가 함축되어 있음을 읽어낼 수 있었습니다. 어제는 지나가서 역사가 되었고, 내일 펼쳐질 일을 짐작할 순 없지만 오늘, 지금 현재는 우리에게 큰 선물이자 기회의 시간임을 알게 되었습니다. 중의적인 의미를 담은 'present' 속에서 과거에 연연하고 미래를 걱정하는 제 모습을 성찰해보면서 하루하루를 값지게 보내야 함을 크게 느낀 시간이었습니다. 더불어 어떠한 순간에도 자신의 마음먹기에 따라 오늘이 달라진다고 말씀하셨습니다. 스스로 어쩌면 제 자신을 좋아하지 말자고 결심하였던, 지금에서야 하나의 지나간 역사가 되었음을 느끼게 된 과거의 잘못했던 행동들을 후회하였습니다.

20살 때 인간관계로 인해 너무 힘든 시간을 보내었습니다. 평소에 낯가림이 심한 터라 입학하기 전부터 새로운 사람들을 만나는 것에 대하여 없지 않은 큰 걱정을 하고 있었고. 좋은 선배와 동기를 만나기 위해서는 먼저 주위 사람들에게 적극적으로 행동해야겠다는 생각으로, 여러 사람들과 친해지기 위해 없던 자신감도 갖고자 연락을 자주 하며 노력하였습니다.

하지만 노력과 달리 대인관계에 대하여 벽이 쌓이기 시작하였습니다. 친하고 믿을 만한 사람이라고 생각했던 상대에게 조심스러운 얘기를 믿고 이야기하였으나, 그 이야기가 다른 사람의 귀로 전해지고 있다는 이야기를 듣게 되었습니다. 사람들의 귀를 통해 들어간 소문은 점점 이상하게까지 확산되어가는 것을 보며 사람을 쉽게 믿고 의지해서는 안 된다는 것을 다짐하고 또 다짐하였습니다.

그 당시에는 대학교 생활에 적응하지 못하는 저를 보고, 사람들이 제게 안타까운 시선밖에 주지 않는다는 비관적인 생각뿐이었습니다. 스스로 부정적으로 나아가, 사회적인 친교성이 부족하다고 생각하며 제 자신을 낮추게 되었고, 항상 사람의 배신을 앞서서 걱정하기까지 되어버렸습니다. 오로지 대학교의 인연은 잠깐의 인연일 뿐, 더 이상의 깊은 사이를 만들 수 없다는 점에 있어서 안타까움만을 느낀 순간들이었습니다.

생각이 깊어지면 깊어질수록, '제가 의지할 사람이 한사람도 없다'고 생각하면서 상처를 더욱 깊게 만들었습니다. 이러한 힘든 시기를 보낸 당시, 스스로 저를 낮게 평가하고자 했던 것이 아닌가 싶습니다. 자신을 좋아하지 않겠다는 목적을 달성하기 위해 장점을 보지 않았고 단점에만 주목한 것입니다. 그리하여 더욱이 자신감이 없었고 매사에 비관적이었던 것입니다. 대인관계를 두려워한 나머지 제 자신을 싫어하게 되었고, 스스로 생각을 많이 하면 할수록 저에게 필요한 점과, 힘든 이 순간을 회피하거나 극복할 점들을 찾아낼 수 있을 것이라고 생각하였습니다. 하지만 그것이 아니었음을 지금에서야 느낍니다. 스스로 깨닫기 위해서는 생각이 많을수록 좋다고 판단했던 것과는 달리, 생각이 많을수록 좋지 않음을 알게 되었습니다.

평소의 의식 속에서 일어나는 생각이 부정적인 생각으로부터 주는 자극에 휘둘리게 되어, 마음은 새로운 자극을 얻기 위해 부정적인 방향으로 생각을 몰고 가도록 프로그램화 되어가는 것을 말입니다. 생각하는 버릇을 들이면 생각하지 말아야 하는 순간에도 생각에 빠져들고 마는 것을 깨우쳤고, 늘 자신만의 생각에 틀어박힌 꽉 막힌 성격이 되기에 누구도 아닌. 바로 자기 자신이 하는 생각의 방해를 받아 마음대로 살기가 쉽지 않다는 것이 과거의 역사 속으로 자리잡는 데 방해요소가 됨을 알게 되었습니다. 예리함과 명철함이 가득한 세계로 들어서기 위해, 저만의 많은 생각 때문에 도리어 방해를 받아 마음대로 행동하기가 쉽지 않다는 것을 깨닫게 한 순간이었습니다. 'Present' 라는 깊은 뜻 속에서 하루하루를 가치 있게 보내기 위해서는 무엇보다 나 자신을 먼저 사랑하기 위해서, 내가 갖고 있는 생각 속 많은 단점을 줄이고자 노력하게 되었습니다. 생각이 적으면 나쁜 것이라는 나만의 고정 관념을 서서히 깨뜨려주었고, '쓸데없는 잡념과 걱정을 하는 것이 아닌가?'란 생각을 자주 하는 저만의 성격 변화에 큰 영향을 주었습니다. 평소에 가벼운 사건에도 집착을 하며 생각이 많았던 제게 반성의 시간을 갖게 해주었고, 무의식적으로 생각을 하다보면 부정적인 상황까지 생각할 수밖에 없어 부정적 마인드를 갖게 된다는 것을 마음 깊이 새겼습니다. 그리하여 상대의 신뢰 문제로 상처를 받았던 그 순간, 슬프고 아픈 생각 속에서 나오지 못하고 갇혀있던 나를 볼 수 있었고, 그러한 극심한 상황까지 오기엔 나의 많은 생각들이 이끌어 온 것임을 대사부의 명언을 통해 깨닫게 되었습니다.

현재 저는 스스로 오감에 집중하고자 노력을 이어나가고 있습니다. 생각을 해도 중요한 생각에만 딱 집중하여 제 스스로의 마음 컨트롤이 제일 중요하다는 것을 염두에 두고, 어떤 상황의 결과를 일일이 생각하지 않고 바로 마음을 깨끗이 비우는 연습을 하고자 합니다. 그로서 힘든 점, 나를 부정적인 구석으로 몰아갔던 점을 개선할 수 있는 것 같습니다. 인간관계에 있어서 많은 어려움을 갖게 해준 것은 주위 사람들이었지만 제 마음을 알고 먼저 손을 내밀어준 것도 주위 사람들임을 뒤늦게야 깨달았습니다. 타인에 대한 마음의 문을 닫으면 내 마음의 문도 닫는 것임을 깨우치게 해 준 대사부의 조언 한마디가, 하나의 열쇠 역할로서 나의 좋은 가치관을 형성하는 데 도움을 많이 주었습니다. 현재의 나를 만들어 주었다고 생각되는 오늘은 'present', 선물은 나의 여러 부분의 변화를 가져오게 도와주어 하루하루 일분일초, 'present'임을 인지하고자 합니다.

지금 현재가 선물이자 기회의 시간임을 매 순간 잊지 않을 것이고, 인간관계이든 어떠한 어려운 문제에 닥치더라도 마주하는 것을 회피하고 뒤로 미루면 안 된다는 것을 마음속에 새겨두었습니다. 더욱이, 아무것도 하지 않고 가만히 서 있는 것이 지금의 저에게 어리석은 시간을 부여하고 있다는 생각을 해서는 안 됨을 느끼며, 지금의 나보다 앞서 나가고자 하는 것이 매순간 주어진 가치 있는 시간을 제대로 된 가치로서 판단받을 수 있음을 명심하고 또 명심하고자 합니다.

앞으로도 더욱이 많은 고민이 비롯될 것이라 예상됩니다. 열등감도 생길 것이고 자괴감에도 빠질지 모릅니다. 그러한 순간순간, "Yesterday is history", 과거의 경험이나 선입견에 작동하지 않고 새로운 환경과 관계의 본래 모습을 통찰하여 따라가고자 합니다. 새로운 경험을 하고자 하는 것이 제가 이전의 저를 잊고 변화했다는 것이고, 성장을 의미하는 것이 아닌가 싶습니다.

배움의 가치

행정학전공 박*혜

나는 대학생이 되면 해보고 싶었던 것이 정말 많았다. 그래서 1학년 때부터 정말 바쁘게 살았다. 과 집행부부터 시작해서 학교에서 하는 활동들은 모두 지원서를 내본 것 같다. 하지만 다시 돌이켜보면 단지 바쁘게만 살아온 것 같다는 생각이 들었다. 지금 걷는 길이 맞는지 잘 모르겠고 확신이 들지 않았다. 마치 나 자신이 알맹이 없이 겉만 번지르르한 껍데기만 있는 것 같았다. 이런 행동과 생각이 반복되다 보니 여유가 사라져 이젠 다 놓아버리고 싶단 생각만 들었다. 이때, 국외 봉사 프로그램에 지원하였고 나는 변화하게 되었다. 네팔에서의 시간은 나에게 진정한 '여유'를 느낄 수 있게 해줬다. 항상 학기 중이나 방학 중에도 하고 싶은 일들이 많아서 쉼 없이 달려왔었던 나였는데 봉사 중에는 모든 걱정과 할 일을 잊고 현재에만 집중할 수 있었다. 처음에는 휴대폰 사용이 안 된다는 것이 불편했지만 지금 돌이켜 보면 휴대폰에 집중했던 시간들을 나에게 쏟을 수 있었다. 휴식시간에도 휴대폰 사용이 되지 않으니까 나무 그늘에 누워 하늘을 보며 내 생각을 정리할 수 있는 시간을 가질 수 있었고, 미래에 대한 걱정보다 현재의 행복을 누릴 수 있었다. 순간순간의 소중함이 크게 다가왔다. 평소에 느끼지 못한 여유를 느낄 수 있었고, 그 시간을 통해 다시 삶을 살아갈 큰 에너지를 충전했다. 처음에는 여러 가지 봉사를 하면서 적응한다고 정신이 없었지만, 시간이 지나면서 어느 순간 마음속에는 여유가 싹트고, 그동안 보이지 않았던 웅장한 설산과 하늘의 아름다운 별들이 마음의 창으로 쏟아져 왔다. 아침에 일어나서 허리를 쭉 펴면 히말라야산맥이 보이고, 밤이 되면 별자리가 훤히 보이고, 이러한 것이 자연이 주는 행복인가 싶었다. 바쁘게 움직이던 구름도 네팔의 높은 산에서 쉬어가는 것처럼 나 또한 네팔에서 나를 되돌아보면서 여유를 느낄 수 있었다.

나눔이라는 목표를 가지고 도전했던 봉사 활동은 오히려 더 큰 배움으로 다가왔다. 특히 '희생'과 '배려'가 얼마나 중요한 것인지에 대해서 사색해 볼 수 있는 시간이 되었다. 봉사 기간 내내 단원들은 무엇이든지 먼저 하려고 했고 시키지 않아도 힘들어하는 단원들에게 힘내라는 격려의 메시지를 건네며 희생과 배려의 향기를 품고 있었다. 네팔에서 가장 많이 했던 말이 '사랑합니다.'와 '수고했어요.'이다.

각자의 위치에서 열심히 일하다가 꿀맛 같은 밥을 먹을 때 서로에게 이 말을 하며 더 힘을 낼 수 있었다. 또한 두 달간 한 마음, 한 뜻으로 준비했던 문화공연 연습을 비롯해 혼자라면 완성할 수 없었던 노력봉사 등 모든 봉사에는 희생과 배려가 있었기에 무사히 잘 마무리할 수 있었다. 선생님께서 단체 생활에서는 조그마한 일이라도 누군간 하겠지라는 생각을 가지지 말고 안 보이게 나부터 실천하라고 하셨다. 그 말을 깊게 새긴 우리는 내가 맡은 일이 아니더라도 모두 함께 마지막까지 뒷정리를 하였다. 이때 또다시 배웠다. 모두가 협동하고 편하려면 누군가 하겠지라는 생각을 버리고 나부터 움직여야 한다는 사실을 말이다.

봉사기간 동안 절약정신과 특히 화장실, 물 사용 등 네팔에서의 모든 행동들은 우리 모두를 위한 작은 희생과 배려였고, 이러한 것들은 전체에게는 더 큰 희생과 배려로 다가왔다. 그리고 그 속에서는 끈끈한 정을 쌓을 수 있었다. 해맑은 아이들을 보고 있을 때는 '감사함'에 대해 느낄 수 있었다. 교육봉사를 통해 네팔 아이들과 함께 뛰어 놀면서 아이들의 때 묻지 않은 순수함과 어려운 환경 속에서도 웃음을 잃지 않는 그 밝은 미소를 보고 있으면 환경을 탓하며 불만을 가졌던 내 자신이 부끄러웠다. 작은 것에도 감사하고 만족하는 아이들을 보았고, 어디에나 행복은 늘 존재한다는 것을 다시 한번 깨닫게 되었다. 교육을 하면서 아이들의 반짝이는 눈을 마주하며 순수했던 나의 어릴 적 모습을 그려 보기도 했었다. 처음에 우리가 네팔에 도착했을 때, 그들은 우리가 잠깐 머무를 손님인 걸 알면서도 정성스레 한 명 한 명의 목에 꽃목걸이를 걸어주고 손에 꽃잎을 쥐어주면서 환하게 반겨주었다. 그리고 헤어질 때도 마찬가지로 한 명 한 명의 목에 꽃목걸이를 걸어주고 몇몇 정이 깊게 들었던 친구와는 언젠가 다시 보자며 울기도 하였다. 그런 모습에 이곳의 사람들은 참 정이 많다는 것을 느꼈고 감동받았다. 그리고 그들의 유창한 영어와 배움에 대한 열정, 그들이 꿈꾸고 있는 것의 크기에 나는 가르침보다 배움이 더 많은 교육이었다고 생각한다. 주어진 환경에 감사하며 열정과 도전정신으로 삶을 진취적으로 살아갈 때 그 환경을 새롭게 바라볼 수 있다는 것을 느끼게 해 준 계기가 되었다.

국외봉사 프로그램을 통해 얻은 가장 소중한 것은 '사람'인 것 같다. 나는 이 활동을 통해 같은 추억을 공유할 수 있는 35명의 가족을 얻었다고 생각한다. 학교생활을 하면서 이렇게 많고 다양한 사람들을 만난 적은 처음이었다. 각자의 방식대로 열심히 살아가고 있는 사람들을 보며 나를 자극하는 시간을 가질 수 있었다. 그리고 그 사람들의 말을 들으며, 행동을 보며 정말 배울 점이 많은 사람들이라는 것을 느꼈다. 우리는 봉사를 하면서도 몸은 지쳤지만 마음은 지치지 않았다. 함께라는 울타리 안에 같이 있었기 때문이었다. 1차부터 4차 교육까지 현지에 적응하기 위한 체력을 기른다는 목적, 그리고 문화공연 연습 당시에는 몰랐던 진정한 본질을 국외봉사 기간이 끝나고 나서야 깨달았다. 봉사는 진정한 본질, 우리가 하나가 되어 가는 과정을 만들어 주었다. 힘들고 급박한 봉사 일정 속에서도 미소를 잃지 않고 최선을 다하는 다른 단원들의 모습은 내가 한계라고 생각한 그 순간순간 '조금 더 할 수 있다. 스스로 부끄럽지 말자'라고 되뇌게 만들었고, 나의 하루하루를 더욱 보람차고 완벽하게 만들어 주었다. 우리는 미숙했지만 완성된 작품이라는 하나의 목표를 향해 함께 노력하였다. 과정에서 동료의 진중함과 헌신을 보았고 나는 내 인생에서 짧은 2주의 시간 동안 그 어떤 것들보다도 빠르게 우리 단원들에게 사랑에 빠졌다. 이 사람들 속에 내가 서 있을 수 있다는 사실이 정말 감사했다. 나는 이들을 보고 느낀 것을 자양분 삼아 한층 더 성장하여 타인을 포용하고 배려할 줄 아는 사람으로 거듭나기 위해 노력할 것이다.

나는 봉사를 하며 베풀고 도와주러 간다고 생각했는데 아니었다. 나는 이번 활동을 통해서 학교 수업으로만은 채워지지 않는 '인성'을 기를 수 있었다. 선생님께서 출발하는 날 아침에 이렇게 말씀하셨다. '우리는 그들을 도와주러 가는 것이 아닌, 그들에게 배우러 가는 거다. 우리가 지금 네팔에 가는 것은 마치 부모님 세대인 과거로 가는 것과 같다. 국외봉사 활동이 너희에게 많은 깨달음을 주었으면 좋겠다.' 나는 과거로부터 긴 시간 여행을 끝내고 한국으로 돌아왔고 이때의 경험에서 얻은 많은 깨달음은 나의 껍데기를 채우는 알맹이가 되었다.

선비, 불안한 삶의 방향을 제시하다

사회복지학과 도*영

"나는 어떻게 살아야 할까? 모든 것이 두렵고, 닥쳐올 미래가 너무나도 불안하다"

2016년 11월 23일 내 일기 중의 일부이다. 이날은 2년간의 군복무를 마치고 전역을 한 가장 기쁜 날이며 아이러니하게도 삶을 살며 가장 불안했고 걱정이 많았던 날로 기억된다. 사회로 다시 돌아와 공부하고 내 앞날을 설계하고 미래의 청사진을 그리는 아주 기쁜 날이었다. 그러나 내 청사진의 모습은 행복하지 않았다. 매년 증가하는 실업율과 높아지는 취업의 문턱뿐만 아니라 과열화된 경쟁에 지쳐있거나 뒤처지지 않으려 애쓰는 또래 친구들을 보면서 나의 미래 역시 그리 행복하지 않을 것이라는 체념에 빠지게 되었다. 또한 4차 산업혁명의 시작으로 이젠 로봇과도 경쟁해야 하는 세상이 온 것이다. 어지럽고 치열한 사회 속의 먼지로 가려진 나의 행복을 어떻게 다시 찾을 수 있을까?

미래의 불확실성에 대한 고민은 이 시대의 대학생, 젊은이들의 공통분모 것이다. 다행히도 나는 계명인성교육원의 <청년선비포럼>에 참가하면서 그 해답을 찾을 수 있었다. 불안한 미래를 두고 망연자실하고 있을 수만은 없었다. 또한 어학능력, 전공 성적에만 집중하기 보다는 실직적인 내 내면을 변화시킬 수 있는 해법이 필요했다. 지푸라기를 잡는 간절한 심정으로 각종 교내프로그램과 비교과 프로그램에 참가하였고 친구의 추천으로 계명인성교육원의 프로그램들에 대해 알게 되었고 앞서 말했듯 어학 점수, 전공학점보다 더욱 기본적이고 중요한 내면의 가치, 인성을 통해서 삶의 방향을 정하며 어지럽고 불안한 지금을 헤쳐 나가는 방법을 배울 수 있었다.

계명인성교육원의 많은 프로그램들 중에서 나에게 가장 큰 귀감이 되어준 프로그램은 문화체육관광부가 주최하고 한국국학진흥원이 주관하는 <청비이공—청년선비포럼>이다. 한국국학진흥원에서는 2015년부터 중장년층만이 아니라 미래세대까지 아우르는 '젊은 국학', '청년 국학'으로 나아가고 있다. 청년선비라는 개념에서 '청비'를 따오고 20대를 위한 20분의 강의라고 해서 '이공'을 따와 청비이공 프로젝트를 기획하였다. 이 프로젝트의 목적은 선비정신이 깃들어 있는 긍정적 가치인 정의, 화합, 청렴 그리고 책임의식 등을 21세기에 걸맞게 재구성하여 청년세대가 공감할 수 있는 정신문화로 확산하는 것이다. 4차 산업혁명 시대를 이끌어 갈 주역인 청년을 위한 포럼인 청년선비포럼의 가장 큰 중점은 최근 상황 속 사회에 대한 부정적 인식이 주류를 이루는 시대이지만, 실상 청년들은 여전히 그 존재만으로도 빛나는 청춘이며 인문정신유산으로서 선비정신 등을 통해 얼마든지 현실을 극복해나갈 수 있다는 확신과 노력의 사고가 요구된다는 것이다. 이러한 맥락에서 중장기 프로젝트로 진행되고 있는 청년선비포럼은 현대사회의 청년과 선비정신이 한자리에서 만나 과거와 현재, 미래를 이어 나가고자 하는 시도라 할 수 있다. 미래시대의 주인공인 청년들에게 정작 필요한 것은 역사 속의 선비가 아니라, 현실을 정확히 진단하고 미래를 설계해 나갈 수 있는 내 안의 선비정신과 우리의 저력에 대한 신뢰임을 강조하였다. 이를 바탕으로 청년선비 프로젝트에서는 청년들이 내 안의 고유한 힘과 한민족의 저력을 발견하고 비상할 수 있도록 힘을 보태고 있다.

<청년선비포럼>은 2017년 10월 27일 따뜻한 가을 날씨와 맑은 날씨의 광화문 교보센터에서 진행되었다. 우리 판소리가 첼로와 드럼과 퓨전되어 멋진 선율과 전통음색을 선보이는 공연과 함께 시작되었다. 본 행사에서는 경희대학교 전호근 교수님과 미국인 패널 타일러 라쉬의 강연이 있었다. 마지막으로는 대학생들의 현실적인 문제를 주제로 하고 대학생들이 각각 선비정신에 입각하여 장학금 수여 방식에 대하여 '공리와 배려의 길'의 열띤 토론을 펼쳤다.

광화문에 위치한 행사장에 갔을 때 행사장 안에서 들려오는 퓨전 판소리의 가락과 흥이 발걸음을 재촉시켰다. 딱히 큰 개회사나 환영사는 없었지만 퓨전음악을 통해 마음을 차분히 가다듬었고 앞으로의 순서들을 기대하게 했다. 이어 삶에서 찾아본 선비정신과 혁신이라는 주제로 경희대학교 전호근 교수님과 예능 프로그램 비정상회담으로 유명한 타일러 라쉬의 강연이 진행되었다. 두 강연의 핵심은 '삶에서 선비정신을 찾고 나다움을 발견하는 것'이었다. 강연에서는 모두가 병원에서 태어나 병원에서 죽음을 맞이하고 CCTV로 관찰되며 획일화된 소비와 일상을 강요받는 사회에 대한 위기의식을 말해주었다.

새로운 모든 것이 사라진 시대에 살고 있는 우리는 어떻게 살아야 할까? 그 답을 찾아야 불안한 내 청사진을 새롭게 그릴 수 있을 것이다. 해답은 나를 변화시키는 것, 진짜 나의 모습을 찾아내는 것이다. '선비와 혁신' 솔직히 말하면 어색한 생각부터 든다. '선비' 그리고 '혁신'은 서로 매우 다른 시대의 대조되는 사상에서 나오는 용어이기 때문이다. 그러나 21세기 청년선비란 발상과 관점의 전환을 허용하는 사람이 되어야 한다는 것을 강조했다. 이미 우리는 선비정신과 혁신, 이 두 가지를 섞기 위한 몇 가지 시도가 있었다. 기업과 언어, 교육 등 여러 다양한 분야의 사례에서 찾을 수 있다. 이러한 사례들을 살펴봄으로 선비정신을 갖고 혁신을 맞는 21세기 청년선비의 자세를 갖추어야한다.

강의 이후에는 프로그램 중 가장 흥미롭게 참여했던 시시비비 토론 배틀이 진행되었다. '선비와 혁신'이라는 주제에 맞추어 4차 산업혁명과 취업절벽의 N포 시대에 살고 있는 현재의 청년들이 개인의 삶, 나아가 우리사회의 문제를 전통 선비정신에 입각하여 해결하는 목적의 토론이었다. 국학대학 총동문회에서 장학 기금을 마련해 학생회에 전달되었고 학생회는 이 장학금을 성적이 우수한 학생 또는 가정형편이 어려운 학생에게 전달할지 고민을 한다. 위 상항을 배경으로 성적에 따라 장학금을 주는 것이 대동 사회를 이룬다는 주장과 가정환경이 어려운 학생에게 장학금을 전달하는 것이 대동 사회를 이루는 방법이라는 주장으로 나눠 토론을 진행되었다. 토론 찬반 패널 모두 대학생들로 구성되어 현실적이면서도 직접적인 설득력이 있었다. 많은 사회적 이슈들보다 대학생의 장학금 수혜에 대한 주제는 흥미롭고 몰입하기 좋은 주제였다. 전국 각지의 대학생들이 모인 만큼 토론 참여자들 외에도 방청석의 참가자들의 의견도 많이 나왔다. 토론을 통해 취업과 스펙 앞에서 위축되어 있던 우리 청년들의 발언과 의견들을 속시원하게 드러낼 수 있었다.

짧았던 하루가 끝나고 광화문에서 계명대학교로 돌아왔다. 프로그램을 통해 크게 두 가지를 느낄 수 있었다. 첫째는 나를 발견하고 변화시켜야 한다는 것 둘째는 사회는 혼란스럽지만 여전히 우리는 이 사회의 주역이 될 미래라는 것이다.

강연을 통해 '선비와 혁신'에 대해 배웠다. 급변하는 사회 같지만 여전히 일률적이고 획일화된 사회에서 해법은 나 스스로를 변화시키고 정신적 가치를 키워야 한다. 당장의 취업과 점수에 연연하여 좇아가다 보면 실수도 하고 반칙을 저지르는 수도 있다. 그럼 그 결과가 어떻게 되든 성공한 삶, 행복한 삶을 살 수 없을 것이다. 반대로 내가 추구하는 가치를 누리고 발전하고 타인을 사랑하며 사랑받으며 살아갈 때 그 뒤의 결과가 어떻게 되든 내 인생을 망치는 실수는 최소화할 수 있지 않을까? 또 그런 결과라면 남들에게 또 나 스스로에게 떳떳한 삶이 아닐까 생각했다. 복학 후 어떠한 삶을 살아가야 할지 또 어떤 미래를 구상해야 할지 강연을 통해 확실히 정할 수 있었고 용기가 생겼다. 또한 토론 시간을 통해 우리 청년세대의 무한한 가능성을 확인했다. 사실 요즘 세대 간의 갈등이 급속도로 심화되면서 세대 간의 비하와 탓하기가 만연했다. 청년들은 N포 세대라고 불리며 도전의식이 없고 참을성이 없으며 공동체 의식이 약하다는 평이 있었다. 그러나 시시비비 토론을 통해 본 우리 청년들은 어느 누구보다 타인을 배려하며 사회의 지속과 발전에 대한 심각한 고찰을 하고 있었다. 다만 취업, 성공의 먼지에 가려져 있을 뿐이다. 그러나 앞서 말한 나 자신을 알고 또 변화시킬 때 물질과 성공으로 자유로워질 때 청년 세대는 이 시대를 이끌어가는 주역이 될 것이라 확신했다.

프로그램 이후 토익과 전공서적 볼 시간을 줄여 운동을 시작했고 인문학 도서도 읽어보기 시작했다. 아직은 결과를 장담할 수도 기대하지도 않는다. 그러나 확실한 것은 지금 나는 웃음을 되찾았고 떨어지는 단풍의 색감을 즐기며 친구들과의 일상을 즐기고 있다. 하지만 여전히 불안함 속에 웃음을 잃고 사는 학우들을 많이 볼 수 있다. 혹시 삶의 방향을 잡지 못해 고민하는 학우들이 있다면 계명 인성 프로그램을 통해 삶의 나침판과 등대를 발견하기를 추천한다.

공학도가 즐기는 인문학을 통해서...

화학공학과 박*호

1. 참여계기 및 동기 <독특한 공학도, 인문학에 관심을 가지다.>

저는 2016학년도 인문학 체험 인성프로그램에 참가 했었습니다. 인문학 체험 인성 프로그램은 지역사회로의 인문학체험 기회 확산을 위하여, 비 인문계열 소속 학생들이 팀을 이뤄 지역사회와 소외계층 주민에게 인문학적 지식과 경험을 기부하고, 도움을 주는 인문학 체험 인성교육 프로그램이었습니다. 그때 당시, 저와 같은 과 동기들과 함께 프로그램을 열심히 참여하였고, 10주라는 기간 동안 서로가 최선을 다한 덕분에 우수상을 타는 성과도 얻었습니다. 화학공학과에 재학 중인 제가 전공에 대한 성적이 우수하여 받은 상이 아닌, 인문학이라는 저의 전공과 상관이 없었던 분야에서 이룬 뜻깊은 상이었습니다.

당시에 상을 받을 때, 화학공학과 박희구 교수님이 자리에 계셨는데 교수님의 수업을 듣는 학생인 저를 발견하고 하시던 말씀이 기억이 납니다. "여기 왜 있어?" 라고 말씀하셨는데, "학교 프로그램을 하다가 기회가 되어 이런 상을 받는 것 같습니다." 라고 대답을 한 후에 교수님이 "화학공학 교수로 지내면서 전공학생이 인문학에 대해 상을 받는 학생을 보는 건 너희들이 처음인 것 같다."라고 해주셨습니다. 그때의 기분은 참 말할 수 없을 정도로 기뻤고, 그 계기로 인해 인문학 분야에 더욱더 관심을 가지게 되었습니다. 이러한 경험을 바탕으로, 2017학년도에도 인문학 체험 인성프로그램을 주위 사람들에게 더욱 알려주고, 함께하고 싶어서 평소 저를 잘 따르고, 생각과 마음이 같은 학과의 후배들과 함께 인문학 체험 인성프로그램에 참여를 하게 되었습니다.

2. 참여 진행 과정 <10주 동안의 시간, 팀원과 한마음 한뜻이 되다.>

이번 프로그램을 시작했을 때에, 예전과는 어떻게 보완하고 변화를 주어야 할지에 대해 고민을 많이 했습니다. 도움이 필요한 아이들에게 지식과 재능을 기부하고 전한다는 것은 쉬운 일이 아니고, 그에 따른 책임감이 필요한 일이었습니다. 시작할 당시에 저를 포함한 저희 팀의 학우들은 인문학에 대해 부족한 면이 많았고, 주제 선정에 대해서 많은 고민을 하였습니다. 10주라는 짧지 않은 시간에 '어떻게 더욱 효과적으로 아이들에게 인문학이라는 학문과 그에 타당한 정서를 조금이나마 이해할 수 있게 전해주고, 가르쳐 줄 수 있을까?'에 대해 생각했습니다. 생각을 하면서, 작년에 제가 참여했던 것과는 다르게 변화를 주고 싶었고, 조금 더 아이들이 관심을 가질 수 있는 분야를 생각하던 도중 '세계에 영향력이 있는 위인'이라는 주제를 선정하게 되었고, 아이들의 인문학적 소양과 인성 함양을 목표로 정하였습니다. 그로부터 다양한 문화를 배움으로 다문화 감수성 함양과, 위인의 삶에 대해 알아봄으로써 자신의 삶의 방향과 배울 점에 대해 생각해볼 수 있는 계기가 될 수 있다고 생각하였습니다. 또한, 프로그램에 전반적인 진행을 토론과 발표, 활동 위주의 수업으로 진행하여, 참여하는 아동 및 학생들의 의사소통 능력을 향상시킬 수 있다고 생각하였습니다. 이런 목표와 계획을 가지고, 조원들과 함께 토의하고, 지도교수님의 조언을 구하는 과정을 걸쳐, 10주간의 프로그램에 대한 계획을 세웠습니다. 이후에 인문학 체험 인성 프로그램 계획서를 제출하여, 최종 선발팀으로 뽑혀 10주간의 프로그램을 진행할 수 있었습니다. 10주간의 기간 중에 3주는 미국의 영향력이 있는 위인에 대해, 3주는 유럽의 영향력이 있는 위인에 대해, 3주는 아시아의 영향력이 있는 위인에 대해, 마지막 1주는 저희의 수업에 대한 정리하는 시간으로 10주를 구성하게 되었습니다. 구성을 하면서, 세계에는 엄청나게 많은 위인들이 있는데, 아이들에게 어떤 위인에 대해 소개를 해주는 것이 좋을지에 대해 생각하면서 다양한 위인에 대해 조사하고, 영상, 글, 자료를 찾아보면서 팀원들 간에 서로가 자료조사 및 생각에 대해 토의하고 피드백을 제시하고 참고하는 식으로 진행을 하였습니다. 위인에 대한 선정의 기준으로는 '아이들이 배움을 통해서 무엇을 얻을 수 있는지', '어떤 생각을 할 수 있을지', '관심을 가질 만한 위인인지' 등 다양한 생각을 하면서 각 회차에 맞는 위인을 선정하게 되었습니다.

먼저 미국은 전 미국 대통령 '버락 오바마', 애플의 창시자 '스티브 잡스', 방송계의 여왕 '오프라 윈프리'를 이야기하였습니다. 다음으로 동양의 세계 위인에 대해 애니메이션의 거장 '미야자키 하야오', 한국이 낳은 세계적인 스타 '싸이', 중국의 뿌리 '칭기즈칸'을 이야기하였습니다. 마지막으로 서양의 세계위인에 대해 세계적인 축구스타 '크리스티아누 호날두', 세기의 음악 천재 '베토벤', 최고의 입체파 화가 '피카소', 희대의 물리학자 '아이슈타인'을 이야기하였습니다. 이 위인들의 일대기 및 업적, 배울 점에 대해 서로 토의하고 발표해보며, 의사소통 능력의 향상에 대해 생각하였고, 영상을 통해서 이해를 높이려고 노력하였습니다. 때로는 아이들이 지루해할 때에는 조금 더 활동적인 퀴즈나, 그림 그리기, 음악, 게임 등으로 지루함을 없앴습니다. 저와 함께한 팀원들은 처음에는 수업의 진행에 어려움을 겪다가 진행할수록 서로에게 피드백을 제시하고, 개선해나갈 부분에 대해 수정을 하며, 개선에 노력을 하였습니다. 아이들도 시간이 지날수록 저희의 이름을 기억해주고, 수업 내용을 기억해주며 즐겁다는 생각을 가지니 10주라는 시간 눈 깜짝할 사이에 지나버렸습니다.

3. 참여소감, 달라진 점 <10주 동안의 시간, 달라진 나, 달라질 나>

이 인문학 체험 인성프로그램에 참여하면서 늘 느끼는 것은 저의 재능과 지식을 나누는 것이 남들에게 도움이 되는 것이 아니라 저에게 늘 너무 많은 도움이 되는 것입니다.

인문학은 저에게 알면 알수록 매료되게 하는 매력을 가진 학문인 것 같습니다. 작년도에 참여한 이후, 인성교육원에 바르미라는 홍보요원을 지원하여 지금 현재 바르미로서 활동을 하고 있고, 올해의 인문학 프로그램을 참여하고 나서는 제가 또 인문학에 대해 어떠한 관심을 더 가질지 저도 궁금합니다. 공학도가 인문학에 이렇게 지나치게 관심을 가져도 되나 싶을 정도로 인문학에 관심이 많은 저지만, 저는 늘 인문학과 공학은 서로 연결되어있다고 생각하여, 앞으로도 꾸준히 관심을 가지고 싶습니다. 또한 배움과 가르침의 즐거움도 함께 배울 수 있어 너무 즐거웠습니다. 10주라는 기간 동안 죽곡 지역아동센터의 아이들에게 부족한 저의 지식을 나눠줄 수 있는 기회자체가 너무나도 소중한 시간, 추억이 되었습니다.

저는 지금까지 학교생활을 하면서, 다양한 교내 프로그램에 참여하면서 제가 가진 능력과 소질을 확인하고 있습니다. 이번 프로그램을 통해 남에게 봉사하는 즐거움과 학생으로서 공부하는 방법과 자세에 대해서 다시 한번 되새길 수 있게 되었습니다. 이렇게 좋은 프로그램을 통해 저에게도 많은 도움을 주신 학교 관계자

분들에게 감사드립니다. 많은 학생들이 이런 인문학 프로그램이 있다는 것이 알려지면 좋을 것 같고, 재학생들도 많은 관심을 가지게 되었으면 좋겠습니다. 다음 학기에도 이러한 프로그램이 있다면, 언제든지 지원을 할 것이고, 많은 재학생에게 알려주고 싶습니다.

4) 인성을 행하다

사람이 인성을 배움으로 익힌다는 것이 가능한 일인가라는 질문을 많이 한다. 이 질문에는 인성 교육이 행함으로 연결되지 못함에 대한 안타까운 마음이 담겨 있다고 본다.

인성을 '행함'이 실천 되어야 하고 실천 되야만 하는 곳은 사람이라고 불리는 자가 발을 딛고 호흡하고 있는 모든 곳이다. 사람이라면 생각을 해야 하며, 가슴으로 느껴야 하며 생각하고 느낀 바를 행함으로 나타내야 한다. 그리고 우리는 또 하나를 발견한다. 인성의 행함의 모든 대상은 나의 주변 사람들과의 관계이다. 그 사람들과의 관계 안에서 서로 배려하고 나누며 살려고 노력한다면 그 또한 인성교육이다. 사람은 관계 속에서 태어나고 관계 속에서 살다가 관계가 다 소진 될 때 사라진다. 인성이 바로 그 관계를 성숙하게 만들고 지속하게 만들고 아름답게 만드는 것이다.

변화하는 시대와 함께하는
인성교육 길라잡이

4장

인성을 논하다

1. 인성교육의 방향과 과제

오늘날 인성교육진흥법은 의무적으로 인성교육을 학교에서 가르칠 것을 요구하고 있다. 인성교육을 법으로 강제할 만큼 우리 사회는 도덕적인 면에서 많은 문제를 안고 있다. 그러한 문제 발생에 우리 교육도 큰 책임이 있을 것이다. 물론 교육이 제 기능을 다하지 못하는 데는 사회 현실 자체의 구조적 문제와 한계에서 그 원인을 찾을 수 있다. 하지만 학교 교육에서도 분명 그 책임이 있다. 지식교육에만 사로잡혀 인성교육을 등한시한 결과 학교는 똑똑하지만 도덕적이지 못한 사람들을 양산하고 있는 것이다. 올바른 인성교육이 배제된 상황에서 지식교육만을 강조하는 것은 결국 이기적이고 비도덕적 인간을 양산하고 비도덕적 사회라는 부정적 현상을 초래시킨다.

교육의 참된 목적에 충실하자면 인성교육을 등한시할 수 없다. 그런데도 지금까지의 교육은 그 본래의 과제에 충실하지 못한 채 도구적 이성 능력만을 길러 내고 자기의 이익만을 추구하는 기능적 인간만을 양산해 왔다. 이런 상황에서 교육의 본질을 회복하고, 왜곡된 현실 상황을 개선하기 위해서는 인성교육의 활성화가 요구된다. 사실 인성교육은 개인의 참된 성공과 행복을 도와줄 뿐만 아니라 올바른 시민교육을 통해 건강한 민주 공동체를 정착하게 해 준다는 점에서 교육의 중요한 목적이 되어야 한다. 특히 4차 산업혁명을 앞두고 인공지능을 갖춘 로봇과 달리 인간만이 지닐 수 있는 인성 능력은 진정한 경쟁력의 원천일 수 있다. 오늘날 진정한 경쟁력의 발휘는 인성역량에서 가능하며, 인성이 곧 실력이 되는 시대를 우리는 맞이하고 있다.

그런데 오늘날 인성교육을 강조해야 한다고 말하지만, 각론으로 들어갈 때 그것이 정확히 무엇을 해야 하는지와 관련해 논쟁이 일어난다. 역사적으로 각 시대가 이상적 인간상을 어떻게 이해하느냐에 따라 인성교육이라는 이름 아래 서로 다른 것을 주장해왔다. 인간이 회복해야 할 선천적 본성을 강조하는 사람들은 인성교육이란 선한 본성을 찾고 그것을 드러내는 것으로 이해한다. 이러한 본성 회복으로서 인성교육을 강조하는 입장으로 유교, 불교와 같은 동양적 사유를 들 수 있다. 그에 반해 인간의 인성을 후천적으로 구성, 형성해 나가는 것으로 이해하는 입장에서는 인성교육을 또 다르게 이해하여 교육 방법론의 다른 방식을 강조한다.

또한 그가 자유주의자인지 아니면 공동체주의자인지에 따라서도 인성교육과 그 교육 방법론에서 차이가 발생한다. 자유주의자는 개인의 자유와 권리를 강조하며 개인의 자율적, 합리적 의사결정 능력을 고양하는 방식으로 인성교육을 계획한다. 이에 자유주의자들은 학생 중심적 교육을 강조하고, 개인의 합리적 가치 결정과 선택을 존중한다. 그들은 교화나 덕목을 주입하는 교육은 개인의 자율성을 훼손한다는 점을 들어 비판한다. 그에 반해 공동체주의자들은 개인보다 공동체와 공동선을 강조하며, 전통 속에 담겨있는 공동체의 가치와 덕목을 중요시하는 방식으로 인성교육을 실시한다. 공동체주의자들은 자유주의자가 강조하는 가치중립적 교육을 반대하고 오히려 적극적으로 가치와 덕목을 가르치고 실천하게끔 교육해야 한다고 본다. 이에 교사 중심적인 인성교육 방법이 채택되고, 전통을 통해 드러난 중요한 덕목과 가치를 소개하고 가르치는 교수법을 지지한다.

이처럼 우리는 이상적 인간에 대한 이해의 차이, 가치관의 차이에 따라 인성교육을 정의하는 방식이 달라진다는 것을 알 수 있다. 심지어 누군가에게 인성교육이 누군가에게는 반인성교육으로 비판받을 수 있다. 그러나 오늘날 우리가 지지해야 할 인성교육은 과거의 전통적 입장처럼 지나친 이분법적 사유에 사로잡혀 특정한 하나의 입장만을 지지하고 다른 방식은 배제하는 방식에서 벗어날 필요가 있다. 우리가 교육의 근원적 본질로서 인성교육을 되살리기 위해서는 각 입장이 지니는 긍정적 측면과 방법을 수용하고, 그 한계를 극복하는 방식으로 새롭게 정립해야 한다. 다양한 방법적 입장을 융합적으로 가져올 때 인성교육은 소기의 목적을 성취할 수 있다.

오늘날 인성교육의 방향을 설정할 때 우리 시대에 영향력을 미치는 보편적 신념과 가치에 근거할 필요가 있다. 그래야 인성교육은 그 효력을 가질 수 있다. 오늘날 우리 시대를 지배하는 대표적인 보편적 신념과 가치로서 자유 민주주의라는 이념을 들 수 있다. 자유 민주주의는 그 자체 개방성, 주체성, 다양성, 관용, 자유, 평등, 그리고 소수자의 존중이라는 여러 가치를 함께 지지하고 있다. 우리가 정립해야 할 인성교육의 원리와 방향도 기본적으로 자유 민주주의가 지지하는 가치를 지향하고, 그 지배적 원리에 모순되지 않는 방식으로 정립되어야 한다. 그 시대정신에 입각한 인성교육일 때 21세기 학생에게 19세기 이념을 강제하는 비효율적인 결과를 발생시키지 않으며, 인성교육의 효과를 제대로 실현할 수 있다.

앞에서 언급했듯이 인성교육과 관련해 여러 다양한 논쟁적 견해가 있지만, 인성과 관련해 공통으로 강조할 수 있는 것은 인성이란 많은 것과 조화와 화합을 성취할 수 있는 성품, 능력을 지칭한다는 것이다. 자기 자신과의 관계, 타인과의 관계, 공동체(사회, 국가)와의 관계, 더 나아가 자연과의 관계에, 심지어 초월적인 것과의 관계에서 조화와 화합 그리고 올바른 관계를 맺고 그것을 성취할 수 있는 성품이나 능력과 연관된 것이 인성능력이라고 볼 수 있다. 강조하자면 자기중심적 삶에서 벗어나 다양한 관계를 깊이 성찰하고 그 관계를 조화롭게 맺을 수 있는 능력이 인성능력인 것이다. 그래서 오늘날 인성교육 프로그램을 구성할 때 크게 4가지 단계로 나눌 수 있으며 그 교육 순서에도 단계적으로 진행하는 방식으로 인성역량을 강화할 필요가 있다.

(1) 자기와의 올바른 관계 맺음 — 자기 성찰 능력, 자기 사랑, 자기 존중감, 자기 통제, 자아정체성, 도전 정신, 개척정신이라는 인성역량을 강조.
(2) 타인과의 올바른 관계 맺음 — 경청, 공감, 소통능력, 타인과의 올바른 관계 맺음, 배려라는 인성역량을 강조.
(3) 사회와의 올바른 관계 맺음 — 공동체 의식, 더불어함께 하려는 의식, 시민의식, 정의감, 비판의식, 나라 사랑, 인권의식이라는 인성역량을 강조.
(4) 세계와의 올바른 관계 맺음 — 다문화 감수성, 글로벌 커뮤니케이션, 세계인권의식이라는 인성역량을 강조.

인성교육이 단계적 교육을 통해 나의 내면을 아름답게 가꾸고 타인, 사회, 세계와의 올바른 관계 맺음의 태도와 역량을 효과적으로 함양하기 위해서는 아래와 같이 몇 가지 사항에 유의해야 할 필요가 있다.

1) 오늘날의 인성교육은 개인의 자율성, 주체성을 신장하는 방식으로 인성교육이 이루어져야 한다. 심지어 교사가 선별된 가치를 학생들에게 학습하게 할 때도 개인의 자율성을 최대한 허용하는 방식으로 수업이 이루어져야 한다. 수업방식이 학생들의 자율성과 주체성을 훼손하고 약화하는 방식이라면 오늘날의 교육 방식으로 정당화될 수 없다. 물론 연령대별로 인성교육의 방법이 달라져야 하고 특히 어

린 학생들에게는 반복을 통한 습관화 교육이 필요하지만, 그 궁극적 지향은 학생들의 자율성과 주체성을 신장시키는 방향으로 나아가야 한다. 출발점에서는 외부에서 가르침을 제공하더라도 스스로 자발적으로 깨우친 것만이 궁극적으로 자신을 변화시킬 수 있다는 점에서 인성교육은 개인의 깨침을 중요하게 고려해야 한다. 그런 차원에서 자발성과 주체성을 최대한 고려한 수업방식이어야 할 것이다.

2) 오늘날의 인성교육은 학생들의 창의성과 비판 정신을 증진하는 방식으로 수업 내용을 설정할 필요가 있다. 인성교육진흥법이 제정될 때 많은 사람이 의심의 시선으로 바라보고, 비판적 견해를 제기한 배후에는 인성교육이라는 이름 아래 특정한 가치만을 일방적으로 주입해 학생들의 수동성과 현실순응력만을 결과할 수 있다는 걱정에서이다. 또한 사회의 부조리를 개인 차원의 인성 문제로 바라보게 함으로써 구조적 차원에서 진단하고 해결하려는 사회비판의식을 약화할 수 있다는 염려 때문이다. 도덕교육, 인성교육이라는 미명 아래 과거에 행해진 왜곡된 교육이 이런 걱정을 불러왔다. 따라서 오늘날의 인성교육이 노예교육이라는 비판을 받지 않기 위해서는 비판적 사고, 창의적 사고를 동시에 길러낼 수 있는 교육이어야 한다. 주체성, 자율성, 비판적 시민을 육성하지 못한 인성교육은 자칫 착하기만 한 노예를 길러내는 노예교육으로 전락할 수 있기 때문이다. 따라서 올바른 인성교육은 단순히 개인적 차원의 가치교육에 끝나지 않고 자기가 사는 현실에 대해 합리적으로 사고하고 비판하며 책임 있는 행동을 할 수 있는 비판적인 민주시민 교육도 필수적으로 포함해야 한다. 인성교육은 개인의 성장뿐만 아니라 사회의 변화와 성장을 가져오는 교육이어야 하기 때문이다.

3) 학교에서의 인성교육이 성공하기 위해서는 교사가 학생들에게 인성교육의 모델이 되어야 한다. 인성교육은 주입식 위주의 지식교육과 달리 학생들과의 인격적 교류가 전제될 때 그 교육 효과가 최대화될 수 있다. 학생들을 존중하고, 배려하지 못하는 교사에게서 인성교육의 효과를 기대하는 것은 불가능하다. 인성교육의 핵심적 가치가 존중과 배려인데, 교사로부터 존중받고, 배려받지 못한다면 어떠한 좋은 가르침도 학생들에게는 공허하게 들린다. 인성교육의 핵심가치는 교사가 학생들을 대하는 존중과 배려를 통해서만 제대로 전수된다. 그러기 위해 교사는 평가자의 시선이 아닌 역지사지의 자세로 학생들의 처한 상황과 어려움을 헤아리고 그들의 입장을 공감하는 모습을 직접 보여줄 때 말 되지 않은 더 큰 가르침을 몸소 학

생들에게 전달할 수 있다. 학생들은 교사로부터 존중과 배려를 받음으로써 자기 존중감을 지니며, 자기사랑을 감행하게 된다. 더 나아가 다른 사람을 존중하고 배려할 수 있는 사람이 될 수 있는 것이다. 백 마디 말보다 교사가 존중과 배려의 마음으로 의식적으로 학생에게 다가가는 그 자체가 최고의 인성교육이 될 것이다.

4) 인성교육은 협력수업의 형태를 활발히 띨 필요가 있다. 입시 위주의 교육환경에서 학생들은 맹목적 경쟁의 논리 속에서 개인적 차원의 학습에만 몰두한다. 학생들은 협력수업을 통해 더불어 공동의 과제를 해결해 봄으로써 상호소통의 힘을 경험하며 책임감을 배울 수 있다. 수직적 가르침보다 수평적인 동료와의 소통을 통해 자연스럽게 상호 간에 선한 영향력을 미친다. 상호소통을 통해 학생들은 서로 간의 친밀함을 느끼며 역지사지의 경험을 통해 서로에 대한 존중과 책임에 눈뜨는 계기를 마련할 수 있다. 인성교육을 가능하게 하는 최소한의 기초토대는 소통과 친밀감이라는 점에서 협력수업은 그것을 가능하게 도와준다. 그러나 많은 경우 모양만 협력수업의 형태를 띠고 사실은 집단모임에 끝나버리는 경우가 있다. 오히려 이런 수업은 인성교육을 방해하는 역작용을 불러온다. 서로를 배려하지 않는 조별모임은 특정한 학생에게만 헌신과 희생을 강요하고 오히려 부당하게 착취당한다는 느낌만을 들며, 대부분의 학생이 무임승차하는 무책임함만을 초래할 수 있다. 모여서 같이 한다고 그것이 모두 협력수업이 되는 것은 아니다. 이를 막기 위해 교사는 주제 선정에서부터 모임 활동에 세심한 주의를 기울여 구성원들이 서로 협력적으로 즐겁게 활동할 수 있는 분위기를 마련할 필요가 있다.

5) 인성교육은 체험 위주의 수업을 많이 도입할 필요가 있다. 인성교육은 주입식 교육인 지식교육에 대비된 교육으로 이해된다. 지식교육이 인지적 차원의 접근만을 지나치게 치중한다면, 그것의 교육적 한계를 극복하기 위해 인성교육은 체험 위주의 수업을 강조하고 있다. 체험 위주의 수업은 인지적 접근을 통해 가져온 추상적 앎을 열정 있는 앎으로 변형시켜 실천으로 나아가게 도와준다. 따라서 인성교육은 깨침을 불러오는 데 유리한 체험 위주의 수업을 강화할 필요가 있다.

6) 인성교육은 융합적 성격을 띨 수 있도록 노력해야 한다. 수업 방법론에 있어서도 인지적 측면, 정의적 측면, 행위적 측면을 융합적으로 고려해 설계해야 한다. 또한 인성교육이 성공하기 위해서는 관련된 교육주체들인 학교, 가정, 지역사회, 국가가 모두 협력적으로 함께해야 한다. 아프리카 속담에 한 아이를 잘 키우기 위해

서는 온 동네 사람들의 노력이 필요하다는 말이 있듯이 인성교육 주체는 학교만이 아니다. 그러므로 학부모, 교사, 지역사회가 함께 인성교육을 위해 협력적 관계를 지속해서 맺어야 한다. 인성교육의 융합적 성격은 담당해야 할 교과과목에서도 적용되어야 한다. 주된 책임 과목이 있을지라도 단일한 과목만을 통해 인성교육을 실행하기보다 모든 과목이 인성교육의 성격을 최대한 띨 수 있도록 협력할 수 있어야 한다. 사실, 모든 과목도 단순 지식전달에 끝나지 않고 그 지식을 어떻게 현실에서 바람직하게 실현할지를 성찰하게 만들 때 인성 교육적 성격을 띨 수 있다는 점에서 인성교육의 효과는 특정한 단일과목만을 통해 실현되는 것은 아니다. 주된 책임 과목과 그와 연관된 과목들의 담당교사가 함께 모여 수업내용과 방법에 대해 협력적으로 논의할 때 인성교육의 효과는 극대화될 것이다.

7) 인성교육을 위해서는 교실이나 학교 전체의 문화가 화합하는 공동체적 문화를 형성하여야 한다. 성원들이 서로를 존중하고, 배려하는 공동체적 문화 자체가 인성교육의 중요한 토대와 힘을 지닌다는 점에서 수업에서는 협력적인 분위기를 위해 교사는 노력해야 한다. 학교 전체는 학생들을 존중할 수 있는 문화, 그들이 주인의식을 지니고 참여할 기회를 제공해 주어야 한다. 애교심을 지닐 수 있도록 배려해야 하며, 학교 문화의 변화를 위해 다양한 캠페인과 프로그램 시행을 통해 공동체적 의식 함양에 주력해야 한다. 진정한 공동체 문화 자체가 인성교육의 효력을 발생시킬 수 있다.

8) 인성교육이라는 이름 아래 여러 가지 수업 활동을 진행하더라도 그 프로그램 구성이 학생들의 발달단계에 맞지 않거나 그들의 직접적인 관심과 흥미를 반영하지 못하는 방식으로 운영된다면 외관상 체험, 활동 위주의 수업이라 하더라도 결과적으로 주입식 교육의 한계를 고스란히 지니게 된다. 내용 구성에 있어 학생들의 흥미와 그들이 실제로 겪게 되는 문제를 중심으로 수업 프로그램이 구성될 필요가 있다. 인성교육의 효율화를 위한 평가를 시행할 때도 교육의 결과만을 평가하지 말고, 인성교육을 운영하는 시스템 자체에 대한 평가, 프로그램 구성과 진행방식에 대한 평가가 시행되고 그 내용을 수업 변화에 적극적으로 반영할 수 있도록 해야 한다.

2. 인성교육 방법론

인성교육의 구성 요소 ― 인지적, 정의적, 행동적 요소

올바른 인성과 도덕성을 함양하기 위해 중요하게 신장해야 할 능력으로 인지적 능력, 정의적 능력, 행동적 능력을 들 수 있다. 달리 말해 이 각각의 능력이 탁월하게 실현되고, 그 능력들이 조화롭게 성취되었을 때 한 사람의 완성된 인성과 도덕성이 함양된다. 먼저 인성함양을 위한 인지적 능력으로는 올바른 도덕적 규범과 원리를 이해하고 그런 규범과 원리에 따라 우리의 구체적 문제 상황 속에서 무엇이 올바른 행동인지를 판단하며 올바른 의사 결정을 하는 능력을 들 수 있다.

인성함양과 연관된 또 다른 능력으로 정의적 능력을 들 수 있다. 정의적 차원에서는 우리가 추구해야 할 의무와 가치를 좋아하고 그 반대되는 것에 미움의 감정을 지닐 수 있도록 교육해야 한다. 우리가 도덕적일 수 있으려면 단지 도덕규범과 원리만을 이론적으로 알고, 그것에 기초해 합리적 판단만 잘해서 될 일이 아니라 도덕적 규범과 행위를 좋아하는 도덕적 감정을 지녀야 한다. 도덕적 행위는 앎과 판단만으로 이루어지는 것이 아니라 앎과 판단을 통해 가져온 규범과 가치에 대한 좋은 감정을 필요로 한다. 정의적 차원은 규범과 가치에 대한 좋은 감정을 넘어 그것을 실현하고자 하는 열정과 의지를 불러오게 한다.

인성함양과 연관되는 또 다른 영역으로 우리는 행위적 차원을 중요하게 고려해야 한다. 여기에서 우리는 특정한 행위를 실천할 수 있는데 필요한 기능이나 기술을 익히게 하며, 문제 되는 행위를 반복적으로 하게 함으로써 그 행위가 습관화될 수 있도록 도와준다. 예를 들어 절약이라는 행위를 우리가 처해있는 일상적 상황 속에서 어떤 방식으로 실천할 수 있는지 교육해야 하며, 그 행위가 습관화될 수 있도록 생활 속에서 반복 실천할 기회를 제공할 필요가 있다.

이처럼 인성을 함양하거나 도덕적 행위를 실천하는 데 영향을 미칠 수 있는 세 영역이 앞에서 논의한 인지적 요인, 정의적 요인, 행위적 요인이다. 이 세 가지 요인을 교육을 통해 훈련 연마시키는 것은 덕성함양, 인성함양 교육에서 중요하게 고려해야 할 것들이다. 우선적으로 도덕적 행위에 대한 반복적 행위를 통한 습관화 교육과 가치와 규범에 대한 좋은 감정과 열정을 지니는 교육이 먼저 어린 시절 때 이루어져야 한다. 그 다음으로 인지적 능력 함양을 통해 어떤 것이 왜 중요한지를 스스로 판단하며, 자신이 주체적으로 선택한 삶의 원칙에 따라 도덕적으로 살아갈 수 있게 하는 교육이 추후 이루어져야 한다. 그러나 궁극적으로는 이 세 가지 차원은 개인이 처해 있는 도덕적 수준에 따라 융합적인 방식으로 활용되어 학생들의 도덕성, 인성을 더 고차적 차원으로 신장시킬 수 있어야 한다. 인성의 핵심이 도덕성이라는 점에서 아래에 소개된 도덕성 고양을 위한 인지적, 정의적, 행위적 접근방식에 대한 더 자세한 설명은 효과적인 인성교육을 위한 방법으로 사용될 수 있을 것이다.

1) 인지적 차원에서 접근한 도덕 교육 방법

오늘날 인지적 차원에서 접근하는 도덕교육은 학교 수업에서 행해지는 가장 대표적인 교육 방법이다. 인식과 앎의 확장이 행동의 변화를 가져온다는 점에서 인지적 차원의 접근은 인성교육의 가장 기본적이고 근본적인 방법이라고 말할 수 있다. 특히 어린아이들이 아닌 대학생이나 성인들을 대상으로 하는 인성교육일 때는 인지적 차원의 접근 방식이 효율적으로 이용될 수 있다. 앎은 곧 실천으로 이어진다는 소크라테스와 같은 주지주의 신념을 가진 사람들은 주요한 인성교육의 방법으로 인지적 접근을 강조한다.

인지적 차원의 인성 교육법을 강조하는 사람은 교화의 방식으로 이루어지는 덕목 교육에 거부감을 나타낸다. 참다운 인식을 동반하지 않은 채 행위만을 연습시키고 성품화시키는 것은 진정한 도덕성을 고양하는 것이 아니라고 본다. 참다운 앎에 기초하지 못한 행위는 외부적 요인이나 비합리적 요인에 의해 조건 지워진 것으로 그 자체 자율적, 주체적 행위가 될 수 없고 따라서 도덕적 행위가 될 수 없다고 본다. 인지적 차원의 교육법을 강조하는 사람들은 도덕성의 핵심으로 자율성, 주체성을 강조한다. 자율성과 주체성에 기초하지 않은 행위교육이니 습관교육은 진정한 도덕적 행위를 가져오지 못한다고 본다.

도덕성과 관련하여 인지능력은 주어진 상황이 도덕적 문제 상황인지를 민감하게 파악하는 도덕적 민감성으로 표현된다. 그리고 다양한 가치개념이 정립된 까닭으로 주어진 상황이 어떤 가치와 관련된 문제인지를 잘 알며, 주어진 상황에 적용할 수 있는 도덕원리에 대한 이해도 풍부하게 가지고 있다. 나아가 도덕원리에 기초해 주어진 상황에서 어떤 대안들이 있으며, 그 대안들의 각각의 결과가 어떠하며, 어떤 대안이 가장 합리적으로 선택할 수 있는지를 추론, 판단하는 힘을 발휘할 수 있다. 도덕적 인간은 이런 기본적인 인지능력을 갖추어야 하고, 이런 인지능력에 기초한 합리적 앎과 가치에 기초해 자신의 행위를 주체적으로 끌어낼 수 있어야 한다.

오늘날 인지적 차원에서 도덕성 발달론을 강조한 대표적인 학자로서 콜버그(L. Kohlberg)를 들 수 있다. 콜버그는 도덕성 발달은 도덕적 추론의 발달로 이해한다. 도덕성은 단계별로 발달하는데, 크게 인습전단계, 인습단계, 인습후단계라는 3수준으로 나누고 그 각 수준이 2개의 단계로 또다시 나누어져 전체적으로 3수준 6단계로 나누어진다.(남궁 달하, 2014, 255-262). 인습전 단계에 머물러 있는 사람은 판단의 근거가 개인적 차원의 벌에 대한 두려움이나 얻을 이익이 중요하지만, 더 나은 단계로 발전해 감에 따라 타인에 대한 좋은 평가를 고려한 타인의 시선, 그리고 사회질서에 대한 복종을 넘어 계약된 법에 대한 합리적 의무감과 최종적으로 보편적인 정의의 원리에 기초한 단계로까지 발전한다. 두 사람이 같은 주장과 행동을 했더라고 서로 다른 도덕적 추론에 기초했다면 그들의 도덕성의 발달단계는 다르다고 보았다. 콜버그가 도덕성 교육을 통해 성취해야 할 수업목표는 최종적으로 정의라는 객관적이고 보편적인 원리 아래 자신의 판단과 행동을 근거 지울 수 있는 도덕적 추론의 힘, 곧 인식적 힘을 키우는 것이다. 그는 인식의 능력이 곧 행위의 변화를 가져올 수 있다고 믿는다.

단계별 추론능력의 발달을 위해 콜버그가 사용한 주된 방법은 도덕적 딜레마 문제를 중심으로 토론 수업을 진행하는 것이다. 교사가 신중하게 준비한 흥미로운 도덕적 딜레마 문제를 중심으로 이루어지는 학생들 간의 상호토론은 서로 간의 관점과 이해의 차이를 확인함으로써 서로의 추론능력을 성숙시키고 발전시킬 수 있다. 콜버그는 도덕성 교육에 있어 토론 교육이 중요한 역할을 할 수 있다고 본다. 서로 간의 다른 입장을 경청하고 확인하는 과정에서 자기의 관점에서 벗어난 다른 입장에 서 볼 수 있고 결과적으로 간접적인 역할교환의 경험을 할 수도 있다. 인성교육의 핵심이 자기중심성을 극복하여 타인의 입장을 이해, 공감하는 능력이라는 점에서 토론 교육은 자기중심성을 극복하여 새로운 입장으로 나아가게 만드는 인성교육적 효과를 발휘할 수 있는 것이다. 나아가 토론 교육은 학생들 간의 상호소통을 경험하게 하며 학생들의 자발성과 능동성을 유도하여 스스로 더 나은 단계로 자연스럽게 나아가게 하는 효율적인 인성 교육법이기도 하다.

인지적 차원에서 인성교육을 시도할 때 교사는 적절한 질문을 제시할 힘을 발휘할 수 있어야 한다. 학생들 상호 간의 활발한 토론과 논의를 통해 더 고차적인 추론능력에로 나아가게 하는 것이 바람직하지만, 토론이 고착된 입장에 머무르게 될 때 교사는 더 상위의 추론과 성찰을 위해 적절한 발문을 제기할 수 있어야 한다. 교사는 가상적 딜레마 문제뿐만 아니라 현실적인 딜레마 문제를 중심으로 학생들의 합리적이고 비판적인 가치추론능력을 발달시키고자 노력해야 한다.

2) 정의적 차원에서 접근한 도덕 교육 방법

성숙한 도덕적 추론과 판단력을 갖추고 상황에 적합한 가치와 관련된 앎을 숙지하고 있더라도 그것이 반드시 행위로 드러나지 못하는 경우가 많다는 점에서 인지적 차원에서만 도덕성을 함양하는 것은 한계가 있다. 그런 점에서 정의적 접근방법은 추론능력, 판단능력, 도덕적 가치에 대한 앎을 넘어 그것을 열망하고, 가치 있게 느낄 수 있도록 도와준다. 정의적 차원에서는 학생들의 정서 능력을 고양하고자 한다. 정서 능력이란 자신의 감정이나 타인의 감정을 잘 파악하고 잘 통제하며 감정이나 정서를 적절한 방식으로 잘 드러낼 수 있게 한다. 정서적 지능이 높다는 것은 감정이입의 능력, 공감 능력이 뛰어나다는 것을 말한다. 공감 능력은 단순한 감정이입을 넘어서 타인의 되어 그의 느낌, 그의 감정을 읽어낼 수 있게끔 도와준다. 도덕적 행위란 자기중심성에서 벗어날 때 가능하나는 점에서 인성교육은 자기를 빗어나 타인의 감정에 설 수 있는 공감 능력을 중요하게 키워야 한다. 변화되고 강화된 감정 자체가 우리의 도덕적 지식을 뜨거운 지식으로 만들 수 있으며, 우리의 행동을 새롭게 가져올 수 있다는 점에서 인성교육은 정서적 차원을 고려해야 한다. 특히, 인간을 우선적으로 감성적 존재의 측면이 있다는 점을 부각할 때 정서적 차원의 접근방법은 강조가 될 필요가 있다. 오늘날 인성교육이 인지적 차원에서만 접근하는 주입식 교육의 한계를 보완하기 위해 가장 많이 사용하는 접근방법이 정서적 차원의 접근방법이다. 오늘날 인성교육프로그램은 학생들의 정서와 감정에 영향을 미치기 위해 다양한 형태의 체험활동을 준비하고 있다. 행동적 실천적 접근의 인성교육법은 교과 내 수업시간에 행하기에는 준비시간과 상당한 노력이 필요로 한다는 점에서 지식교육의 한계를 극복하려는 노력은 정서적 접근의 교수법을 통해 이루어지고 있다.

정의적 차원의 접근방식을 대표하는 입장으로서 여기서는 가치명료화 이론과 배려윤리의 입장을 살펴보고자 한다.

(1) 가치명료화 이론

가치명료화의 입장은 가치 상대주의를 전제하고 있다. 덕목을 개인에게 교화의 방식으로 전달하는 것을 반대하며 가치는 개인적 차원에서 주체적으로 선택할 문제라고 본다. 교사는 가치를 전달하는 사람이 아니라 학생들이 소중하게 생각하는 가치를 찾게끔 도와주는 촉진자로서의 역할을 해야 한다. 이 접근 방식은 가치관이 혼란 상태에 있거나 자기 정체성이 불분명한 단계에 있는 학생들에게 자기가 무엇을 소중한 가치로 생각하는지, 어떤 가치를 사랑하고, 행동으로 옮겨야 할지를 스스로 자각할 수 있도록 도와준다. 학생들의 자율성과 주체성을 최대한 보호하려는 수업 접근방법이다.

가치명료화 이론을 대표하는 래스(Raths)는 가치명료화를 목적으로 하는 수업 과정을 선택, 존중, 행동의 과정으로 나누어 설명하고 있다. 이 과정을 그는 가치화의 과정(process of Valuing)이라고 부른다.(정호범, 2014, p. 56).

<선택> ① 자유로이 선택한다.
② 여러 가지 대안들에서 선택한다
③ 각 대안의 결과를 신중히 고려한 후에 선택한다.

<존중> ④ 선택을 존중하고 소중히 여긴다
⑤ 선택을 남에게 공언한다

<행위> ⑥ 선택에 따라 행동한다.
⑦ 반복해서 행동한다.

가치명료화 수업을 위해 교사는 도덕적 문제 상황을 제시하고, 학생들이 그 상황에서 자신의 입장을 선택하는 과정에서 자신이 무엇을 소중한 가치로 생각하는

지를 스스로 파악하게끔 도와준다. 사실 많은 사람은 일상생활 속에서 자신이 어떤 가치를 추구하는지를 의식적으로 자각하지 못하며, 결과적으로 가치관 결여 및 가치관 혼란에 빠져 있는 경우가 많다. 설사 무의식적으로 가치를 갈망하더라도 그것을 자각적으로 의식하지 못하면 그에게는 가치 결핍만이 느껴질 따름이다. 이런 점에서 교사는 학생들 스스로가 자신들의 무의식적 가치추구를 의식적 가치추구로 변환할 수 있도록 도와주어야 한다.

가치명료화 수업을 통해 학생들이 선택해야 할 가치는 누군가에 의해 주입된 것이 아닌 자신의 가치여야 한다. 자신의 가치를 선택하기 위해서는 구속이나 억압이 없는 상태에서 자유롭게 선택해야 하며, 가능한 다양한 대안들 속에서 선택해야 하며, 각각의 대안들이 미치는 결과까지 고려한 선택이어야 한다. 이런 과정을 거치고 선택한 것만이 주체적이고 합리적인 선택이라고 할 수 있다. 이런 교육방식을 통해 학생들은 합리적, 주체적 의사결정 능력을 키울 수 있다.

그리고 자신이 선택한 가치를 소중하게 생각하는 시간을 가져야 한다. 그러기 위해 자신이 선택한 것을 소중하게 생각하는 이유와 그 근거를 동료에게 분명하게 표현하고, 선포하는 과정을 거치게 한다. 이런 표현과 공언의 과정을 거칠 때 선택한 것을 더욱 소중하게 생각하고 가치를 실현하려는 열정을 품을 수 있다. 타인에게 자신의 선택을 설득하고 공언하기 위한 준비 과정에서 학생들은 타인의 관점과 입장을 염두에 두게 되며 결과적으로 주장의 보편타당성을 간접적으로 확인하는 과정을 거칠 수 있다. 가치명료화의 수업이 개인의 주관적인 가치만을 찾고 공언하는 과정에 끝나지 않고 어느 정도의 보편적 가치를 찾을 수 있는 계기를 줄 수 있는 이유는, 타인과의 의사소통이 있으며 그들에게 자신의 주장을 정당화 공언하는 과정이 있기 때문이다.

그러나 가치를 소중하게 생각하고 느끼고 공언할 수 있다고 해서 그 가치를 곧 실천할 수 있는 것은 아니다. 자신의 선택에 따라 행위할 수 있기 위해서는 행위능력과 관련한 역량을 키울 필요가 있다. 또한 자신의 가치 행위가 일회성이 아니기 위해서는 행위를 반복해서 실천하여 습관화시킬 필요가 있다. 선택-존중-행위라는 세 가지 과정에 걸쳐 이루어진 래스의 가치명료화 수업에서는 인지, 정서, 행위라는 3가지 차원을 모두 건드리는 수업형태이다. 하지만 자신의 주관적 가치를 객관화시키고, 자신의 가치를 소중하게 생각하며, 자신의 가치에 대한 열정을 지니게 되는 정서적 차원이 가장 강조되고 있다는 점에서 대표적인 정의적 접근법으로 소개되고 있다.

(2) 배려윤리에 기초한 정서적 접근

배려윤리는 길리건(Gilligan), 나딩스(N. Noddings)와 같은 여성학자들에 의해 지지되고 있다. 콜버그가 보편적 원리에 기초한 도덕적 추론능력 발달을 도덕성의 핵심으로 강조했다면, 이와 달리 길리건과 나딩스는 도덕성의 핵심은 배려능력이라고 본다. 콜버그가 도덕적 추론능력과 판단력을 도덕성의 핵심이라고 생각해 도덕교육에 있어 인지적 차원을 강조했다면, 배려윤리는 배려라는 정서적 차원을 강조한다. 콜버그는 인지 도덕발달론의 입장에서 정의, 권리, 법칙과 같은 추상적이고, 객관적인 기준을 강조했다면, 배려윤리학자들은 특수한 관계, 상황, 대면하고 있는 구체적 사람을 더 중요하게 배려한다. 길리건은 콜버그가 남성중심적 관점에서 도덕성을 정의함으로써 관계를 중시하고, 배려하는 여성의 성품과 특징을 정당하게 고려하지 못했다고 비판한다. 길리건은 여성성에서 잘 나타나는 배려능력, 관계를 중요시하는 목소리를 정당하게 도덕성의 핵심으로 강조할 필요가 있다고 주장한다.

길리건은 존중과 배려와 같은 도덕적 정서를 도덕성의 핵심으로 생각한다. 여기서 존중이란 상대를 소중하게 여기는 태도로서 배려보다는 소극적 의무로 나타난다. 사람을 존중하라는 말에는 사람을 괴롭히지 말라. 거짓말하지 말라, 속이지 말라는 소극적인 의무가 요구되고 있다. 그에 비해 존중을 넘어 배려는 책임이라는 적극적 의무까지 함축하고 있다. 책임의 어원적 의미 중에 요구에 응대한다는 의미가 있듯이 배려는 상대가 나에게 요구하는 것에 책임 있게 응대하려는 적극적 의무를 함의하고 있다. 그래서 배려는 상대가 나에게 무엇을 요구하는지에 대한 깊은 이해와 공감이 전제되어야 하고, 공감을 넘어 행위로 나아가야 한다. 배려는 자기중심성, 이기성에서 벗어나기를 요구한다는 점에서 도덕성의 핵심이라고 볼 수 있다.

이런 배려를 훈련시키기 위해 나딩스는 몇 가지 방법을 소개하고 있다. 본보기(modelling), 대화, 실천(practice), 확인(confirmation)이라는 4가지 방법을 통해 학생들의 배려 교육을 실시한다.(박병기·추병완, 2007, pp. 384-398). 먼저 본보기란 교사가 학생들에게 배려를 모범으로 보여주는 것이다. 배려를 제대로 받아본 사람이 배려를 할 수 있다는 점에서 교사는 학생들에게 배려하는 모습을 모범으로 보여주어야 한다. 사실 인성과 도덕성은 언어를 습득하듯이 생활 속에서 자연히 익히는 것이 가장 바람직하다고 한다. 배려의 능력도 사람들 간의 배려관계에서 자연히 키워진다. 이론적 가르침보다 직접 보여주는 것이 최고의 인성교육법이다.

다음으로 대화를 통해 학생들은 배려를 배울 수도 있다. 이때 배려하는 대화는 교사가 무엇인가를 전달하려는 인위적 목적 아래 행해지는 대화가 아니라 학생의 어려움과 필요를 경청 공감하는 방식으로 행해지는 순수한 대화를 의미한다. 공감적 소통을 통해 학생은 배려 받는다는 느낌을 가지며, 궁극적으로 교사와 학생은 상호 배려관계를 형성한다.

그다음으로 학생들이 직접 다른 사람들을 배려해보는 실천 기회를 제공해야 한다. 후배를 가르친다든지, 봉사활동을 통해 어려움에 부닥쳐있는 사람들을 직접 배려해 봄으로써 배려의 기쁨과 함께 자존감, 타인 배려의 능력을 기를 수 있다. 배려윤리에서 강조하는 배려관계를 형성하기 위해서는 일방적으로 내가 주고 싶은 것을 주는 것이 아니라 상대의 필요와 요구를 깊이 공감하고, 상대가 배려 받고 있다는 것을 느껴 배려에 반응할 수 있도록 배려 받는 자를 이끌어 낼 수 있어야 한다. 배려 받는 자의 제대로 된 반응을 있을 때 배려관계는 완성된다. 참다운 배려관계는 일방적인 배려가 아니라 상대와의 소통과 반응이 살아 있어야 한다.

마지막으로 교사는 학생들이 행동한 그 배후의 선한 동기를 찾아 확인해 주는 방법을 통해 학생들이 건강한 자아상을 지닐 수 있도록 도와주어야 한다. 설사 문제되는 행위를 하더라도 본인의 원래의 선한 동기를 떠올려주며 그의 원래의 좋은 동기와 지금 문제되는 행위는 어울리지 않는다는 것을 보여주는 방식으로 학생이 다른 행위를 선택하도록 자연스럽게 도와주어야 한다. 문제되는 행동을 지적하더라도 그것이 학생들의 자존감을 상처 입히지 않는 방향으로, 오히려 그가 어떤 선한 동기를 갈구하는 자인지를 보여줌으로써 건강한 자아상을 가지게 도와준다. 칭찬은 고래를 춤추게 한다는 말이 있듯이, 확인이라는 방법은 상대를 긍정적으로 바라보고, 칭찬하는 방식으로 상대의 자존감을 향상해 문제를 해결하는 중요한 정서적 접근법이기도 하다.

3) 행동적 차원에서 접근한 도덕 교육 방법

용기 있는 사람이 되기 위해서는 용기 있는 행동을 해야 하며, 정직한 사람이 되기 위해서는 정직을 직접 실천해 보아야 한다. 옳은 행위를 지속적으로 실천할 수 있는 성품과 덕성을 내면화하기 위해서는 도덕적 행위의 반복을 습관화할 필요가 있다. 행동 자체가 그 행위에 걸맞은 정서와 인식을 새롭게 가져올 수 있다는 점에서 올바른 행위를 실천해 봄으로써 인지적, 정의적 영역에서의 변화도 가져올 수 있다. 인지, 정의적 영역의 변화를 통해 행위의 변화를 가져올 수 있지만, 역으로 행위의 변화를 통해 인지, 정서의 변화를 가져올 수 있다. 사실 인지, 정서, 행위는 서로 연결되어 있어, 하나의 변화는 다른 것의 변화를 가져올 수 있다. 서로 갈등하는 도덕 교육론의 입장도 세 가지의 연관성을 부정하는 것은 아니다. 어디에서 먼저 출발하는 것이 가장 바람직하고, 효율적인지에 대한 차이가 있을 따름이다. 행동적 차원에서는 행위를 통해 다른 영역의 변화를 꾀하고자 한다.

도덕적 행위의 반복적 실천을 통해서 좋은 도덕적 습관과 새로운 것을 배우고, 느낄 기회를 가질 수 있다는 점에서 인성교육에 있어 직접적 행동을 실천해 보게끔 하는 것은 중요한 교육방법일 수 있다. 이런 이유로 오늘날 학교에서는 행동적 차원에서 접근하는 인성교육 방법으로 봉사교육을 강조한다. 학생들은 직접 봉사를 해 봄으로써 타인의 고통과 어려움을 공감하는 능력을 자연스럽게 발휘할 기회를 가지게 된다. 또한 사회의 시스템과 구조적 문제를 대면하고 고민해 볼 자연스러운 기회를 가짐으로써 사회비판적 의식과 책임감, 정의감을 느끼고 배울 기회를 가진다.

행위적 접근방식을 통한 인성교육의 또 다른 대표적 방식은 프로젝트형 수업이다. 사회문제를 탐색하고, 자신들이 관심 가지고 접근할 수 있는 세부문제를 설정해 그 사회문제를 해결하고 도움을 주는 방식의 과제를 해결하는 수업이다. 학생들은 단순히 지식을 주입받는 수업이 아니라 주어진 사회적 문제를 구성원들 간의 협력수업을 통해 해결하는 과정을 통해 사회문제에 대한 깊은 이해뿐만 아니라 우리 사회를 발전시키는 데 직접적인 영향을 미치는 건강한 경험을 해 볼 수 있다.

3. 인성함양을 위해 다룰 수 있는 철학적 주제들

우리가 올바르게 생각하고, 느끼고, 행동하지 못하는 것은 잘못된 선입견, 편견, 고정관념에 사로잡혀 있기 때문이다. 잘못된 인식은 잘못된 것을 열망하고 욕망하게 되며, 결과적으로 잘못된 행동을 하게끔 만든다. 학생들이 잘못된 가치관, 세계관, 인생관에 휘둘리지 않기 위해서는 중요한 철학적 물음 앞에 학생들이 성찰적으로 마주하게끔 해야 한다. 이런 물음을 중심으로 다양한 관점에서 대화, 토론하고 성찰하는 시간을 가질 때 우리의 생각과 정서는 달라질 수 있다. 아래에서 소개되는 철학적 주제에 대한 진지한 성찰은 인문학적 정신을 길러주며 깊은 성찰 능력과 함께 우리에게 건강한 가치관, 인생관, 세계관을 정립할 수 있게끔 도와줌으로써 인성교육에 중요한 기여를 해 줄 것이다.

1) 참된 행복관 정립을 통한 인성함양

이 수업주제는 인성함양이나 도덕적 실천이 단순히 옳기 때문만이 아니라 자신의 참된 행복과 합리적 자기 이익을 위해서라도 반드시 갖추어야 한다는 것을 학생들과 더불어 생각해보려는 목적을 가지고 있다. 다시 말해 올바른 인성이 결여된 채 참다운 행복이 불가능하다는 것을 생각해 보게 하는 수업이다. 결과적으로 이 수업은 올바른 행복관 정립을 통해 인성함양이 행복한 삶에 얼마나 중요한지를 생각해보게 한다.

모든 사람은 행복을 추구하고자 하지만, 행복해지려고 할수록 역설적으로 오히려 불행해지는 면이 있다. 이런 역설이 성립하는 것은 그만큼 많은 사람이 행복을 갈구하면서도 정작 그 행복이 무엇이며, 어떻게 하면 행복한 삶을 살 수 있는지 묻지 않기 때문이다. 묻지 않은 채 살다 보니 잘못된 행복을 추구하게 되고 바람과는 달리 불행을 초래하는 것이다. 이런 역설을 수업시간에 깊이 있게 다루어보는 것도 행복한 삶을 살기 위해 무엇이 필요한지 진지하게 고민해볼 좋은 기회를 학생들에게 제공해줄 것이다.

- 왜 이렇게 열심히 행복을 추구하는데 오히려 불행해질까?
- 왜 행복을 궁극적 목적으로 삼으면 삼을수록 더 불행해질 수 있는가?
- 우리가 행복이라고 생각하는 것이 진정 행복인가?
- 우리가 불행이라고 생각하는 것이 진정 그렇게 불행한 것이기만 한 것인가?
- 불행인지 아닌지를 지금 성급하게 규정해서는 안 되는 이유가 있다면 왜인지?
- 불행이라고 생각한 것이 나중에 행복의 원천이 될 수 있는 것인지? 그럼 행복의 원천이 되는 불행은 불행인지 아닌지?
- 불행과 연관되는 행복은 행복인지 아닌지?

이런 여러 질문을 생각해 봄으로써 학생들은 행복과 불행이라는 것이 그렇게 단순하게 생각할 문제가 아니라는 것을 알게 된다. 행복과 불행은 개인의 주관적인 요인도 많이 작용하기 때문에 동일한 행동과 사건에 대해서도 다른 평가와 이해가 충분히 가능하다. 누구에게는 행복이라고 생각하는 것이 누구에게는 그렇지 않을 수 있으며, 누구에게는 불행이라고 생각하는 것이 다른 사람에게는 달리 느껴질 수도 있기 때문이다. 그런 점에서 다른 평가가 가능한 행위와 삶을 두고서 과연 그것이 행복인지 아닌지 토론해 보는 시간을 가지는 것도 좋을 것이다.

- 객관적으로 열악한 사람의 삶이 그렇지 않은 사람의 삶보다 더 행복할 수 있을까? 그렇다면 왜일까?
- 자기가 행복이라고 느끼면 행복인가? 자기가 행복하다고 느끼지만 그는 불행한 사람일 수 있을까?
- 누구에게는 불행이 왜 나에게는 행복으로 다가오는가?

• 행복의 조건

행복에 대한 다양한 이해가 있음에도 행복한 삶을 가능하게 하는 최소한의 필요조건이 있을 것이다. 필요조건이란 행복함을 위해 반드시 있어야 하지만, 그것이 갖추어졌다고 해서 행복이 곧 주어지는 것은 아닌 그런 조건을 말한다. 충분조건은 그 조건이 있다면 문제 되는 행복을 성취하게 하는 조건의 집합을 말한다. 필요충분조건은 문제가 되는 현상이 일어날 수 있는 유일한 조건을 의미한다. 사람들은 동일한 조건을 행복을 실현하는 데 있어 다른 의미로 받아들인다. 이에 학생들과 다양한 조건들이 과연 행복의 필요조건인지, 충분조건인지, 필요충분조건인지 아니면 관계없는 것인지 토론해 봄으로써 행복에 대해 진지하게 고민 할 기회를 가질 수 있다.

- 돈은 행복에 필요조건일까, 충분조건일까? 필요충분조건일까?
- 행복에 필요조건이라고 말할 수 있는 것이 있다면 무엇이며, 왜 그렇게 생각하는가?
- 행복에 필요조건인데도 불구하고, 그것을 충분조건으로 생각함으로써 일어날 수 있는 문제점들에 대해 논의해보자.
- 시대에 따라 행복의 조건이 어떻게 달라져 왔을까?
- 행복한 삶에 도덕은 어떤 조건일까?

수많은 사람들이 비도덕적 행위에 유혹을 느끼고 그 유혹을 떨치지 못하는 것은 비도덕적 행위가 행복을 가져다줄 수 있다는 착각에 빠졌기 때문이다. 참다운 행복의 조건에 대한 진지한 성찰은 행복을 잘못 추구해 비도덕적 삶에 내몰리는 어리석음에 빠지지 않도록 큰 도움을 줄 것이다. 또한 우리가 참다운 행복의 조건으로 도덕과 인성이 어떤 역할을 하고 왜 중요한지를 통찰할 좋은 기회를 가질 수 있다.

과연 도덕은 행복한 삶에서 어떤 조건일까? 과연 비도덕적이면서도 행복할 수 있을까? 비도덕적 삶을 살면서도 행복하다는 말은 진실일 수 있을까? 도덕적일 때 최소한 행복할 수 있는 것 아닐까? 도덕은 행복의 충분조건은 아니지만, 필요조건은 아닌가? 이런 등의 물음을 통해 우리는 행복과 도덕 간의 깊은 관계에 대한 통찰을 도모할 수 있다.

많은 학생이 행복과 도덕을 밀접하게 연관지어 생각하지 못하는 데는 도덕에 대한 잘못된 선입견도 한몫하고 있다고 본다. 도덕을 우리의 욕망을 억제하고, 일종의 금기로만 좁게 이해하는 한, 도덕은 인간 행복의 도움이 되는 조건이라기보다, 오히려 인간의 행복을 포기하게 하는 부담스러운 것으로 잘못 이해하게 만든다. 도덕을 행복과 깊이 연관지어 이해하지 못하면 도덕적 삶은 우리에게 힘들고 어려운 삶으로만 멀리하게 될 것이다. 그런 점에서 도덕과 행복 간의 밀접한 연관 관계를 수업에서 다루는 것은 좋은 인성교육의 주제가 될 수 있다.

2) 소유 지향적 삶의 극복을 통한 인성함양 : 소유 지향적 삶과 존재 지향적 삶

인성함양의 걸림돌이 되는 것 중의 하나가 소유를 통해서만 자신의 행복과 삶의 의미를 찾으려는 현대인의 소유 지향적 삶의 태도를 들 수가 있다. 소유와 소비를 통해서만 삶의 의미와 행복을 찾음으로써 삶의 천박함과 반인성적 삶이 초래되는 것이다. 따라서 이 수업 목표는 소유 지향적 삶의 폐해와 문제를 반성하고, 그 대안적 삶으로 소유가 아닌 존재하는 그 자체의 의미와 본질적 가치를 확인하고, 그것과 올바른 관계 맺음을 통해 삶의 기쁨을 확인하는 존재 지향적 삶의 방식을 소개하는 것이다. 소유 지향적 삶의 극복과 존재 지향적 삶에 대한 공감을 통해 인성 변화의 계기로 삼는 것이 이 수업의 목표이다.

- 소유지향적 삶

프롬은 "소유냐 존재냐"라는 책에서 두 가지 삶의 방식을 이야기한다. 그것은 소유지향적 삶의 방식과 존재지향적 삶의 방식이다. 최종적으로 그는 소유지향적 삶의 방식에서 존재지향적 삶의 방식으로 전환을 우리에게 요구한다.

소유지향적 삶은 소유만을 삶의 목적으로 추구하는 삶이다. 더 많은 소유를 통해 행복한 삶을 꿈꾼다. 문제는 오늘날 이런 삶의 양식이 보편적인 우리의 삶의 양식이 되었다는 것이다. 소유 지향적 삶이 문제가 되는 것은 그 삶을 지배하는 시선이 도구적 가치만을 바라보고 근본적 가치에는 눈을 감는다는 것이다. 문제는 그 눈감은 가치가 의미로우며 충만한 삶을 살아가는 데 있어 소중한 가치라는 점이다.

소유지향적 삶은 그들의 믿음처럼 삶의 안정을 가져오는 것이 아니라 삶의 불안정과 갈등을 계속 불러올 수 있다. 소유지향적 삶은 끊임없는 소유적 욕망 추구와 함께 다른 사람들과 경쟁하며 대립, 갈등을 불러일으킨다. 그런데도, 우리가 소유적 욕구에 내몰리는 것은 우리가 지니고 있는 또 다른 본질적 욕구인 존재론적 욕구에 눈을 뜨지 못했기 때문이라고 볼 수 있다. 존재론적 욕구는 자신의 존재함을 강하게 느끼고 싶어 하고, 의미롭고 풍요로운 존재 그 자체에 대한 욕구라고 할 수 있다. 이런 욕구는 우리의 근원적 욕구이지만 여러 가지 요인들에 의해 좌절되었을 때 필요 이상으로 소유적 욕구에 내몰리고, 그 소유적 욕구를 통해 좌절된 존재론적 욕구를 대체하고자 한다. 문제는 대체가 제대로 이루어질 수 없다는 점이며, 그래서 계속되는 대체의 실패가 또 다른 소유적 욕구에 매달리는 악순환에 빠지게 한다.

• 존재지향적 삶

소유지향적 삶과 달리 존재지향적 삶이란 존재 자체의 의미와 가치를 중요하게 여기며 자신의 존재 완성을 실현하려는 삶이다. 그리고 다른 존재와의 조화로운 관계 맺음의 완성을 추구하는 삶이기도 하다. 존재지향적 삶이란 존재를 편협하게 바라보지 않는 삶이다. 그래서 모든 것을 자기중심적 관점에서만 바로 보지 않는 삶이다. 또한, 자기 이외의 것을 자기를 위한 도구적 가치만을 지닌 것으로 소유하지 않으려 한다. 오히려 자기 이외의 것을 그것만의 고유한 가치와 의미에 주목하며, 그러한 가치와 의미가 있는 존재와 관계 맺음을 기쁘게 생각하는 삶이다.

존재의 의미의 가치에 눈뜨게 될 때 그 존재 자체만으로도 나에게 소중하고 기쁨의 원천이 될 수 있다는 것은 다음과 같은 가상적 상황을 통해서도 잘 이해할 수 있다. 어느 날 자신의 어린 자식이 불치병 진단을 받고 사경을 헤매는 상황에 부닥쳤다고 가정해보자. 평소에는 열심히 공부하지 않는다고, 이웃의 다른 아이와 같지 않다고 못마땅해 한 자식이었지만, 그 부모의 소망은 이제는 자식의 능력 보유 여부와 관계없이 내 옆에 있어 주는 것, 존재하는 것만이 간절한 소망이 된다. 이때 그 어머니는 그 어느 때보다 자식의 존재 그 자체의 소중한 의미와 가치에 확연히 눈뜨게 된 것이다. 사실 많은 부모는 간혹 망각할지언정 이미 자식의 존재 그 자체가 어떤 것과 바꿀 수 없을 정도의 소중한 가치가 있다는 것을 알고 있으며, 그래서 그 존재의 완성을 이루는 데서 자기 삶의 기쁨을 느끼고, 그와의 관계를 떠나서 자신의 의미 있는 삶을 생각할 수 없다는 점에서 존재지향적 삶을 간접적으로 느끼고 있다.

소유지향적 삶에서 존재지향적 삶으로의 변화가 어떤 것인가를 우리는 「폭풍우 치는 밤에」라는 한 편의 영화를 통해서도 잘 엿볼 수 있다. 이 영화는 늑대 가브와 염소 메이가 자신의 본성을 극복하면서 우정의 관계를 맺게 되는 내용이다. 폭풍우 치는 밤에 폭풍우를 피해 늑대와 염소가 오두막집에 잠시 피하게 된다. 그러나 칠흑 같은 어둠과 코감기 덕택에 서로의 정체를 모른 채 대화를 나누게 되고, 그들은 깊은 동질감을 느끼게 되고, 그 다음 날 다시 만나기로 약속한다. 그러나 다음 날 만난 그들은 서로의 정체를 알고 놀라게 된다. 서로가 도저히 하나될 수 없다고 여겼던 늑대와 염소였기 때문이다. 그러나 이미 폭풍우 치는 밤에 오두막에서 선입견과 편견을 벗어던지고 서로의 동질성을 확인했기 때문에 여러 어려움을 극복해 가면서 서로의 우정을 지킬 수 있었다. 그 둘은 동료 집단들로부터의 야유와 따돌림, 심지어 생명의 위협에도 자신의 공동체에서 벗어나 서로 함께할 수 있는 전설의 숲을 찾아 눈보라 치는 험난한 산을 넘어간다.

이 영화에서 늑대 가브는 염소 메이를 단순한 먹잇감으로 보지 않는다. 간혹 배고픔에 시달려 염소가 먹잇감으로 느껴질 때 그의 본능을 극복할 수 있었던 것은 염소 메이가 먹잇감 그 이상의 존재라는 것을 알기 때문이다. 늑대 가브는 염소를 소유지향적 태도로만 보았다면 단순한 먹잇감 그 이상도 아니었을 것이다. 그러나 존재지향적 태도로 보았기 때문에 그의 배고픔을 무릅쓰더라도 염소 메이는 지켜내고 보존해야 할 소중한 존재로 여긴 것이다. 이런 변화를 가능하게 한 것은 칠흑 같은 어둠과 코감기가 상징하는 편견을 벗어나 대화를 통해 서로의 참모습을 보았기 때문이다.

이런 점은 염소 메이에게도 동일하게 확인할 수 있다. 염소에게 늑대는 그 자체 공포의 대상, 두려움의 대상일 것이다. 그러나 염소 메이는 늑대인 가브에게 공포와 두려움을 느끼지 않고 우정을 맺게 되며, 심지어 전설의 숲을 넘어갈 때 늑대 가브에게 자신을 잡아먹고 자기 대신 살아남아 달라고 부탁할 수 있었던 것은 그 역시 상대의 존재가치와 그 소중함을 깨달았기 때문이다.

이 영화가 학생들에게 시사해주는 바는 참으로 많다. 만약 이 영화를 수업시간에 활용한다면 학생들에게 이런 질문을 던져 보는 것도 좋을 것이다. 무엇이 염소와 메이를 하나될 수 있도록 해주었는지, 우정 때문에 먹지 못하는 염소가 가치가 있다면 그것은 어떤 가치인지, 왜 다른 늑대는 그 가치에 눈뜨지 못했는지, 새로운 가치에 눈뜨고, 눈뜨지 못했을 때 늑대와 염소의 삶에는 어떤 변화가 있게 되었는지를 우리 삶의 경험과 연관지어 논의해보는 것도 의미 있는 시간이 될 수 있다. 또는 이런 질문을 던져보는 것도 좋은 생각을 유도하게끔 해 줄 것이다. 만약 우리가 이 영화에 나오는 폭풍우 치는 밤에 그 오두막집에 들어가게 되고, 그 오두막이라는 공간을 통해 모든 선입견, 편견을 극복하여 그 공간에서 다시 나오게 된다면 우리 주변의 것들이 어떤 것으로 나에게 새롭게 이해되고, 새롭게 관계 맺을 수 있게 될지, 그런 것이 있다면 어떤 것이 있을 수 있을지, 그런 새로운 관계 맺음을 통해 나의 삶은 어떻게 달라질 수 있을지 논의해보는 것도 의미 있는 시간이 될 것이다.

존재지향적 삶을 지배하는 시선은 사랑의 시선이라고 말할 수 있다. 우리가 어떤 시선으로 바라보느냐에 따라 우리는 우리 앞의 대상들의 다양한 또 다른 측면을 바라볼 수 있고, 그것을 단순한 도구로서만 만나지 않게 된다. 다양하게 만날 수 있다는 것은 다양한 경험을 할 수 있다는 것이며, 그것이 나의 삶의 의미 충만함과 삶의 성장을 가져다줄 수 있다는 것이다. 소유지향적 삶은 외부적 대상에 지나치게 의존하는 삶이라면 존재지향적 삶은 나의 삶의 태도를 통해 다른 것과 다르게 관계 맺고 결과적으로 다른 둘이 조화로운 관계를 지향하는 삶이다.

소유지향적 삶이 추구하는 관계와 만남은 자기중심적 관계와 만남으로 사실 참다운 관계와 만남이 아니다. 오히려 기존의 나를 유지해주는 많은 것과 조화로운 관계를 파탄시키는 잘못된 관계와 만남이다. 관계의 갈등과 파탄이 초래하는 고독감과 불안감을 극복하기 위해 새로운 만남을 꿈꾸지만, 여전히 소유적 만남, 정복적 만남만이 행해질 따름이다. 그에 비해 참다운 만남은 대상을 그 자체로 바라보려고 노력을 해야 하며, 그러한 노력이 대상을 하나의 관점이 아닌 다양한 방식으로 바라보려고 노력하는 것이다. 그런 노력 속에서 대상의 소유적 가치 이외의 새로운 가치에 눈뜨게 되며, 그러한 가치의 눈뜸은 의미의 충만함과 새로운 만남을 통한 삶의 성숙을 가져다줄 것이다.

생각거리

- 나는 소유(소비)한다. 고로 나는 존재한다? OR 나는 자각한다.
  고로 나는 존재한다? 이 둘 중에 당신은 어떤 입장을 왜 지지하고 싶은가?
- 소유 지향적 삶을 통해 얻는 것과 잃는 것은 무엇일까?
- 우리의 삶을 기쁘게 해 줄 것은 새로운 것의 소유인가?
  아니면 존재하는 것의 새로운 의미와 그 존재가치에 대한 자각인가?
- 의미와 가치에 눈을 뜨지 못한 채 소유의 증진만을 통해 행복이 가능할까?

---

3) 죽음 교육을 통한 인성함양

누구나 죽는다는 사실을 안다고 한다. 그러나 많은 사람은 영원히 살 것처럼 살아가고 있다. 이것을 볼 때 죽음에 대한 많은 사람의 이해는 피상적 이해로서, 죽는다는 사실을 분명히 알지 못한 채 삶을 살아간다고 볼 수 있다. 유한한 삶을 살고, 죽을 수밖에 없는 존재라는 사실을 진지하게 성찰할수록 우리는 자신의 삶을 깊이 반성할 기회를 얻을 것이다. 이런 죽음 교육은 인성함양의 중요한 계기를 마련해 줄 것이다.

누구나 죽는다는 사실을 통찰할수록 우리는 모든 사람과 같은 운명을 가진 자로서 다른 사람들에게 동질감을 느낄 수 있다. 많은 상대적 박탈감도 평등한 죽음 앞에서 약화한다. 본질적인 동일성을 통찰할수록 현상적 차이가 무의미하게 느껴질 수 있다. 죽음에 대한 통찰은 많은 허상을 걷어내는 힘을 가지고 있다. 그 결과 무엇이 진정으로 가치 있는 것인지, 그렇지 않은 것인지를 분명하게 통찰할 기회를 제공한다. 모든 것이 소멸할 수밖에 없다는 사실을 알게 될 때 지금까지 우리가 집착한 것을 다르게 바라볼 수 있게 된다. 기존에 집착한 가치에서 자유로워질 때 그것은 새로운 가치에 눈뜨게 도와준다. 많은 경우 부자유함은 상대적 가치가 있는 것을 절대화할 때 발생하는데, 죽음에 대한 자각은 우리가 집착을 통해 절대화한 것이 영원한 것이 아닌 소멸한 것이라는 사실을 알려주며, 그 결과 집착에서 벗어나게 도와준다. 결과적으로 자유로움을 가져다줄 수 있는 것이다.

일반적으로 죽음 교육의 중요성을 강조하는 것은 죽음 교육은 삶의 교육이 될 수 있기 때문이다. 죽음은 삶을 비추는 거울의 역할을 수행한다. 죽음의 심연을 바라볼수록 삶을 뒤엎은 허상이 벗겨지며, 삶 자체에 대한 성찰로 나갈 수 있다. 그래서 죽음 교육은 삶의 교육에 다름 아니다. 죽음 자각을 통해 자신이 유한한 존재라는 사실을 자각하게 될 때 우리는 자신의 삶을 소중하게 의미 있게 살아갈 것이며, 소중한 가치를 추구하게 될 것이다.

실존주의자들이 특히 죽음에 대한 자각을 강조하고, 죽음자각을 통해 비본래적 삶에서 본래적 삶으로 전환될 수 있다고 본다. 여기서 비본래적 삶이란 자기 삶에 대해 사유하지 않고, 남이 웃는 것에 웃고, 남이 슬퍼하는 것에 나도 슬퍼하고, 남이 욕구하는 것에 나도 욕구하는 방식으로 자신의 주체적 삶을 살아가지 못하는, 우리가 극복해야 할 삶을 말한다. 그에 반해 본래적 삶이란 자신의 존재가 최고의 문제가 되며, 결과적으로 자신의 존재 방식에 대해 고민하며 자신의 삶을 살려고 노력하는 삶을 말한다. 죽음 자각이 가져오는 불안이라는 감정은 우리에게 친숙한 것을 허물어뜨리고, 기존의 가치 있었던 것을 회의하게끔 하는 방식으로 진정한 가치와 의미를 묻게끔 하며 참된 자기를 찾게끔 도와준다고 본다.

학생에게 죽음과 관련하여 다음과 관련한 질문을 던져보는 것도 재미있는 생각을 유도할 수 있다. 만약 우리 인간이 죽지 않는 존재라면, 어떤 일들이 벌어지게 될 것인지 말이다. 만약 영원히 살 수 있게 하는 약이 있다면 당신은 그 약을 먹을 것인지 말 것인지? 과연 죽음이 없다면 종교라는 것이 존립할 수 있을지, 영원한 삶이 우리에게 삶을 어떤 자세로 살아가게끔 할 것인지, 영원한 삶이 어떤 의미에서 재앙일 수 있는지 말이다. 그런 물음을 묻다 보면 자연적 죽음이 하나의 축복일 수 있고, 우리가 생각하듯이 그렇게 두렵고 무서운 것으로만 이해할 것이 아니라는 생각도 할 수 있다.

죽음에 대한 깊은 성찰은 자신의 기존 삶의 방식을 깊이 반성하게 하며 나아가 삶의 의미에 대해 깊이 생각하고 자신의 신념을 정립할 기회를 제공할 것이다. 또한, 죽음에 대한 깊은 이해는 불필요한 공포와 불안에서 벗어날 수 있게끔 할 것이다. 그리고 죽음 앞에 선 가족과 주변 이웃의 고통을 이해하고 위로해주는 힘을 발휘하게 한다.

생각거리

- 죽음에 대한 자각은 우리의 삶의 태도에 어떤 영향을 미칠까?
- 죽음은 끝인가? 죽음은 어떤 의미에서 새로운 시작일 수 있을까?
- 철학, 종교에서 나타난 죽음관으로 어떤 것들이 있을까?
- 만약 영원히 죽지 않게 하는 약이 있다면 당신은 그것을 먹을 것인가?

4) 자기 성찰을 통한 인성함양

소크라테스는 "너 자신을 알라"라는 유명한 말로 자아 성찰을 강조했다. 자아 성찰을 통해 우리는 자신의 내면을 지배하는 수많은 신념과 가치에 대한 정당성을 묻게 될 것이며, 자신이 경험한 모든 것의 진정한 의미를 새롭게 발견하는 방식으로 자아의 성숙을 가져올 것이다. 또한, 자신의 한계와 가능성, 그리고 자신의 진정한 욕망에 눈뜸으로써 주체적 삶을 살아갈 수 있게 만들어 줄 것이다. 더 나아가 새로운 자아발견은 더불어 살아가는 다른 존재의 가치를 새롭게 통찰하게 해줄 것이다.

• 자기에게 가장 낯선 것이 자신일 수 있다.

누구나 자기 자신보다 더 자신을 잘 알고 있는 사람은 없다고 말한다. 한편으로 보자면 맞는 말인 것도 같지만, 또 다시 생각해보면 반드시 그렇지만은 않은 것 같다. 그래서 소크라테스가 너 자신을 알라는 당위적 요구를 강조했는지 모른다. 어쩌면 자기가 친숙하게 알고 있는 자기는 진정한 자기가 아닐 수 있다. 나에게 이해되지 못한 또 다른 자기가 진정한 나일 수 있기 때문이다. 어쩌면 나라고 딱 집어서 말할 수 있는 것이 없으므로 자기 이해가 쉽지 않은 것일 수 있다. 이미 실체로서 존재하지 않는 자기를 있다고 전제하고 그 자기를 찾고자 하니 쉬운 일이 아닐 수도 있다.

자기가 자기를 정확하게 모른다는 말은 무엇을 의미하는 것일까? 그것은 자신의 목표와 소망이 무엇인지를 모른 채 살아간다는 말이기도 하다. 무엇이 자신의 삶에서 나침반과 등대의 불빛의 역할을 할 수 있을지 모른 채 살아간다는 의미이기도 하다. 또한, 자신의 한계와 잠재적 능력을 모른다는 말이기도 하다. 결과적으로 이 모든 사실을 모르면서 살아간다는 것은 삶의 주인이 자신이 아닐 수 있다는 것을 의미한다. 다시 말해 자신이 이해하지 못하는 여러 가지 힘과 논리에 의해 자신이 일방적으로 영향을 받고 있다는 것을 말한다. 그리고 자신의 삶에 영향을 미치는 다양한 힘을 조율하지 못한다는 의미일 수도 있다.

자신을 정확히 안다는 것은 현재의 자신을 안다는 것뿐만 아니라 또 다른 자신을 직시해야 한다는 의미까지 함축하고 있다. 이 말 속에는 현재 자신이 모르는 또 다른 자신이 있을 수 있다는 뉘앙스가 깔려 있다. 과연 현재의 자신을 자신이라고 못 박을 수 있을 것인지 물어볼 필요가 있다. 그리고 또 다른 자기라는 것이 구체적으로 무엇을 말하는 것인지 논의해 볼 가치가 있다. 먼저 현재의 자신을 안다는 것은 지금 자신을 지배하는 욕구가 무엇이며, 어떤 신념과 희망을 지니며 살아가고 있는지를 아는 것이다. 현재의 자신에 대한 이해를 통해 우리가 무엇을 극복해야 할 것인지를 알게 되며, 그것은 곧 새로운 자기에로의 만남을 가능하게 해 줄 것이다.

많은 경우 우리가 알고 있는 나는 내가 속해 있는 사회에 의해 형성된 나인 경우가 지배적이다. 나를 나이게 하는 것은 나의 신념과 소망, 욕구라고 말할 수 있다. 그런데 이것들은 많은 경우 내가 사는 사회에 의해 영향을 받은 것이다. 달리 말해 사회적 존재인 우리가 타인과의 관계를 통해 형성된 욕구와 신념을 나의 욕구와 신념으로 알고 살아가는 경우가 태반이다. 내 가슴을 뜨겁게 한다고 해서 그것이 나의 신념, 나의 욕구라고 말할 수 없고, 더군다나 나의 삶을 살고 있다고 쉽게 말할 수 있는 것이 아니다. 뜨거움과 확신으로 자리잡은 신념과 그 근저의 욕구가 어떻게 해서 나의 신념과 욕구가 되었는지 물어볼 수 있어야 하고, 그것을 모른다면 나의 삶은 사실 나의 삶이 아닐 수 있다는 반성이 이루어져야 한다.

반성하지 않는 사람에게 너 자신을 알라라는 말은 너가 너의 삶을 살지 않고 있다는 것을 의식하라고 요구하는 말일 수 있다. 정도의 문제가 있지 많은 사람은 자신만의 의지와 욕구대로 살아가지 못하고, 그 사실을 직시하지 못하고 있다는 점에서 너 자신을 알라라는 말은 많은 사람들에게 해당하는 말이기도 하다. 너의 삶이 의식하지 못하는 수많은 조건에 영향을 받고 움직여진다는 사실을 알수록, 우리의 삶이 자유로운 삶으로 나아갈 가능성이 클 것이다. 만약 그 조건이 우리가 극복할 수 있는 조건이라면 극복이라는 우리의 자유로운 선택이 행해질 것이다. 만약 우리가 극복할 수 없는 조건이라면 그것을 창조적으로 수용하는 방식으로 우리의 선택이 이루어질 것이다. 비록 근본적 조건에 제약받고 있는 삶이라 하더라도 그것을 나의 자각적 의식에 의해 수용하고 있다는 점에서 무의식적으로 조건에 영향 받는 삶과는 엄연한 차이가 있다.

우리의 삶이 우리가 알지 못하는 조건으로 이루어지고 있고, 우리의 삶이 우리가 생각하는 것처럼 주체적이지 못하다는 사실을 수업시간에 다루어봄으로써 학생들 자신의 삶에 영향을 끼치는 다양한 조건들을 사색하게끔 해줄 것이다. 결과적으로 이런 수업은 학생들의 주체적 삶을 살아가는 데 큰 도움이 될 수 있다.

• 무엇이 나인가?

수업시간에 학생들에게 나란 무엇인가라는 질문을 하고 생각하는 시간을 가져보는 것도 좋을 것이다. 과연 나라고 했을 때 무엇을 나라고 말하는 것인가? 자명한 답이 있는 질문인 것 같지만 나라는 말을 통해 생각할 수 있는 것이 너무나 많아서 진정 내가 알고 있는 나가 나인가라는 의문이 들 수도 있다. 어떤 사람은 신체적 나만을 나로서 이해할 것이다. 그 사람은 자신의 신체를 구분 기준으로 하여 나와 나 아닌 것을 구분한다. 그러나 우리는 부모들이 위험에 처한 자식을 위해 자기의 목숨을 버릴 각오를 마다하지 않는 것을 통해 그들에게 자식은 비록 신체를 달리하지만 또 다른 나로서 이해되고 있다는 것을 알 수 있다. 더 나아가 어떤 사람은 자기가 속해있는 공동체를, 더 나아가 국가를, 더 나아가 인류 전체를, 더 나아가 존재하는 그 모든 것을 또 다른 나로서 바라보려고 하는 사람이 있을 것이다. 이처럼 나라는 말을 통해 그가 이해하는 범위는 한없이 넓어질 수 있다. 물론 평범한 사람들에게 있어 나는 기껏 신체적 자신만이거나 가족에 국한되는 경우가 대부분이다.

나를 확장하면 할수록 나 아닌 너나 그것이 적어지고, 결과적으로 내가 긴장을 느끼고 대립해야 할 것이 그만큼 줄어든다는 것을 의미한다. 모든 것이 또 다른 나로 느껴질 때 우리는 나 아닌 것을 새롭게 바라보고 관계 맺을 수 있게 된다. 또한, 많은 것에서 진정한 일치감을 느낄 수 있다. 나와 동질감을 느낄 수 있는 것에 우리는 친근감을 가지며, 더 나아가 그것을 존중과 책임의 대상으로 바라볼 수도 있을 것이다. 우리가 일반적으로 나 아닌 것을 어떻게 바라보고 관계 맺는가를 통해 그 사람의 인성을 알 수 있다고 말하는데, 이처럼 인성적 삶을 위해 일상적으로 나 아닌 것으로 생각한 것이 어떤 의미에서 또 다른 나일 수 있는지를 논의해봄으로써 나를 확장해 생각해 보는 시간을 가지는 것도 의미가 있다.

나를 확장함으로써 우리는 새로운 자아를 성취하게 되며 자기중심적 삶을 탈피할 수 있다. 그리고 이것은 또한, 도덕적 행위, 인성적 삶을 가능하게 도와준다. 자기중심적 삶에 의해 인성적 삶이 불가능하다는 점에서 자기중심적 삶은 확대된 자기 이해를 통해 극복되어야 한다. 그리고 이런 확대된 자기 이해는 불필요한 긴장과 대립을 초래하지 않도록 해 준다. 또한, 우리의 근원적 욕구라고도 할 수 있는 일치감, 합일감의 욕구를 충족시켜주며, 우리를 괴롭히는 고립감, 분리감에서 벗어날 수 있게 도와줄 것이다. 건전한 방식으로 합일감을 추구하지 못하게 되면 사람들은 잘못된 방식으로라도 합일감을 갈구하며 그의 바람과는 달리 이것은 오히려 분리감 만을 더 심화시키는 결과를 가져온다. 많은 사람이 마약, 섹스, 술에 중독되는 것도 분리감을 극복하려는 원초적 열망이 자리잡고 있지만, 그러한 방식은 문제를 더 심화시키는 결과를 가져온다. 그런 점에서 진정한 합일감의 성취는 선입견을 통해 가져온 그릇된 분리의식을 극복하고 자기와 필연적으로 연관된 것을 존중과 책임의 자세로 대할 때 우리는 기존의 대립의식에서 벗어나 건강한 합일감에로 나아갈 수 있으며, 이를 통해 우리의 자아는 더 확장될 수 있다.

• 자기 이해에 기초한 자기 사랑의 중요성

자기 성찰의 시간을 인성교육에서 중요하게 생각하는 것은 참된 자기 이해에 의해 진정한 자기 극복이 일어날 수 있고, 자기실현도 가능하기 때문이다. 또한, 참된 자기 이해에 의해 성숙한 자기사랑이 가능할 수 있기 때문이다. 이런 자기 사랑은 궁극적으로 자기 자신을 존중과 책임의 대상으로 가져온다. 나아가 자기 사랑은 이웃사랑의 토대가 되며, 또한, 존재하는 많은 것을 존중과 책임의 태도로 관계 맺게끔 도와준다는 점에서 중요하다. 자기를 제대로 알지 못하는 사람이 자기를 사랑할 수 없고, 자기를 한 인간으로 진정으로 사랑할 수 없는 사람이 다른 사람을 사랑한다는 것은 불가능하다. 그런 점에서 자기 이해에 기초한 자기사랑은 인성교육에 중요하게 다룰 필요가 있다.

자기사랑을 강조할 때 많은 학생이 힘들어하는 경우를 보게 된다. 자기 비하감에 고통 받는 학생일수록 일반적으로 현재의 극복될 자기만을 자기라고 이해하는 편협한 생각에 사로잡혀 있는 경우가 많다. 만약 지금의 자기는 나의 삶 속에서 드러날 다양한 자기 중의 하나이고, 그것은 언젠가는 극복해야 할 나이며, 따라서 나의 삶 속에는 나의 노력 여부에 따라 다양한 새로운 내가 드러날 수 있다는 사실을 안다면 극복해야 할 자기 모습만을 자기로 규정하는 잘못을 저지르지 않을 것이다. 잠재성과 가능성으로서의 자기 삶을 직시할 때 우리는 지금보다 더 자신에게 희망을 품을 수 있으며, 이 희망이 우리의 삶을 함부로 살지 않게 만들어 줄 것이다. 아무 희망이 없는 사람은 자기 삶을 아무렇게나 산다고 한다. 그런 점에서 자기 삶에 희망을 느끼게 하는 것이 자기 사랑을 도와주고 인성적 삶을 살아가는 데 큰 도움을 준다.

만약 우리가 자기의 삶 속에서 나타나지 못했던 본래적 자기나 가치 있는 자기를 발견하고, 그런 자기를 완성해 나간다면 우리의 삶이 달라질 수 있다는 것을 다음과 같은 재미있는 이야기를 통해 생각해 볼 수 있다. 어느 농부가 숲속에서 어미 잃은 새끼 독수리를 발견하고, 닭장에서 다른 병아리들과 같이 키우게 되었다. 새끼 독수리는 자기가 다른 병아리와 조금 다른 닭으로 이해하며 커간다. 어느 날 하늘을 힘차게 나르는 독수리를 보고, 자기도 어떻게 하면 저렇게 창공을 비상하는 독수리가 될 수 있을까 부러워한다. 이 새끼 독수리는 원래 자기가 독수리라는 사실을 몰랐기 때문에 닭장에서 벗어날 생각을 하지 못했다. 자기도 힘차게 날갯짓만 하면 날 수 있는데도 자기를 닭으로만 알고 있기 때문에 하늘을 날 생각을 하지 못했다. 새끼 독수리에게 지금 필요한 것은 참된 자기 직시라고 볼 수 있다. 진정한 자기 성찰을 통해 자기가 독수리라는 사실을 아는 순간 거기에서 모든 변화가 시작되는 것이다. 이 이야기를 통해 우리는 또 다른 자기 이해가 얼마나 중요한 것인지를 비유적으로 잘 알 수 있다.

우리는 자기성찰과 자기 직시의 중요성을 동물원에 갇혀 있는 호랑이에 우리들을 빗대어서도 살펴볼 수 있다. 쇠창살에 갇혀 길든 호랑이는 그의 자연적 본성을 상실하고, 재롱 피우고, 과자 부스러기를 주워 먹는 고양이 같은 존재가 된다. 이처럼 우리의 삶 역시 쇠창살로 비유되는 많은 구속과 억압을 통해 우리의 본성이 억제되고, 그런 왜곡된 삶을 자신의 삶으로 믿고 살아가는 경우가 발생할 수 있다. 그래서 본성을 상실한 나약한 자기만을 본래의 자기라고 믿어 버리며 지독한 자기혐오와 열등감에 시달려 자기를 사랑하지 못하게 된다. 결과적으로 이런 자기 비하는 새로운 자기를 자신의 삶 속으로 불러내지 못하게 한다. 자기가 본래는 호랑이라는 사실을, 자기가 독수리라는 사실을 아는 데서 새로운 삶은 시작될 수 있고, 이런 점에서 자기성찰의 중요성은 강조될 수 있다. 자기가 원래 독수리이며, 호랑이인데 닭으로, 고양이로 산다는 사실을 자기 이해를 통해 성찰하게 될 때 자기 자신에 대한 자부심을 느끼면서 새로운 자기로 나아가려는 진지한 노력을 기울이게 될 것이다.

생각거리

- 자아성찰이란 무엇이며, 이것은 우리의 삶에 어떤 변화를 가져다줄 것인가?
- 내가 알고 있는 나는 진정한 나인가? 또 다른 내가 진정한 나일 수 있는가?
- 나는 누구인가? 나는 무엇을 목표로 살아왔는가? 나는 무엇을 희망하는가?
- 나란 무엇인가? 신체적 나가 나인가? 나를 구성하고 있는 것들은 무엇인가? 어머니에게 아기는 또 다른 나가 아닌가? 나도 확장될 수 있는가? 너도 또 다른 나가 될 수 있는가?
- 자아성찰에 실패한 사람이 자신의 삶을 살 수 있는가?

- 우리는 그 무엇의 꼭두각시가 아닌가?
- 자기 자신으로 살아간다는 것은?
- 내가 충실하게 실현하고자 하는 나의 욕망이 자신의 욕망인가? 부여된 욕망인가?
- 자신의 욕망을 거짓된 욕망, 참된 욕망으로 나눌 수 있는가? 있다면 그 기준은?

5) 올바른 자유관을 통한 인성함양

누구는 자유라는 단어를 접하게 되면 가슴에서 뜨거움을 느낀다고 한다. 그만큼 자유는 그리운 말이자, 누구나 갈망하고, 추구하는 것이다. 누구나 자유를 꿈꾸지만 자유롭지 못한 것은 그만큼 자유로움은 꿈꾸는 것만으로는 실현할 수 없고, 큰 노력이 요구되기 때문이다. 아니면 우리의 자유 이해가 너무 거창하고, 왜곡되어서 자유라는 이름 아래 꿈꿀 수 없는 것을 꿈꾸고 있기 때문일 수도 있다. 어찌하든 우리는 자유를 추구하고, 꿈꾸고 있는 것만은 사실이다. 그런데 문제는 우리가 추구하는 자유를 우리는 갈구하는 정도에 비해 너무 막연하게 이해하고 있다는 것이다. 우리가 불확실하게 이해하는 것을 그리워한다는 것, 희망하기만 한다는 것은 거짓 희망일 수도 있다. 그런 점에서 자유에 대한 꿈이 거짓 희망이 아니기 위해 우리는 자유에 대한 깊은 이해를 도모할 필요가 있다.

• 프롬(Fromm, Erich)의 자유관

자유와 관련해서 우리는 프롬의 자유관이 많은 것을 시사해 줄 수 있다는 점에서, 프롬의 자유에 대한 이해를 좇아 보고자 한다. 프롬은 자유를 크게 소극적 자유인 " ...로 부터의 자유"(free from...)와 적극적 자유인 "...에로의 자유"(free to...)로 나눈다. 소극적 자유는 간단히 말해 외부적 구속과 억압으로부터 벗어난 자유를 의미한다. 그에 반해 적극적 자유는 자신이 가치 있게 생각한 것을 실현해 나감에 방해를 느끼지 않고 그 가치를 실현할 때 느낄 수 있는 자유를 의미한다. 그래서 외부적 강제로부터 구속과 억압을 받지 않게 될 때 그는 소극적 자유를 성취했지만, 여전히 적극적 자유로움을 성취하지는 못할 수도 있다.

프롬은 소극적 자유를 넘어서 적극적 자유를 성취할 수 있기를 우리에게 요구한다. 현대인들은 과거와 달리 많은 구속과 억압에서 해방을 성취하고 소극적 자유를 더 많이 향유하고 있다. 그런데 소극적 자유가 사람에 따라 향유의 대상이 아닌 회피의 대상, 저주의 대상이 될 수도 있다고 프롬은 본다. 소극적 자유의 성취를 자신의 주체적 삶을 살아가는 발판으로 활용할 수 없는 자에게는 외부적 구속으로부터 독립된 삶은 고립감과 불안감만을 가중하고, 그래서 오히려 그런 자유로움은 벗어나고 싶은 상황으로 느낄 수 있다. 특히 기존의 자신의 삶을 구속했던 것으로부터의 해방이 자신의 노력과 자각을 통해 이루어진 것이 아닐 때는 그 고립감과 불안감은 한층 더 할 것이다. 이런 점에서 근대인들 역시 전통과 관습, 종교적 신념에서 벗어나 자율적으로 자기 삶의 목표와 가치를 설정할 수 있는 자유 앞에 놓였지만, 그 자유가 혼란의 원인으로도 작용했던 것이다.

사실 스스로 주체적으로 자기 삶을 살 수 없는 자에게 구속으로부터의 자유는 마냥 좋은 것만이 아니다. 구속보다 어쩌면 더 고통스러운 분리감과 고립감이 소외와 불안을 유발하며 삶을 힘들게 한다. 이런 상황 속에서 사람들이 빠지게 되는 삶의 형식으로 프롬은 권력지향적 태도나 자동인형적 삶을 들고 있다. 분리감을 이겨내려는 방법으로 지배적 태도, 억압적 태도를 보이면서 다른 것을 지배하려고 하거나 역으로 힘 있는 것에 복종하는 방식으로 일치감을 비정상적으로 확인하려는 방법에 얽매일 수 있다. 아니면 맹목적 소속감을 통해 분리감을 극복하려는 요령으로 사회나 타인의 요구와 관심에 비주체적으로 자신을 일치시키고, 그것을 통해 왜곡된 일치감을 확인하는 형태를 보일 수도 있다. 결과적으로 그런 사람에게 있어 욕구와 관심은 진정으로 그의 것이 아니라 사회와 타인의 것에 불과한 것으로, 그는 사실 자동인형과 같은 삶을 살게 된다.

기존의 구속에서 벗어나 스스로 설 수 없는 사람들은 새로운 권위에 복종하거나 새로운 복종을 통해 값싼 위안과 합일감만을 얻을 뿐이다. 프롬은 2차 세계대전 때 독일 국민들이 히틀러에 열광한 그 이면에는 주어진 자유에 대한 부담감이 작용했고, 그 탈출구로서 새로운 것에의 복종이 필요했다고 본다. 2차 세계대전 이후 여러 새로운 이념들이 등장하고, 사람들이 거기에 열광한 그 배후에 프롬은 자유로부터의 도피라는 심리적 원인을 본다. 근대인들은 중세인과 달리 신, 전통, 관습에서 벗어나 자율적, 이성적 삶을 살 기회를 얻었지만, 그 기회를 선용할 수 없는 많은 사람은 민족, 인종, 자본 등과 같은 새로운 우상을 설정하고, 거기에 몰두하는 방식으로 자기 삶의 분리감과 공허감을 극복하려고 했다는 것이다.

그러나 이런 방식으로 분리감을 극복하는 것은 자신의 삶을 노예적 삶으로 귀결시키게 되며, 이런 방식의 극복방식은 환상에 지배되어 있다는 점에서 더 큰 문제만을 가져온다. 그래서 프롬은 소극적 자유함은 적극적 자유함에로 나아가는 발판으로 주체적으로 사용할 수 있어야 하며, 그럴 때 소극적 자유함은 비로소 의미가 있을 수 있다고 본다. 궁극적으로 우리가 성취해야 할 적극적 자유함이란 자신의 이상을 실현하려고 노력하는 삶 속에서 확인되는 자유로서, 자기 이외의 것과 조화로운 관계의 회복과 창의적 관계 맺음을 통해서 성취할 수 있는 자유이기도 하다. 우리는 이런 적극적 자유함을 자신의 이상을 완성해 나가는 삶을 통해 가장 잘 확인할 수 있다.

우리는 프롬의 자유의 두 가지 이해 방식을 두고 수업 시간에 학생과 다음과 같은 질문을 다루어 보는 것도 좋을 것이다. 우리가 알고 있고, 추구하고자 하는 자유가 어떤 자유인지, 과연 우리는 주어진 자유를 향유하고, 그것을 더 큰 자유를 위한 발판으로 잘 사용하고 있는지, 그렇지 않고 우리는 주어진 자유로부터 끊임없이 도피하고 있지나 않은지, 혹시 자신이 자유로부터 도피하고 있다면 어떤 방식으로 도피하고 있는지, 자기 주변의 친구들은 자기와 다르게 어떤 방식으로 자유루부터 도피하고 있는 것인지, 왜 사람들은 자유로부터 도피하고 있는지, 그런 도피가 어떤 문제를 유발하게 되는지, 어떻게 하면 진정한 자유로움을 추구하게 되는지 물어볼 필요가 있다.

많은 경우 학생들은 좁은 의미의 자유를 자유라고 믿음으로써 진정한 자유를 추구하지 못하는 경우가 많다. 그런 의미에서 잘못된 자유 이해나 너무 좁은 자유 이해의 한계를 되짚어 보는 수업은 큰 의미가 있다. 예를 들어 많은 경우 자유를 자기가 원하는 것만을 행하는 것으로 이해하는 경우가 있다. 그러나 이런 자유는 진정한 의미의 자유가 아니며, 현실적으로 가능할 수도 없는 자유이다. 인간은 특정한 제약 속에서 살아가며, 그 제약을 벗어났다고 해서 아무 제약도 없는 삶의 공간으로 진입하는 것은 아니다. 어떤 제약에도 벗어난 삶이란 불가능하며 어떤 구속도 없는 삶, 그런 삶으로서의 자유란 이상적이며 불가능하다.

따라서 자신을 규제하는 그 규범이 나에 의해 정립된 규범인지 아니면 최소한 나에 의해 그 타당성이 승인된 규제인지가 나의 자유로움을 평가함에 중요하게 고려돼야 한다. 그래서 칸트는 자유를 마음대로 하는 방임이 아니라 자기규칙을 정립할 수 있는 삶, 즉 자율적 삶으로 이해한 것이다. 따라서 칸트는 자기 스스로 자신의 규칙과 규범을 정립하고, 거기에 따라 삶을 조절할 수 있는 주체적인 사람만이 자유롭다고 보았다. 또한, 그런 사람만이 프롬이 생각하는 소극적 자유를 넘어 적극적 자유함에로 나아갈 수 있는 사람이다.

물론 진정한 자유는 적극적 자유함이라고 말하더라도 소극적 자유함의 가치를 무시해서는 안 된다. 적극적 자유함이 이상적 가치를 실현하는 데서 가능하지만, 이 이상적 가치라는 것은 최소한의 강압이 없는 상태, 최소한의 인간다운 삶을 위해 누려야 할 소극적 자유 아래에서 현실적으로 실현할 수 있다는 점에서 그렇다. 달리 말해 신체를 구금당하지 않을 자유, 표현을 강압 당하지 않을 자유 등이 보장되지 못하는 사회에서 개인의 진정한 자유함이 실현되기가 힘이 들 것이다. 그런 점에서 참된 자유를 위해 소극적 자유는 성취해야 할 중요한 자유이다. 사실 인류의 역사는 이런 소극적 자유를 성취하려고 피 흘린 자유의 역사라 말할 수 있다.

소극적 자유의 중요함을 누구보다 잘 설파한 사람으로 벌린(Isaiah Berlin)을 들 수가 있다. 그는 진정한 자유는 외부적 강압이 없는 자유, 즉 소극적 자유만이 진정한 자유라고 보았다. 벌린은 그 이외의 자유는 이상적으로 꿈꾼 자유로서 진정한 자유가 아니라고 본다. 더 나아가 소극적 자유를 무시한 가운데 이루어지는 적극적 자유에 대한 추구는 전제정치와 독재를 유발할 수 있다는 점에서 위험하다고 주장한다. 적극적 자유를 강조하는 사람들은 이미 특정한 가치와 이상을 전제하고 있으며, 이러한 가치와 이상을 실현하는 것을 통해 진정한 자유가 가능하다는 입장이다. 그래서 그 이상과 가치를 실현하는 적극적 자유함을 위한다는 미명아래 개인들의 마땅한 권리로서 강조해야 할 소극적 자유를 위협하고, 파괴할 수도 있다. 인류의 역사 속에서 수많은 이상주의자에 의해 비극이 초래되었다는 사실을 통해서도 이를 잘 알 수 있다.

소극적 자유만을 진정한 자유로 추구, 강조해야 한다는 벌린의 자유관은 그가 몸담고 있던 시대적 상황과의 관계 속에서 잘 이해할 수 있다. 2차 세계 대전 이후 이념 간의 대결에 있어 좌파적 이상주의와의 싸움이 그의 자유관 성립에 큰 영향을 미쳤다. 좌파적 이념을 가진 자들은 적극적 자유를 실현한다는 이름 아래 소극적 자유를 침해하고, 소극적 자유의 중요성을 무시했다고 벌린은 보고 있다. 벌린이 소극적 자유만을 자유로 지지하는 그 배후에는 그의 특정한 인간이해도 한몫하고 있다. 그의 인간 이해는 자유주의적 인간 이해로서, 개인의 궁극적 가치와 이상은 그 개인이 선택, 결정할 수 있을 따름이다. 그런데도 특정한 가치와 이상을 보편화 절대화하는 순간 그 가치와 이상은 억압적일 수 있다고 본다. 이상주의자들은 자유를 그 자체로 순수하게 고려하지 않고, 다른 가치의 실현과 연결해 사유함으로써 공허한 이상적 자유를 갈망하게끔 하며, 결과적으로 구체적이고 현실적인 자유 성취를 방해한다는 것이다. 벌린은 자유는 특정한 정치형태, 이상과 관계없이 외부적 강제가 없는 상태로서의 자유 그 이상, 그 이하도 아니라고 본다.

자유의 중요성을 이해하고, 그 자유를 자신의 삶을 위해 잘 활용할 때 진정으로 참자유의 삶을 살 수 있다는 점에서 학생들이 중요하게 생각하는 자유의 목록을 작성하게 하는 것도 좋을 것이다. 각자가 선정한 그 하나하나의 자유가 왜 중요하며, 그 자유가 억압되거나 실현하지 못했을 때 어떤 부정적 결과가 초래될 것인지, 자신의 자유함에 가장 방해 요인이 되는 것이 있다면 무엇인지, 그것을 어떻게 극복할 수 있는지, 그 구체적 노력은 어떤 식으로 이루어질 수 있는지 등을 논의하는 시간을 통해 자유의 소중함을 확신하고 자유를 가꾸어나갈 수 있는 의지와 힘을 키워줄 수 있을 것이다.

생각거리

- 자유에 대한 다양한 오해들?
- 나는 자유로운가?
- 소극적 자유와 적극적 자유?
- 자유를 방해하는 것들?
- 자유와 자율과의 관계?
- 자유와 책임과의 관계?

---

6) 정의(正義)와 인성함양

• 정의란 무엇인가

정의사회 구현이라는 문구를 수없이 마주하면서도 정작 정의가 무엇인지 질문을 받으면 간단히 대답하기 쉽지 않다. 정의로운 행위는 그냥 올바른 행위 정도로 이해하며, 부정의함은 올바르지 않은 행위를 가리키는 정도로 이해하는 학생들이 많은 것이 현실이다. 물론 틀린 이해는 아니다. 그러나 너무 추상적인 형식으로만 이해한다는 것은 경우에 따라 잘 모른다는 말에 불과하다.

정의란 무엇을 말하는지를 우리는 정의의 여신의 모습을 통해 가늠해 볼 수 있다. 정의의 여신은 왼손에 저울을 들고 있고, 오른손에 칼을 들고 있으며, 눈에는 두건을 가리고 있다. 정의의 여신이 눈에 두건을 가리고 있는 것은 자신과 가까운 사람이라고 해서 다르게 저울질해서는 안 된다는 것을 상징적으로 말하고 있다. 칼을 들고 있다는 것은 정의라는 가치는 단순히 구호만으로 실현할 수 있는 것이 아니라 강제력을 보여주는 제도, 정책, 법의 뒷받침 아래 실현될 수 있다는 것을 의미한다. 결국 정의는 각자에게 공정하게 그의 응분의 몫을 누리고, 나누어주게끔 할 때 실현되는 가치라고 말할 수 있다. 그 응분의 몫이 누구나 원하는 부, 명예, 관직, 권력, 사랑일 수도 있으며, 어떤 경우에는 누구나 피하고 싶은 책임, 비난, 의무, 벌일 수도 있다. 자신의 응분의 몫을 공정하게 고려할 때 정의라는 가치가 실현된다고 볼 수 있다.

우리가 낙하산 인사를 통해 특정한 관직의 자리가 정해지는 것을 정의롭지 못하다고 생각하는 것은 그 자리에 와야 할 사람이 오지 못한다는 점에서다. 그리고 다른 사람에게 부당하게 큰 혜택을 준다거나, 벌 받을 사람, 책임질 사람이 아닌 사람에게 책임을 지우는 것을 정의롭지 못하다고 생각하는 것은 그것이 각자의 응분의 몫이 아니라고 보기 때문이다. 피부색에 의해 차별을 한다든지, 성별의 차이에 따라 차별을 하는 것 역시 정의감에 근거해서 비판할 수 있다. 내가 어떻게 할 수 없는 피부색이나 성별이 권리라는 몫의 차이를 가져오는 정의로운 기준이 될 수 없기 때문이다. 표현의 자유, 신체를 구금당하지 않을 자유는 한 개인의 마땅한 권리로서 그의 정당한 몫이라는 점에서 부당하게 표현을 억압하고, 신체를 구금하는 사회는 그런 점에서 정의롭지 못한 사회이다. 우리가 일상적 생활 속에 옳지 못하다고 비난하는 행위는 많은 경우 나의 마땅한 몫을 거부하거나, 타인의 마땅한 몫을 공정하게 다루지 못한 데서 영위되는 경우가 태반이다.

각자에게 응분의 몫을 누리게끔 해 주는 것이 정의라는 규정은 형식적 정의로서 누구나 동의하지만, 그 응분의 몫을 정하는 기준과 관련해서 많은 논란이 제기될 수 있으며, 결과적으로 대립적인 정의관이 존립하게 된다. 자원의 부족 상태와 이기심을 본질로 하는 인간성을 염두에 둘 때 응분의 몫을 나누는 정의의 문제는 현실의 중요한 문제로 항상 등장하며, 이런 현실 속에서 정의는 중요한 가치로서 추구된다. 정의의 문제가 이론적 문제가 아니라 우리의 생활 속에 빈번히 일어나는 중요한 문제라는 사실을 학생들과 논의해 보고, 정의가 문제 되는 여러 사태를 수업시간에 살펴보는 것도 의미 있는 수업이 될 것이다.

예를 들이 전쟁터에서 의약품은 부족한데 환자는 끊임없이 밀려올 때 부족한 의약품을 누구에게 어떤 식으로 분배하는 것이 공정하고, 정의롭게 분배하는 것인지가 문제 될 때, 이런 문제가 전형적인 정의의 문제이다. 또는 지금 당장 장기를 이식받지 않으면 죽음에 처하게 되는 수많은 환자가 있을 때 기증된 장기를 어떤 기준에 따라 나누어야 하느냐는 문제 역시 정의의 문제이다. 매년 노사분규가 일어나는 것도 정의와 관련한 논쟁으로 볼 수 있다. 노동자는 자신이 일한 몫만큼 받지 못했다고 생각해서 그 정당한 몫을 요구하는 것이며, 사업주는 노동자들이 일한 그 이상의 몫을 다수의 힘을 빌려 요구한다고 거절하는 것이다. 자본주의와 공산주의의 대결도 어떻게 보면 몫을 정의롭게 나누는 기준과 관련해서 서로 다른 신념을 제도화하려는 데서 발생했다고 볼 수 있다.

응분의 몫을 나누는 기준과 관련해서 업적, 노력, 필요 등이 제기될 수 있다. 이 기준에 의해 몫의 차이가 정해지는 것이 과연 공정한 것이며, 정의로운지, 각각의 기준은 어떤 긍정적인 면과 부정적인 면을 발생시킬 수 있는지 학생들과 다루어보는 것도 의미 있는 수업이 될 수 있다.

정의와 관련해서 논의해 볼 만한 또 다른 주제로서 왜 우리가 정의에 관심을 둬야 하는가이다. 정의는 개인의 행위에서도 추구되어야 할 가치이지만, 일반적으로 법, 정책이 실현해야 할 중요한 가치이기도 하다. 법과 정책이 정의를 목적으로 한다는 점에서 정의를 추구하는 데 가장 일차적인 것이 사회의 법과 정책의 정의로움이다.

따라서 정의에 대한 관심은 일차적으로 사회의 구조에 대한 정의로움 여부에 대한 관심으로 표현할 수 있다. 우리가 사회정의에 관심을 가져야 하는 이유는 우리의 개인적 문제라는 것도 많은 경우 사회적 문제이기 때문이다. 순수하게 개인적 문제가 있겠지만 사회적 삶을 사는 우리가 직면하는 문제는 많은 경우 사회적 문제이다. 따라서 사회적 문제는 그에 걸맞게끔 해결할 필요가 있다. 그것은 단지 나의 개인적 차원의 노력을 통해 해결되지 않기 때문이다. 많은 사회적 문제는 사회의 법과 정책이 정의롭지 못한 데서 초래된다는 점에서 사회문제를 해결하기 위해서도 정의감을 가질 필요가 있는 것이다.

생각거리

- 정의란 무엇인가?
- 정의로운 사회란 어떤 사회인가? 정의 사회를 방해하는 것들은?
  그런 정의 사회를 위해 어떤 노력이 필요한가?
- 정의를 실현하지 못한 사회 속에서 개인의 참된 행복이 가능할까?
- 정의 사회를 실현하기 위해 우리가 지녀야 할 시민의식은?
- 정의 실현이란 각자가 응분의 몫을 누리는 상태를 말한다.
  응분의 몫을 나누는 기준과 관련한 논쟁은?
- 사랑의 공동체를 위해 정의로운 공동체를 먼저 실현해야 할 이유는 무엇일까?
- 왜 정의를 추구해야 할까? 정의를 추구하지 않으면 어떤 일이 벌어지는가?
- 정의로운 일이 벌어지지 않을 때 우리는 어떻게 저항해야 할까?
  어떠한 저항의 방식이 있을까?

---

7) 사랑의 중요성과 인성함양

수많은 영화, 가사, 문학 작품의 주된 소재가 사랑에 대한 내용이다. 그만큼 사랑은 우리의 삶의 중요한 요소이자, 삶의 원동력으로 중요하다.

사랑의 특징을 우리는 사랑의 신이라 불리는 에로스의 탄생신화를 통해서 살펴볼 수 있다. 에로스의 탄생은 플라톤의 『향연』이라는 책에서 잘 소개되고 있다. 지혜와 미의 여신인 아프로디테 탄생일에 신들이 잔치를 벌이는데, 이때 풍요의 신인 포로스(Poros)와 빈곤의 여신 페니아(Penia)의 사이에서 태어난 것이 에로스다. 빈곤의 여신 페니아는 배고픔과 궁핍에 시달리는 자신의 처지를 벗어나기 위해 포로스 옆에 누워 그 몰래 에로스를 잉태한 것이다. 그래서 에로스는 두 신에게서 나타나는 특징을 모두 가지고 있다. 그래서 때로는 풍요롭고 적극적이며 활동적이다가도 한순간 결핍에 사로잡혀서 동경과 갈망에 빠지곤 한다. 에로스는 간극 속에서 나타나는 부족한 것에 대해 갈망하고 욕구하는 화신이다.

플라톤은 사랑을 자신의 부족함을 충족시키기 위해 자신이 가지고 있지 않은 것을 동경하고 그것과의 합일을 추구함으로 완전함을 실현하는 욕구와 힘으로 이해한다. 플라톤은 무엇을 갈망하며 무엇과 하나 되고자 하는지에 따라 에로스의 성격을 다르게 평가한다. 사랑이라고 해서 다 똑같은 가치를 지니는 것은 아니다. 쉽게 낮은 단계에 머물러 있는 에로스는 감각적 아름다움을 소유한 대상에게서만 사랑을 느낀다. 물론 감각적 사랑은 더 나은 사랑으로 눈뜨게 도와주지만, 감각적 대상에 대한 사랑은 에로스가 꿈꾸는 완전한 충족과 합일감을 제공해주지 못한다. 플라톤에게 있어 감각적 아름다움에 대한 사랑은 일시적이고 변화된다는 점에서 상대에 대한 진정한 사랑이라고 말할 수 없다. 그래서 에로스는 지적인 대상에 대한 정신적인 사랑에로까지 나아가야 한다. 정신적 사랑은 상대의 감각적 아름다움이 아니라 그의 인품, 삶의 태도, 정신, 가치를 흠모해서 그와 닮아가려는 형태로 나타난다. 더 나아가 인간과 초월적인 것에 대한 헌신적이고, 희생적인 사랑의 단계로까지 나아갈 수 있다.

사랑의 가치는 그것이 무엇을 대상으로 하는가에 따라 달라질 수 있다. 따라서 그 사랑이 영원한 것에 대한 사랑인지, 상대적이고 유한한 것에 대한 사랑인지도 물어볼 필요가 있다. 물론 영원하고, 보편적인 가치가 존립할 수 있는지가 논란이 될 수 있다. 그러나 그 정도에 있어서 우리가 사랑하는 것이 얼마나 더 보편적일 수 있으며, 가치로 인정받을 수 있는지 살펴볼 수는 있다. 많은 경우 상대적 가치만 있는 것인데도 불구하고, 그것을 절대화한다든지, 영원한 것이 아님에도 영원한 가치가 있는 것처럼 집착하고, 그런 집착을 사랑으로 착각함으로써 진정으로 사랑해야 할 것을 사랑하지 못하는 어리석음을 저지를 수 있다. 그런 점에서 진정한 사랑을 위해서는 올바른 것에 대한 사랑이 요구된다.

지금까지의 이야기에 기초할 때 참다운 사랑은 진리에 대한 인식과 밀접하게 연관되어 있다는 것을 알 수 있다. 진리에 대한 인식, 참다운 앎에 기초할 때 사랑은 맹목적인 집착이 아닐 수 있게 된다. 역으로 신념이라고 것이 사랑으로 드러나지 않고, 오히려 대립과 갈등만을 초래한다면 그 신념은 사실 진리가 아닌 맹목적인 아집에 불과하다. 진정한 진리는 사랑으로 드러나며, 그러한 진리만이 참다운 진리의 자격이 있다. 기독교에서 진리와 사랑이, 불교에서 지혜와 자비가 따로 있는 것이 아니라 항상 함께 하는 것으로 강조하는 것도 이런 맥락에서 이해할 수 있다. 진리가 진리일 수 있는 것은 사랑으로 드러나기 때문이며, 사랑이 사랑일 수 있는 것은 그것이 진리에 위배되지 않음으로써 가능한 것이다.

우리는 정의와의 관계 속에서도 참다운 사랑의 또 다른 조건을 찾아볼 수도 있다. 정의를 위배한 사랑은 참다운 사랑일 수가 없다. 정의란 각자의 마땅한 몫과 권리를 존중해주는 데서 실현된다. 우리는 사랑이라는 이름 아래 상대를 자신의 소유로 바라보고, 그의 고유한 몫과 권리를 함부로 훼손하는 경우가 있다. 그러나 이것은 정의롭지도 못하고 그렇기 때문에 참다운 사랑일 수 없다. 어떤 행위가 사랑이 되기 위해서 정의로워야 하는 것은 최소한의 필요조건이다. 정의롭지 못한 행위라는 것은 상대의 응분의 몫을 자기중심적 관점에서 침해하는 것으로 그것이 아무리 강한 애착을 동반하고 있다 하더라도 사랑일 수 없는 것이다.

물론 어떤 행위가 정의롭다고 해서 그것이 사랑의 행위라고 규정할 수 없다. 왜냐하면 사랑의 행위는 정의로운 행위 그 이상의 관심, 책임이 덧붙여지는 행위이다. 정의는 공정하게 대하는 것을 강조한다면 사랑은 공정을 넘어 자신의 것을 다른 사람에게 헌신할 수 있는 행위이다. 그래서 이상적 사회는 공정한 사회, 정의로운 사회를 넘어 사랑의 원리에 의해 움직여지는 사회가 될 필요가 있다. 사실 많은 경우 정의에 대한 요구는 마땅한 자신의 몫에 대한 집착과 타인과의 비교를 통한 질투심이 정의에 대한 강조로 나타날 수 있다. 그런 점에서 정의의 요구도 사랑의 정신에 기초하지 않을 때 그 정의는 단지 자신의 이익을 정당화하기 위한 명분에 불과한 것으로 끝나버린다. 그런 점에서 참다운 정의는 사랑 정신의 발로여야 하며, 사랑 역시 정의에 위배되지 않는 것이어야 하며, 정의로 드러나는 사랑이어야 한다.

사랑에 대한 잘못된 선입견을 중심으로 참다운 사랑이 어떤 것인지 수업 시간에 살펴보는 것도 의미 있을 것이다. 사랑에 대한 풍부한 논의를 위해 프롬의 『사랑의 기술』을 읽고 거기에서 참다운 사랑을 어떻게 이해하고 있으며, 이런 사랑에 대한 정의에 공감하는지, 혹시 다른 의견이 있다면 왜인지 논의하는 방식으로 사랑에 대한 자신의 의견을 가지도록 수업을 진행해 나갈 수 있다.

• 사랑에 대한 잘못된 이해

아래에서는 위의 수업을 진행하는 데 큰 도움을 줄 수 있는 프롬의 사랑에 대한 이해를 중심으로 사랑에 대한 다양한 특징과 사랑에 대한 잘못된 선입견을 소개하고자 한다. 프롬은 사랑에 대한 선입견으로 사랑은 대상의 문제이지 능력의 문제로 보지 않는 것을 들고 있다. 많은 사람은 자신이 사랑하지 않는 이유는 사랑할 만한 사람을 만나지 못했기 때문이라고 생각한다. 그러나 프롬은 삶에도 기술과 훈련이 필요하듯이 사랑 역시 그렇다고 본다. 태진아의 노래 중 사랑은 아무나 하나라는 가사 내용은 사랑에도 기술이 필요하다는 의미를 강조하는 것으로 볼 수도 있다.

참된 사랑을 실현하기 위해서는 상대한 대한 이해를 위시하여 여러 가지 능력이 요구된다. 상대를 잘 이해했을 때 비로소 잘 배려할 수 있고, 그의 개성을 존중하며, 더 나아가 개성이 드러날 수 있도록 도와줄 수 있다. 사랑은 자기중심적으로 상대를 바라보고, 나의 요구를 일방적으로 강요하는 것이 아니다. 사랑은 상대를 존중해줄 수 있는 능력을 요구한다. 존중이란 그만이 지니고 있는 고유한 개성과 특징을 이해하고, 그 개성이 드러날 수 있도록 도와주는 것이다. 더 나아가 사랑은 상대에게 책임을 느끼는 것이다. 다시 강조하자면 사랑은 상대한 대한 참된 이해, 관심, 존중, 책임의 태도와 같은 것을 요구하며, 그런 태도는 끊임없는 훈련을 통해 익혀야 할 삶의 기술이다. 이런 기술을 통해 우리는 집착과 애착이 아닌 진정한 사랑을 할 수 있는 것이다.

사랑에 대한 잘못된 이해 중에 또 다른 것으로 프롬은 사랑은 느낌의 문제로만 생각한다는 것이다. 만약 사랑이 느낌의 문제이기만 하다면, 지속적 사랑이란 불가능할 수 있다. 왜냐하면 감정이란 시간과 조건이 바뀌면 변화하기 쉽기 때문이다. 그런 점에서 사랑은 단지 느낌의 문제가 아니라 판단, 의지, 약속이 개입된 것이다. 다시 말해 숙고한 판단과 의지, 결단이 포함된 것으로서 사랑의 행위를 이해할 수 있다는 것이다. 그러므로 사랑은 단순히 감정의 문제만 아니라 그 이상의 능력을 요구한다.

또한, 사랑은 느낌이 아니라 활동으로 이해해야 한다고 프롬은 보고 있다. 사랑한다면 단순히 느끼는 것이 아니라 무엇인가를 적극적으로 실행할 힘을 발휘할 수 있어야 하며, 그런 점에서 사랑은 능력과 기술의 문제로 이해할 수 있다. 사랑은 상대를 존중하고 책임을 느끼며, 그러므로 상대의 성장과 자기 성장을 가져올 수 있는 활동으로 프롬은 이해하고 있다.

사랑에 대한 또 다른 중요한 선입견으로 사랑은 받는 것으로만 이해한다는 것이다. 많은 사람은 사랑하는 삶보다 사랑받는 삶을 더 선호하고, 사랑받음을 통해 행복해질 수 있다고 믿는다. 물론 사랑받아본 사람만이 다른 사람을 더 깊이 있게 사랑할 수 있다는 점에서 풍부한 사랑을 받는 것도 중요한 것은 분명하다. 그러나 계속해서 사랑받는 삶만을 원한다는 것은 그 사람이 수동적, 의존적 삶에서 벗어나지 못하고 있다는 것을 의미한다. 그 정도가 심할 때 그는 노예적 삶에 내몰리는 것이다. 프롬은 역설적이게도 진정으로 사랑받기를 원하는 사람은 사랑받기만을 원해서는 안 된다고 말한다. 사랑받기 위해서는 사랑받을 만한 사람이 되어야 하는데, 타인에게 의존해서 자신의 만족만을 원하는 사람은 사랑받을 만한 가치가 없기 때문이다. 그래서 진정으로 사랑받기를 원한다면 사랑하는 삶을 살 수 있도록 노력해야 한다. 사랑할 수 있다는 것은 스스로 주체적으로 자기 삶을 살아갈 수 있다는 것을 의미하며, 모든 것을 자기 삶을 위하는 방식으로 긍정적이자, 창조적으로 관계를 조화롭게 맺을 수 있는 능력을 갖추고 있다는 것을 의미한다. 이런 능력은 바로 인성적 능력이자, 행복한 삶을 살아가는 데 없어서는 안 되는 능력이기도 하다.

성숙하지 못한 사람일수록 그 사람이 나에게 필요하니까 그를 사랑한다면, 성숙한 사람은 내가 그를 사랑하니까 그가 나에게 필요하다고 생각한다. 소유지향적 삶을 살아가는 대다수의 사람들에게 주는 것은 잃는 것이요, 심지어 빼앗기는 것으로 생각함으로 일방적으로 타인에게서 얻으려고만 하고 심지어 빼앗으려고 할 따름이다. 그러나 생산적 삶을 살아가는 사람에게 주는 것은 자신의 생명력을 확인하고, 자신의 잠재력을 확인하는 것이자 기쁨의 원천이라는 점에서 오히려 더 많은 것을 받는 것이라고 본다. 주는 자는 주는 것을 통해 자신의 힘을 느끼고, 그 힘의 확인을 통해 자신의 생명력 고양을 느끼게 되며, 그것을 통해 기뻐하는 것이다. 결과적으로 주는 것은 주는 것만이 아니다. 다시 말해 주는 것이 받는 것이 되는 것이다.

• 사랑의 기능

프롬은 우리가 사랑을 통해 줄 수 있는 최상의 것으로 생명력을 들고 있다. 사랑을 통해 자신의 느낌, 기쁨, 상상력, 가치, 이해를 제공하는 것은 생명력의 전달로 볼 수 있으며, 이러한 전달을 통해 타인의 삶도 큰 자극을 받게 되며 더 큰 생명력을 지니게 된다. 이것은 곧 타인의 삶에 영향을 미치는 것으로, 생명력을 전달받은 사람은 그에게 영향 준 자에게 이끌리게 되며 상대를 사랑하게 된다. 결과적으로 사랑을 제대로 준자는 사랑을 받는 자가 된다. 사랑을 주었지만 사랑을 받지 못했다는 것은 사랑받는 자에게 깊은 영향을 주지 못한 실패한 사랑, 불완전한 사랑을 펼치지 않았는지 반성해 볼 필요가 있다. 완성된 사랑은 사랑받는 사람을 사랑하는 사람으로 변형시킬 수 있는 그런 사랑을 말한다. 그런 점에서 일방적 사랑보다 서로 사랑하는 관계가 되는 것이 건강한 사랑을 실현하는 것이다.

프롬이 참다운 사랑을 여러 가지 방식으로 정의 내리고, 강조하는 것은 사랑이 인간의 실존적 문제를 근원적으로 해결할 수 있는 유일하다시피 한 방법으로 이해하기 때문이다. 인간은 근원적으로 분리감과 고립감에서 불안해하고, 더 나아가 그 분리를 극복하지 못한 자신의 삶 속에서 무의식적 죄책감과 무기력함을 느끼고 고통을 받고 있다. 그래서 인간은 근원적 고독과 분리를 극복하기 위해 합일감을 갈망하며, 그것이 사랑이라는 방식으로 나타난다는 것이다.

인류가 분리감을 극복하기 위해 갈망한 합일감으로는 원초적 합일감, 도취적 합일감, 창조적 합일감, 인간 간의 사랑의 합일감을 들 수 있다. 원초적 합일감은 최초의 인간이 자연과 자신을 분리하지 않았을 때 느낀 일치감을 말한다. 그들의 원초적 합일감은 동물을 자신의 조상신으로 섬기는 토테미즘이라는 형식으로 나타난다. 도취적 합일감은 원주민들이 축제를 통해 환각 속에서 집단과 하나 됨을 느낄 때 주어지는 합일감으로, 오늘날에는 술, 섹스, 마약을 통한 합일감도 그 한 예이다. 원주민들의 도취적 합일감은 사회적 요구와 승인 아래 이루어진 합일감이라는 점에서 죄의식을 느낄 필요가 없지만, 술, 섹스, 마약의 중독을 통한 합일감은 그 도취가 깨어났을 때 허망함과 죄의식과 후회를 가져온다는 점에서 위험하다고 볼 수 있다. 그 외에 현대인들은 집단의 관습, 가치, 그리고 삶의 방식에 자신을 일치시키는 방식으로 합일감을 느끼려고 하나, 이런 방식은 오히려 자기의 삶을 부정하고 파괴하는 결과를 가져온다. 창조적 합일감은 우리가 자기 주도적으로 자연과 창조적 만남을 가질 때 경험한다. 자연과의 창조적 만남 속에서 우리의 노동 활동은 소외된 노동이 아니라 자신을 확인하는 활동이자, 노동 결과물과 하나될 수 있는 활동이 되며, 그 결과로서 느낄 수 있는 것이 창조적 합일감이다. 그러나 이 일치감은 특정한 분야에 국한된다는 점에서 인간의 고립감을 근본적으로 극복하기는 한계가 있다. 그에 반해 프롬이 강조하는 합일감은 사랑에 의한 인간과 인간의 합일감 성취이다. 사랑은 서로 간의 벽을 허물고 자기 확대를 통해 새롭고 창조적 관계의 방식으로 서로 간의 일치감을 형성시키며, 결과적으로 실존적 분리감을 극복할 수 있는 유일한 방법으로 강조된다. 프롬은 건강한 사랑을 통한 일치감을 확인할 수 없을 때 사람들은 여러 가지 잘못되고, 왜곡된 방식의 일치감을 추구하게 되며, 이 속에서 자기를 부정한다든지, 타인의 삶을 파괴하는 잘못된 삶으로 내몰리게 된다고 본다.

8) 관계적 사유와 탈이분법적 사유를 통한 인성함양

참된 인성이란 무엇인가와 관련해서 다양한 정의가 가능하다. 시대와 문화, 개인 간의 차이에 따라 논쟁적 정의를 충분히 예상해 볼 수 있다. 다양한 정의에도 인성과 관련하여 강조할 수 있는 것은 인성이란 관계 맺음의 소중한 의미를 깨닫고, 많은 것과 조화와 화합을 성취할 수 있는 성품, 능력을 지칭하는 것이라고 말할 수 있다. 자기 자신과의 관계, 타인과의 관계, 더 나아가 자연과의 관계에서, 심지어 초월적인 것과의 관계에서 조화와 화합, 그리고 올바른 관계 맺음을 중요시하며 그것을 성취할 수 있는 성품이나 능력과 연관된 것이 인성능력이라고 볼 수 있다. 강조하자면 자기중심적 삶에서 벗어나 다양한 관계를 깊이 성찰하고 그 관계를 조화롭게 맺을 수 있는 능력이 인성 능력이라고 말할 수 있다. 이 수업을 통해 학생들은 우리를 우리이게끔 만들어주는 다양한 관계의 소중함을 자각할 것이며, 이를 통해 학생들은 확장된 자기의식을 함양하게 될 것이다. 이 수업은 좁은 자기중심주의에서 벗어나 관계를 소중하게 생각하는 인성을 함양하는 데 도움을 줄 것이다.

• 탈이분법적 사유를 통한 인성함양

우리가 성숙한 인성을 함양시키지 못하는 중요한 원인으로 사유하지 않음, 생각하지 않음을 들 수 있다. 주어진 편견과 선입견을 반성하는 비판적 이성 능력을 상실한 채 도구적 이성, 계산적 이성만을 추구하는 사람들에게서 성숙한 인격을 기대할 수 없다. 그런 점에서 편견과 선입견이 우리에게 강요하는 이분법적 사유를 의식적으로 비판하는 훈련을 통해 다른 관점에서, 다르게 사유하는 능력을 키울 필요가 있으며, 이 능력은 올바른 가치관 정립과 인성함양에 큰 도움이 될 것이다.

게다가 앞에서 언급했듯이 인성적 삶을 관계에 눈뜨고 그 관계를 조화롭게 맺어나갈 수 있는 성품, 능력과 연관시켰다. 사실, 도덕적 삶이라는 것도 모든 것과 조화롭게 관계 맺는 삶이라 볼 수 있다. 이런 조화로운 관계 맺음을 방해하는 것으로 불필요한 적대의식, 대립의식을 들 수가 있는데, 많은 경우 이런 의식은 잘못된 이해에 기초한 것이 많다. 참된 인성을 위해서는 많은 사람이 대립적으로 보거나, 관계없는 것으로 보는 것에서 서로가 없어서는 안 되는 소중한 관계에 있다는 것을 자각할 필요가 있다. 모든 것이 관계 속에 있다는 것을 인식하면 할수록 하찮은 사람, 하찮은 것은 없다. 관계에 대한 깊은 자각은 모든 것에서 존엄성을 느끼고, 그 가치를 확인하며 낯선 것을 긍정적으로 수용할 수 있게끔 한다는 점에서 이런 관계의식을 방해하는 이분법적 사유(분리적 사유)를 우리는 벗어날 필요가 있다. 모든 것을 관계 속에서 바라보고, 전체적 관점에서 전체적 존재로 살아갈 때 성숙한 인성을 기대할 수 있다. 이런 성숙한 삶을 위해 우리에게 필요한 것이 탈이분법적 사유능력이라고 볼 수 있다.

• 이분법적 사유에 도전하기

이분법적 사유는 경계 짓는 사유이다. 탈이분법적 사유란 내가 사는 현실과 삶 속에 무의식적, 의식적으로 작동하고 있는 이분법적 사유 틀에 도전하는 것이다. 모든 사회는 그 사회를 유지하기 위해 이분법적 사유 틀을 작동시키고, 우리에게도 그 틀에 따라 판단, 행동하기를 강요한다. 그 이분법적 사유는 우리 삶의 나침반의 역할을 함으로써 삶의 질서를 가능하게 하는 긍정적인 면이 있다. 그러나 현실 속의 이분법적 틀이 너무 지나치게 절대화될 때 그것은 우리 삶의 나침반이 아니라 새로운 것을 느끼고, 경험하고, 만나게 되는 것을 막는 우리의 감옥이 된다. 우리의 거듭난 삶을 위해 우리는 우리 삶을 지배하는 기존의 이분법적 사유 틀에 의심의 눈길을 보내고, 새로운 경계 짓기를 통해 새로운 것과 만남을 가져올 필요가 있다. 새로운 경계 짓기를 통해 기존의 무의미하고, 무가치하고, 비정상적이고, 심지어 악이라고 이해된 것들이 새로운 의미와 가치를 부여받을 수 있다. 이것이 어쩌면 내면의 혁명, 마음의 혁명이라고 볼 수도 있다.

• 극과 극은 극과 극이기만 할까?

일반적 상식으로는 극과 극은 극과 극이라고만 생각한다. 과연 그런가? 창조와 파괴는 극과 극이라고 말한다. 그러나 창조하는 행위는 달리 보면 파괴하는 행위요, 파괴하는 행위는 창조하는 행위가 아닌가? 선택과 포기도 마찬가지이다. 선택하는 행위는 결과적으로 무엇인가를 포기하는 행위이며, 포기하는 행위는 그것을 통해 궁극적으로 무엇을 선택하는 행위일 수 있다. 얻음은 그것을 통해 잃는 것이 있는 행위이며, 잃는 것은 그것을 통해 무엇을 얻는 것이 있다는 점에서 얻음은 잃음이요 잃음은 얻음이라고 말할 수 있다. 기쁨은 슬픔이라는 감정을 알게 하는 토대요, 슬픔은 기쁨이라는 감정을 알게 하는 토대라는 점에서 기쁨은 슬픔이요, 슬픔은 기쁨이라고 말할 수 있다. 행복과 불행의 관계도 그렇게 볼 수 있을 것이다. 내리막은 오르막을 불러오고 오르막은 내리막을 불러온다. 낮은 밤을, 밤은 낮을 불러온다. 이처럼 우리는 많은 것에서 극과 극은 극과 극이 아니라는 사실을 알 수 있다. 우리의 상상력의 빈곤과 지적 통찰의 부족으로 극과 극으로서만 바라보는 것은 아닐까? 어쩌면 극과 극은 통하고, 서로 연결된 것이다. 따라서 우리는 모든 것에서 양면적인 것을 동시에 볼 수 있어야 한다. 왜냐하면, 극과 극은 같이 있고, 서로 불러오는 관계이기 때문이다.

우리가 무가치하고, 무의미하다고 생각한 것은 그것을 긍정하지 못한 우리의 무능력이 원인일 수 있다. 예를 들어 석유를 우리가 의미 있게 사용할 수 있는 능력이 없었더라면 석유는 악취 풍기는 처치 곤란한 물질이었을 것이다. 그러나 그것을 의미 있게 사용할 수 있는 오늘날 그것은 최고의 가치 있는 것이다. 이처럼 가치 없다고 생각한 것은 사실은 가치 없는 것이 아닐 수 있다. 가치 없는 것은 그것을 가치 있게 만들 수 없는 우리의 무능력이 원인일 수 있다. 사실 무의미하고, 비정상적이라고 배제한 것들이 우리의 삶 속에 더 근원적이자 소중한 것으로 밝혀지고, 우리가 가치 있다고 생각한 것들을 가능하게 하는 것으로 배제해서는 안 될 것일 수 있다. 그런데도 우리의 무능력에 의해 우리 앞의 존재를 긍정하지 못하고 배제하는 것은 결과적으로 자기 부정적 행위로 끝날 수 있으며, 자신이 소중하게 생각한 것을 존립 불가능하게 하는 행위일 수 있는 것이다. 우리는 우리가 의미 부여하지 못하고, 부정하는 것에 대해 과연 그것이 부정적이기만 하겠느냐는 질문을 제기해야 할 이유가 여기에 있는 것이다.

• 탈이분법적 사유와 반이성주의, 반본질주의

탈이분법적 사유는 이분법적 사유, 즉 한정, 규정, 분리하는 활동을 사실을 있는 그대로 반영하는 활동이 아니라 한정, 분리할 수 없는 것을 한정, 분리하는 방식으로 잘못된 망상만을 가져다주는 활동으로, 우리가 극복해야 할 사유로 보고 있다. 이성 활동이 이미 이분법적 사유를 그 본질로 하는 활동이라는 점에서 탈이분법적 사유를 지지하는 입장은 반이성주의의 입장을 지지한다. 탈이분법적 사유는 모든 존재자를 한정, 규정, 분리하는 활동 자체를 위험스럽게 바라본다. 탈이분법적 사유를 강조하는 입장은 이미 그 근저에 반본질주의적 신념을 전제하고 있다. 반본질주의란 본질이란 것 자체가 이미 다른 것과의 관계 속에서 결정되는 것으로, 특정한 존재자를 존재자이게끔 만드는 변하지 않는 본질이란 것을 부정한다. 즉 본질이라는 것을 언급하더라도 존재자의 본질은 상황과 관계의 변화 속에서 그때그때 달라지는 것으로, 즉 변하지 않는 본질은 존재하지 않는다는 입장이 반본질주의의 입장이다. 이 반본질주의의 입장에 설 때 규정, 한정, 구분할 그 무엇이 없게 되고, 결과적으로 이분법적 사유를 비판하게 된다.

어떤 사람이 불치병에 걸렸는데 그 병을 고치기 위해 산속의 처음 본 풀을 우연히 달여 먹게 되었다. 그 사람은 그 풀을 먹고 불치병에서 치유되었다. 그 소식을 들은 다른 불치병에 걸린 사람이 동일한 풀을 먹었다. 그런데 그 사람은 죽게 되었다. 그렇다면 그 풀은 약인가, 독인가? 이분법적 사유를 하는 사람은 그 풀은 주어진 본질에 따라 약이거나 독이거나 둘 중의 하나라고 생각한다. 그러나 탈이분법적 사유를 감행하는 자에게 그 풀은 약이기도 독이기도 한 것이다. 달리 말하자면 약도 아니고 독도 아니라고 본다. 풀의 본질은 상황에 따라 그때그때 변하는 것으로 결과적으로 고정된 본질은 없다는 것이다. 따라서 풀을 이것이다고 절대적으로 규정할 수 없는 것이다.

결과적으로 풀은 상황에 따라 약이기도, 독이기도 한 것이다.

생각거리

- 관계를 떠나 홀로 존재할 수 있는 것이 있을까?
- 모든 것이 관계 속에 있다면 나와 다른 것을 구분한다는 것은 어떤 의미가 있는가?
- 이분법적 사유(분별적 사유)의 절대화가 가져오는 폐해는?
- 모든 것은 관계 속에 있다면 이기주의는 자기 파괴적 행위가 아닐까?
- 올바른 삶을 위해 건강하게 회복해야 할 관계로 어떤 것이 있을까?
- 왜, 무엇과, 어떻게 관계 맺을 것인가?
- 관계주의적 세계관, 유기체적 세계관에 기초한 다양한 사유들을 소개하자면?

참고문헌

강선보 외(2008). 인성교육. 파주: 양서원.

강선보, 박의수, 김귀성, 송순재, 정윤경, 김영래, 고미숙(2008). 21세기 인성교육의 방향 설정을 위한 이론적 기초 연구교육문제연구, 30, 1-38.

권일남, 전명순, 김태균(2017). "교사가 지각한 인성교육의 인식수준과 향후 발전방안 - 서울인성교육을 중심으로." 효학연구 26, 19-40.

교육부(2015). 2015 개정 교육과정.

길병휘(2013). 도덕교육의 비판적 성찰. 교육과학사.

김경수(2015). 생각과 체험이 살아있는 인성 교육. 서울: 강현 출판사.

김귀성(2007). "도교적 전통에서의 인성교육." 교육문제연구 29, 1-22.

김상봉(2005). 도덕교육의 파시즘. 도서출판 길.

남궁달화(2014). 도덕교육사상. 서울: 학지사.

남궁달화(2003). 도덕성 요소와 도덕 교육. 서울: 학지사.

노순규(2013). 인성교육의 사례와 방법. 한국기업경영연구원.

노순규(2015). 인성교육 프로그램 실천방법. 한국기업경영연구원.

리코나(1988). 인격교육론, 박장호·추병완 옮김. 백의.

마중물가치연구소(2008). 가치성장카드.

박병기(2015). "인성교육의 불교윤리적 성잘과 과제." 새한철학회 학술대회 발표논문집, 87-101.

박병기·추병완(2007). 윤리학과 도덕교육(1). 경기: 인간사랑.

배한동(2006). 민주시민교육론. 대구: 경북대학교 출판부.

빛을여는계명인편찬위원회(2014). 빛을 여는 계명인. 대구: 계명대학교 출판부.

신영복(2004). 강의: 나의 동양고전 독법. 파주: 돌베개.

양정실, 조난심, 박소영, 장근주, 은지용(2013). 교과교육을 통한 인성교육 구현 방안. 서울: 한국교육과정평가원.

에리히 프롬(2000). 사랑의 기술, 황문수 역. 서울: 문예출판사.

에리히 프롬(2006). 자유로부터의 도피, 원창화 옮김. 서울: 홍신문화사.

이근호(2012). 미래 사회 대비 핵심역량 함양을 위한 국가 교육과정 구상. 한국교육과정평가원.
이명준, 진의남, 서민철, 김정우, 이주연, 김병준, 박혜정(2011). "교과교육과 창의적 체험 활동을 통한 인성교육 활성화 방안." 경제·인문사회연구회 협동연구총서 11-18-01, 한국교육과정평가원 연구보고 RRC 2011-7-1.
이상호(2016). "유교의 인성교육에 관한 연구." 중등교육연구 28, 177-192.
이윤선, 강혜영, 김소정(2013). "대학생 인성 검사도구 타당화 연구." 한국윤리교육학회 윤리교육연구, 261-282.
이택휘·유병열(2000). 도덕교육론. 파주: 양서원.
인성교육진흥법(2015). 국가법령정보센터. http://www.law.go.kr
인성교육범국민실천연합(2016). 대학생 인성교육 프로그램. http://insungedu.or.kr
정세구 외(2005). 도덕·윤리과 교육의 학제적 접근론. 파주: 교육과학사.
정창우(2013). 도덕과 교육의 이론과 쟁점. 울력.
정창우·손경원·김남준·신호재·한혜민(2013). 학교급별 인성교육 실태 및 활성화 방안. 교육부.
정창우(2015). 인성교육의 이해와 실천. 파주: 교육과학사.
정호범(2014). 자유주의 철학과 가치관 형성 교육. 파주: 교육과학사.
조난심, 문용린, 이명준, 김현수, 김현지, 이우용(2004). 인성 평가 척도 개발을 위한 기초연구. 서울: 한국교육과정평가원.
지은림, 이윤선, 도승이(2014). "한국 초·중등학생을 위한 인성측정도구 개발 및 타당화." 윤리교육연구 35, 151-174.
천세영, 김왕준, 성기옥, 정일화, 김수아, 고재석, 김인숙, 김진숙, 이현주(2014). 인성교육 비전 수립을 위한 정책연구. 서울: 진한엠앤비.
추병완 (2011). 도덕교육의 이해. 경기: 인간사랑.
최유진·장재혁(2014). 세계 최고의 학교는 왜 인성에 집중할까. 파주: 다산북스.
한국교원대학교(2000). 창의성교육과 인성교육. 한국교원대학교.
한국교육학회 (1998). 인성교육. 서울: 문음사.
한국버추프로젝트(2009). 버추카드. 한국버추프로젝트.
현주, 임소현, 장가람, 한미영, 임현정, 손경원(2014). KEDI 인성검사실시요강. 한국교육개발원.
현주, 한미영, 임소현(2015). 한국 초·중등학생을 위한 인성검사 개발 및 타당화. 한국심리학회지 사회 및 성격 29, 83-106.

Josephson Institute(2016). http://josephsoninstitute.org에서 2016년 11월11일 인출.
Lickona, T.(2006). 인격교육의 실제, 유병열, 서강식, 김태훈, 김항인(공역). 파주: 양서원.(2004년 원저발간)
Pearson, Quinn, & Nicholson, Janice(2000). "Comprehensive character education in the elementary school." Journal of Humanistic Counseling Vol. 38(4), 243-251.

집필자 소개

곽호철

계명대학교 Tabula Rasa College 조교수로 재직 중이다.
Claremont Graduate University에서 철학박사학위를 받았다.
주요 관심 분야는 종교, 윤리, 인권, 문화 등이다.

권의섭

계명대학교 Tabula Rasa College 조교수로 재직 중이다.
계명대학교에서 철학박사학위를 받았다.
주요 관심 분야는 탈현대철학, 철학교육, 윤리학 등이다.

김춘이

계명대학교 Tabula Rasa College 조교수로 재직 중이다.
계명대학교에서 신학박사학위를 받았다.
주요 관심 분야는 기독교 상담, 장애인 상담, 인성교육 등이다.

조명실

계명대학교 Tabula Rasa College 조교수로 재직 중이다.
성균관대학교에서 가정학(아동학 전공)박사학위를 받았다.
주요 관심 분야는 진로상담, 인성교육, 커뮤니케이션 등이다.